EUROPA-FACHBUCHREIHE
für bautechnische Berufe

Bautechnik

Arbeitsbuch Bautechnische Mathematik und Bautechnisches Zeichnen

Grundstufe

Wolfgang Greese

1. Auflage

VERLAG EUROPA-LEHRMITTEL · Nourney, Vollmer GmbH & Co. KG
Düsselberger Str. 23 · D-42781 Haan-Gruiten

Europa-Nr.: 40189

Bearbeiter des Buches „Arbeitsbuch Bautechnische Mathematik und Bautechnisches Zeichnen"
Wolfgang Greese, Studiendirektor, Gummersbach

Bildbearbeitung:

Reemers Publishing Services GmbH, 47799 Krefeld
Zeichenbüro Verlag Europa-Lehrmittel, 70771 Ostfildern

Fotonachweis zum Titelbild:

Lager- und Bürogebäude – Firma Kucera, Link-Architekten, 74731 Walldürn

1. Auflage 2020

Druck 5 4 3 2 1

Alle Drucke derselben Auflage sind parallel einsetzbar, da sie bis auf die Behebung von Druckfehlern untereinander unverändert sind.

ISBN 978-3-7585-4018-9

Umschlag: Blick Kick Kreativ KG, 42699 Solingen
Satz: Reemers Publishing Services GmbH, 47799 Krefeld
Druck: RCOM Print GmbH, 97222 Würzburg-Rimpar

Vorwort

Zielgruppe:

- Auszubildende in den Bauberufen, insbesondere Maurer, Betonbauer, Hochbaufacharbeiter
- Klassen der bautechnischen Grundbildung

Merkmale des Arbeitsbuches:

- Große Zahl von Aufgaben in unterschiedlichen Schwierigkeitsgraden
- Viele Differenzierungsmöglichkeiten, konzipiert für die typische heterogene Zusammensetzung der Bauklassen
- Praxisorientierte Aufgabenstellungen, Wiedererkennen von Baustellensituationen
- Verwendung einer schülergerechten Sprache, Verzicht auf zu hohen Textanteil
- Anschaulichkeit der Aufgaben durch Zeichnungen und 3-D-Darstellungen
- Vom Lehrplan unabhängige Schwerpunktsetzung auf die für die Praxis wichtigsten mathematischen und zeichnerischen Problemstellungen
- Acht realitätsnahe Projektaufgaben mit vielen Möglichkeiten zur Differenzierung und zum selbstständigen Arbeiten
- Alle Aufgaben können direkt im Buch bearbeitet werden, es werden keine zusätzlichen Blätter benötigt (Ausnahme Projektaufgaben).
- Das Arbeitsbuch ist ein eigenständiges Buch, es kann unabhängig von anderen Fachbüchern verwendet werden.
- Die Aufgaben können im 1. Ausbildungsjahr fortlaufend als Kurs/Lehrgang bearbeitet oder im Ausbildungsverlauf in die Lernsituationen/Bauprojekte eingebunden werden.
- Die 12 übersichtlichen Formelblätter können ein Tabellenbuch ersetzen.
- Alle Aufgaben und Formelblätter wurden vom Autor in langjähriger Unterrichtsarbeit entwickelt und erprobt.
- Verzicht auf Herleitungen, Erklärungen und Darstellung von Grundlagen. Hier setzt der Verfasser auf die Kompetenz der Lehrkräfte, die ihre pädagogischen Entscheidungen an der Lerngruppe und deren Zusammensetzung orientieren.

Der Autor:
Wolfgang Greese (Studiendirektor) – Gummersbach im Frühjahr 2020.
Der Verfasser freut sich über Lob und Kritik sowie Anregungen und Wünsche.
Sie können dazu folgende E-Mail-Adresse nutzen: lektorat@europa-lehrmittel.de

Inhaltsverzeichnis

Name:

Klasse:

Formelblatt

Flächenberechnung 1

Datum:

Fach:

Quadrat

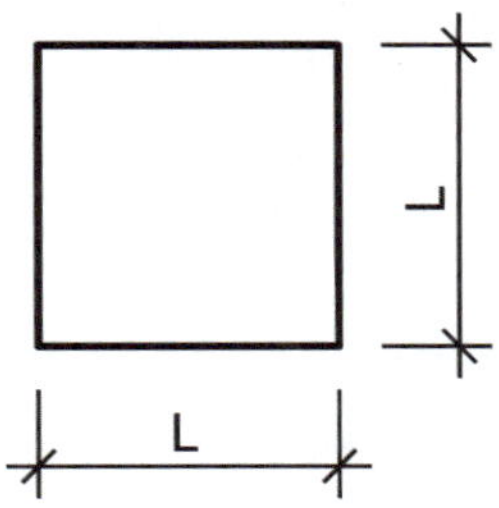

A =

U =

Rechteck

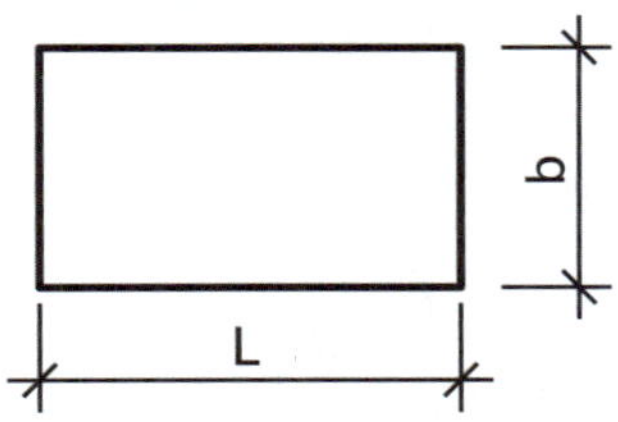

A =

U =

Rechtwinkliges Dreieck

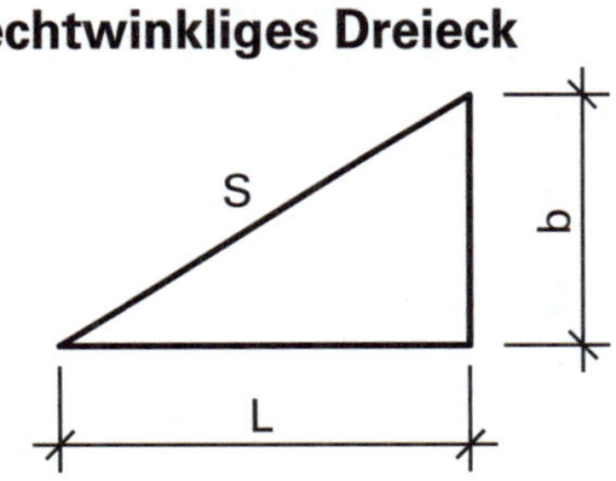

A =

U =

Nicht rechtwinkliges Dreieck

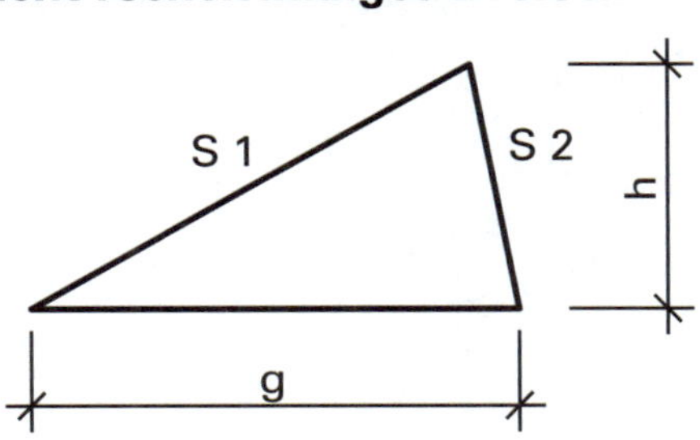

A =

U =

Trapez

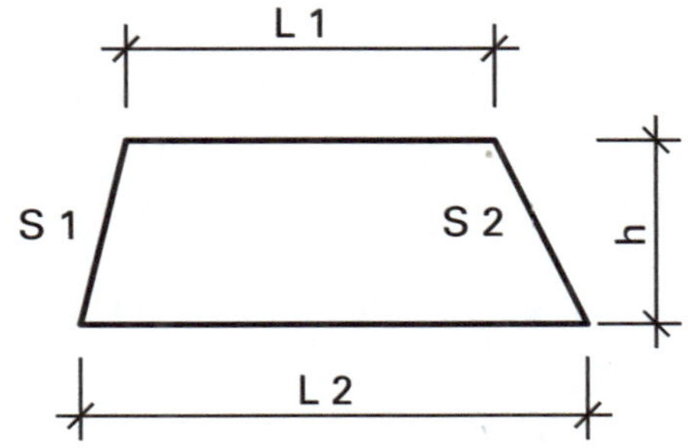

A =

U =

andere Trapeze

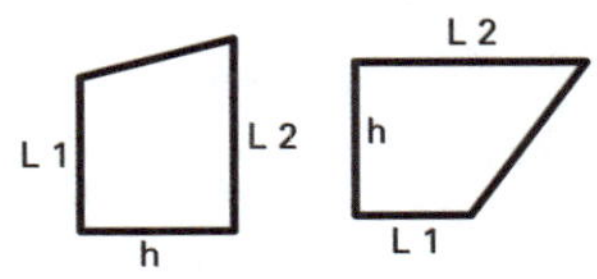

Parallelogramm

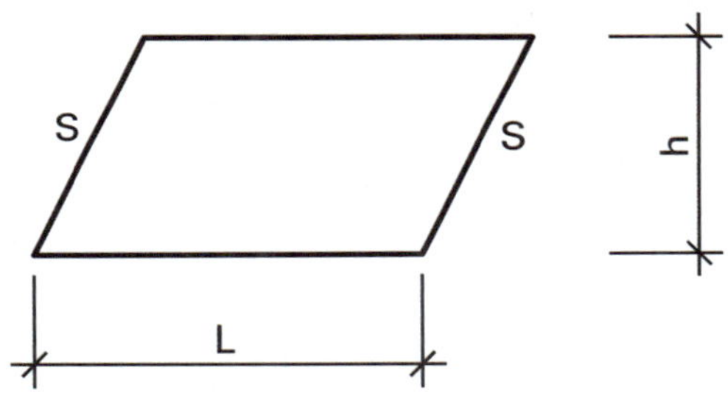

A =

U =

Zusammengesetzte Flächen

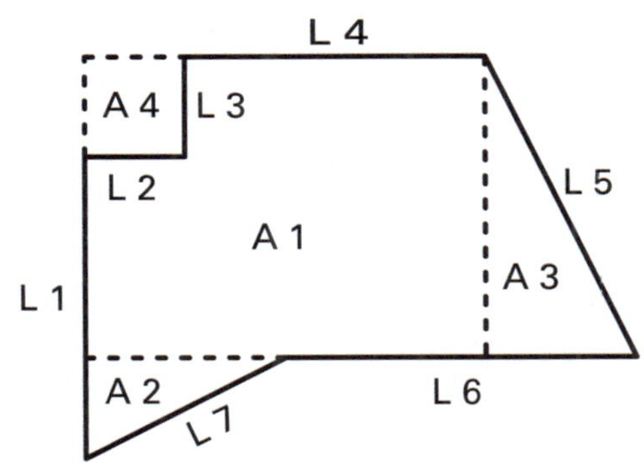

A = A 1 + A 2 + A 3 - A 4

U = L 1 + L 2 + ... + L 7

Name:

Klasse:

Flächenberechnung 1

Anwenden der Formeln

Datum:

Fach:

Berechnen Sie jeweils die Fläche in m^2 und den Umfang in m.

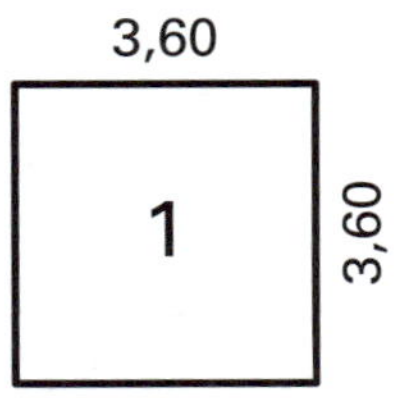

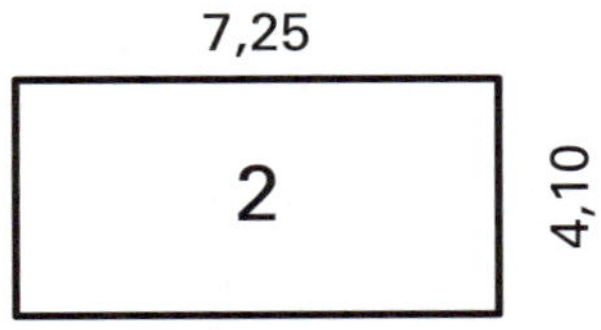

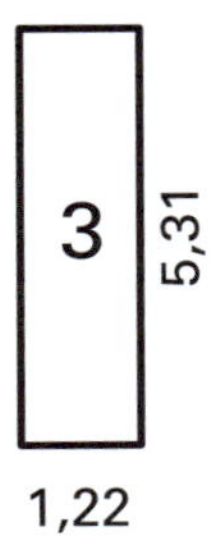

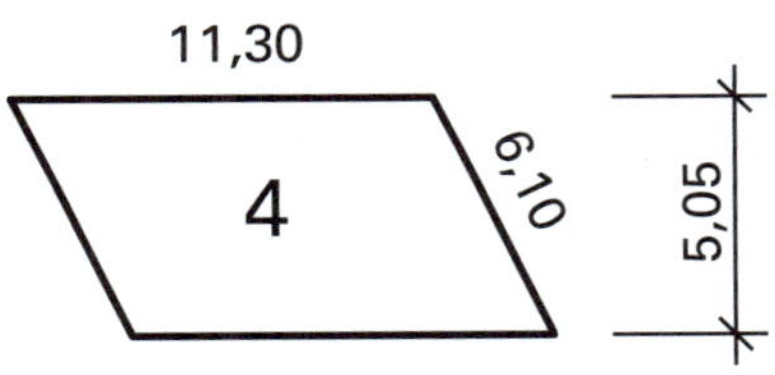

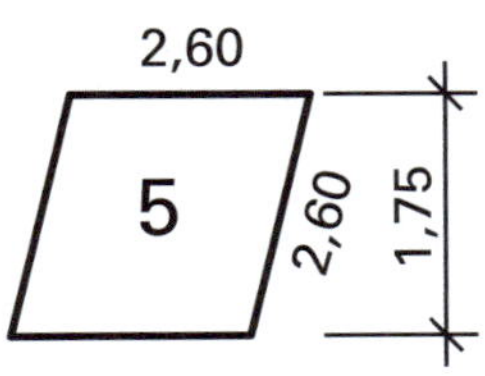

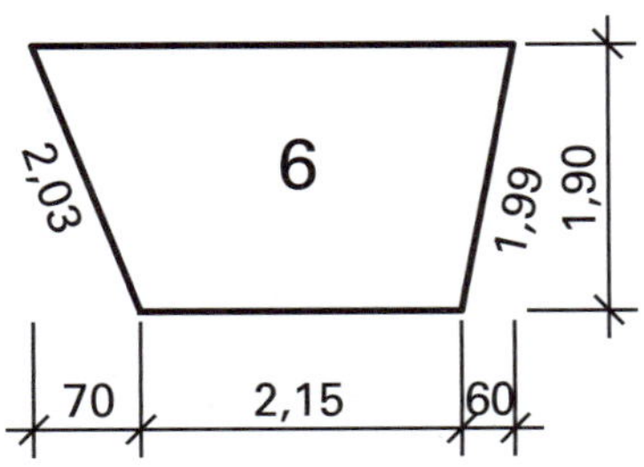

Name:

Klasse:

Flächenberechnung 1

Anwenden der Formeln

Datum:

Fach:

Berechnen Sie jeweils die Fläche in m^2 und den Umfang in m.

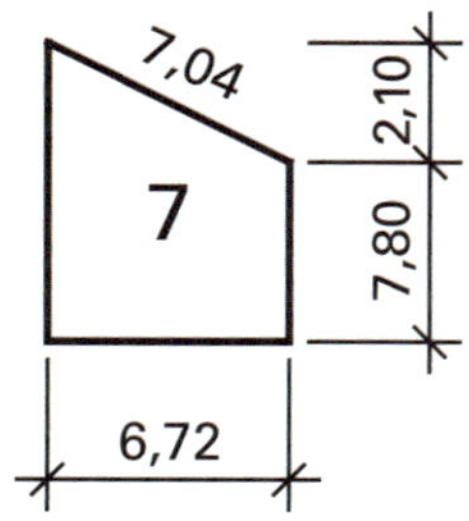

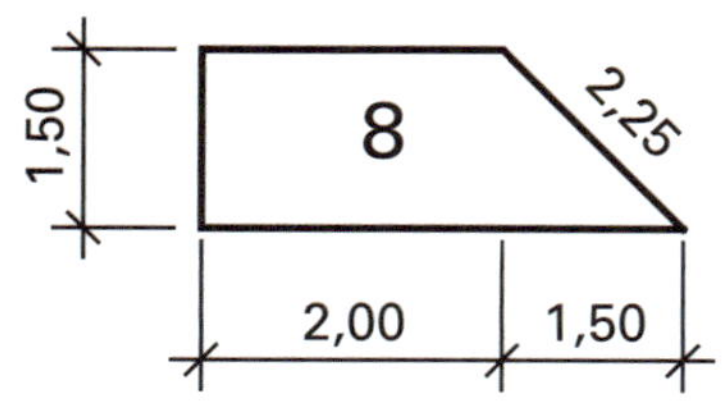

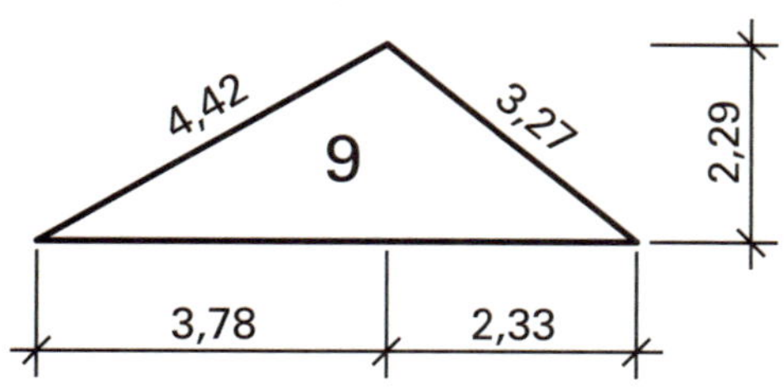

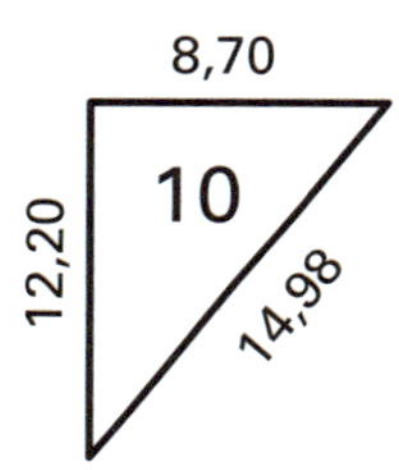

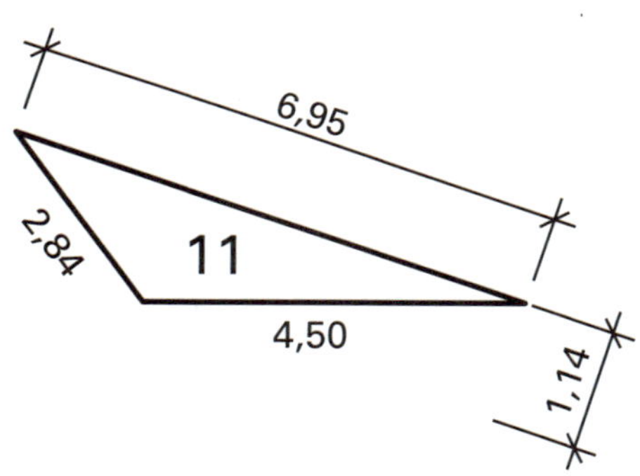

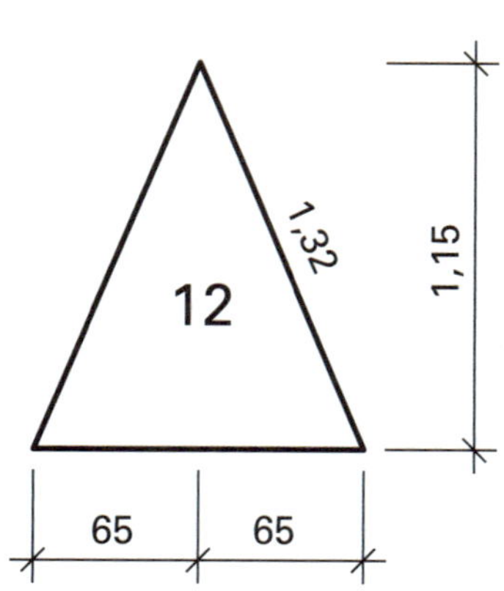

Name:

Klasse:

Flächenberechnung 2
Zusammengesetzte Flächen

Datum:

Fach:

Dargestellt ist ein Flachdach mit Lichtkuppel.
Berechnen Sie die Fläche in m^2 und den äußeren Umfang in m.

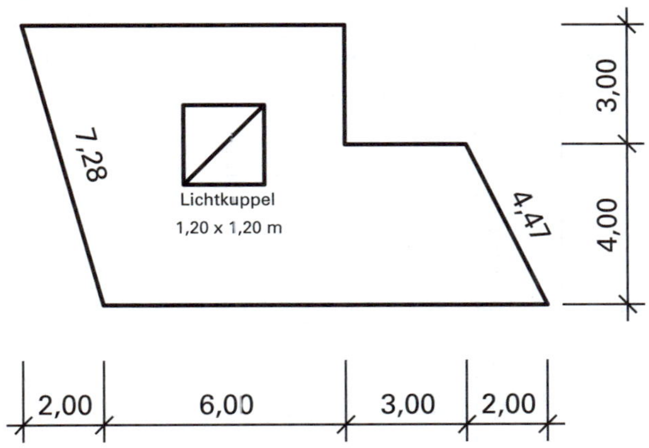

Die Fläche wird in Teilflächen zerlegt.

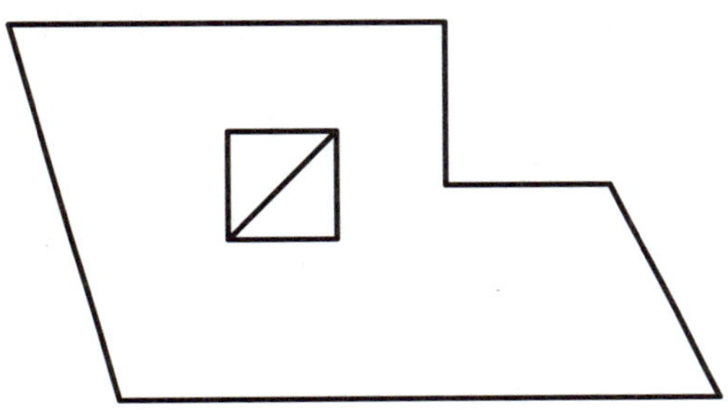

A_{ges} = A1 + A2 + ...

Flächenberechnung

Der Umfang ergibt sich aus der Summe der einzelnen Kantenlängen.

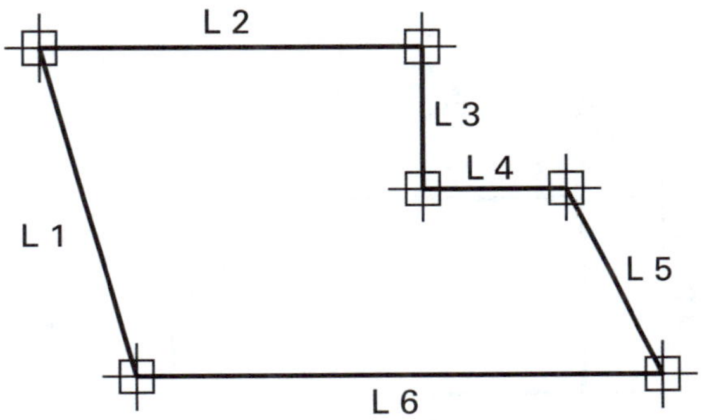

U_{ges} = L1 + L2 + ...

Umfangsberechnung

Name:

Klasse:

Flächenberechnung 2
Zusammengesetzte Flächen

Datum:

Fach:

Berechnen Sie jeweils die Fläche in m^2 und den Umfang in m der dargestellten Bauteile.

1)

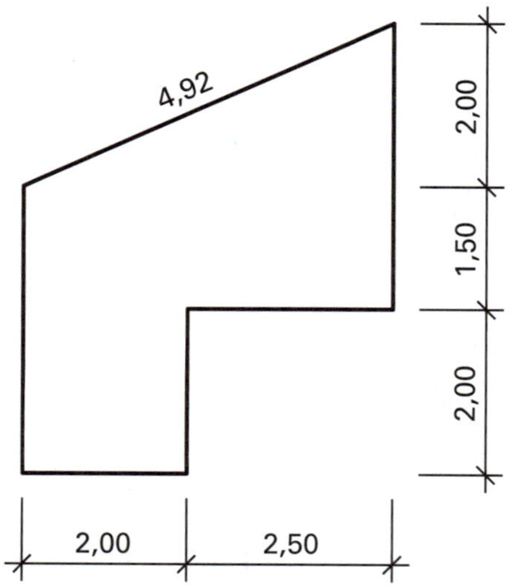

Fläche	Umfang

2)

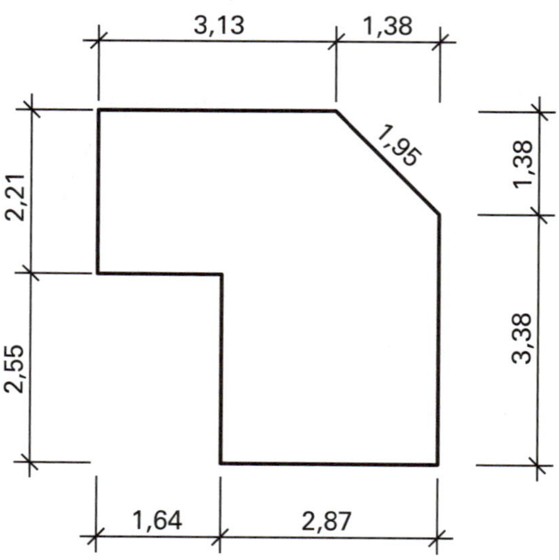

Fläche	Umfang

3)

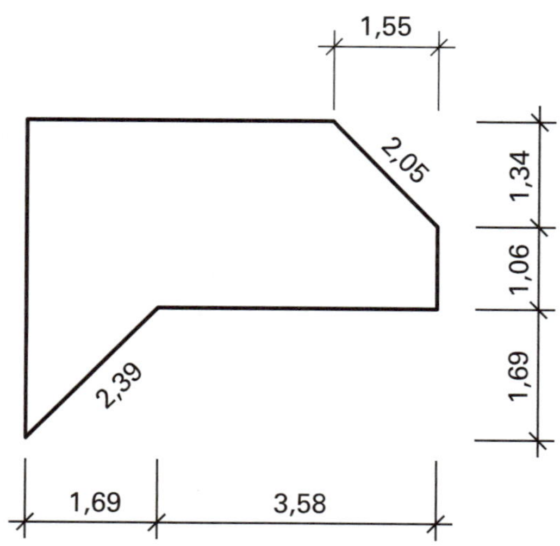

Fläche	Umfang

Name:

Klasse:

Flächenberechnung 3

Wandflächen

Datum:

Fach:

Berechnen Sie die Wandflächen in m² (Türen und Fenster sind abzuziehen).

1)

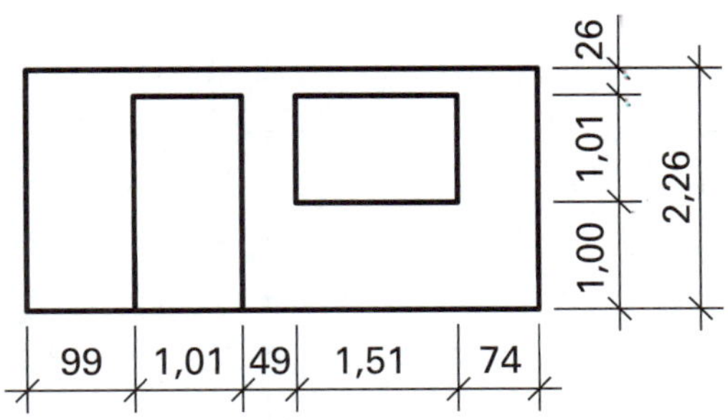

2)

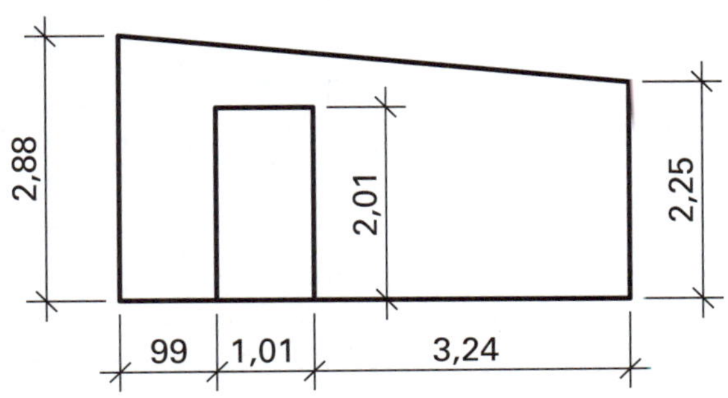

3)

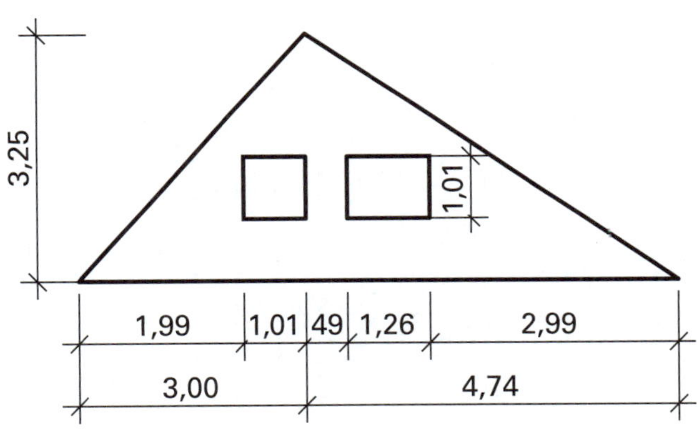

4)

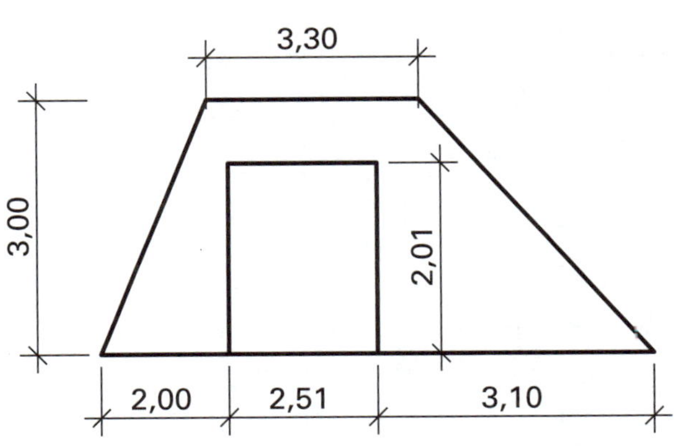

Name:

Klasse:

Flächenberechnung 3

Wandflächen

Datum:

Fach:

Berechnen Sie die Wandflächen in m² (Türen und Fenster sind abzuziehen).

5)

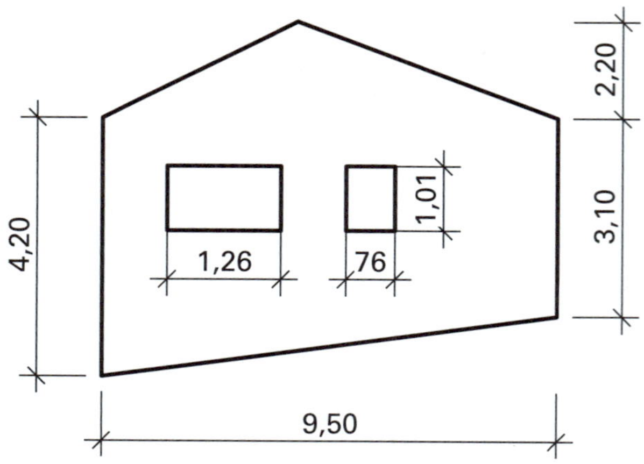

6)

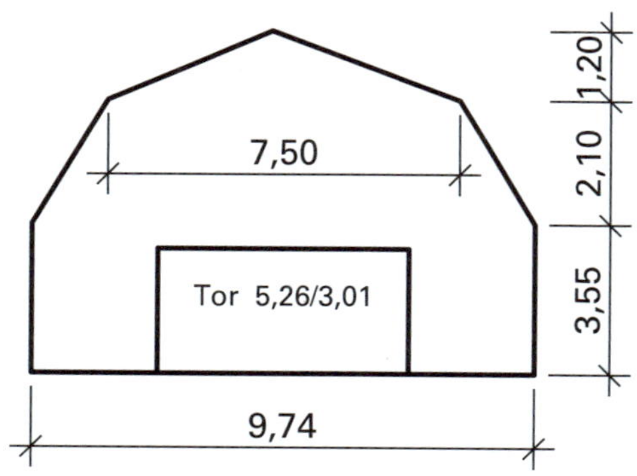

7)

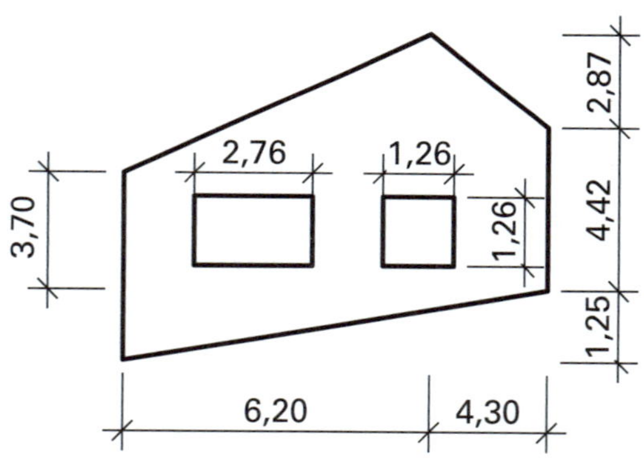

8)

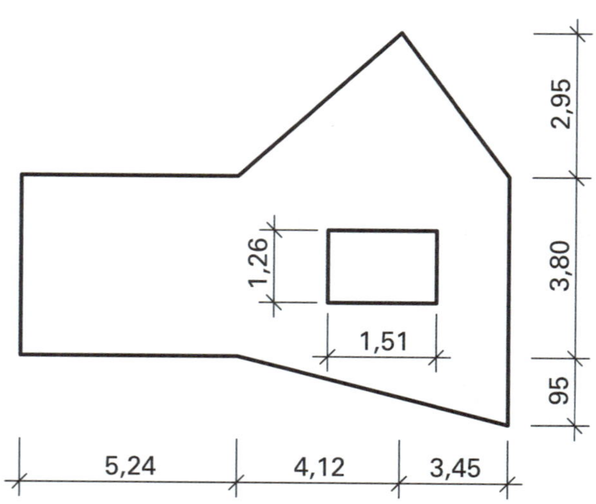

Name:

Klasse:

Flächenberechnung 4

Bodenplatten

Datum:

Fach:

Berechnen Sie für die Bodenplatten die Fläche in m^2 und den Umfang in m.

1)

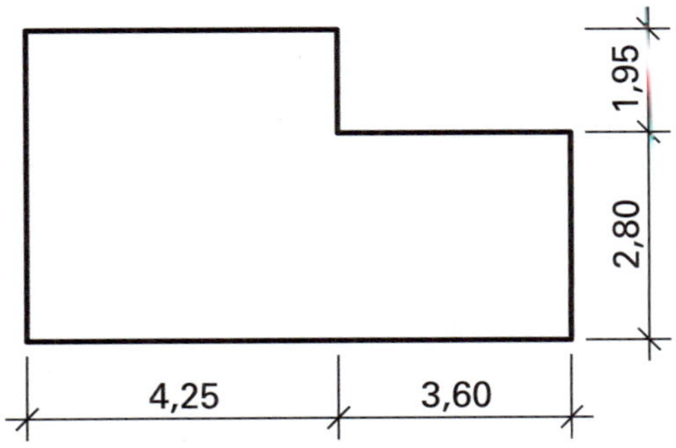

2)

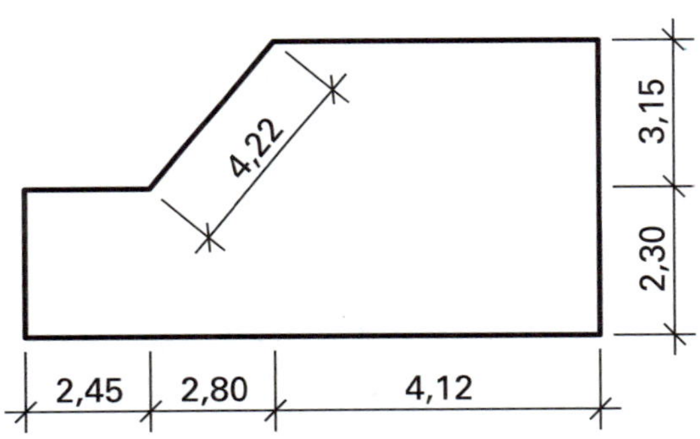

3)

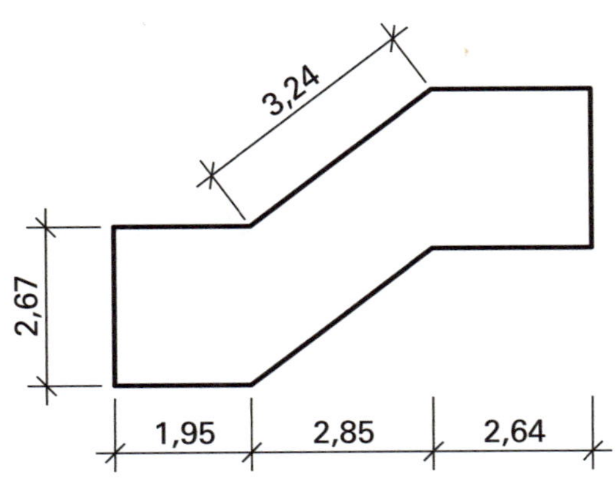

Name:

Klasse:

Flächenberechnung 4

Bodenplatten

Datum:

Fach:

Berechnen Sie für die Bodenplatten die Fläche in m^2 und den Umfang in m.

4)

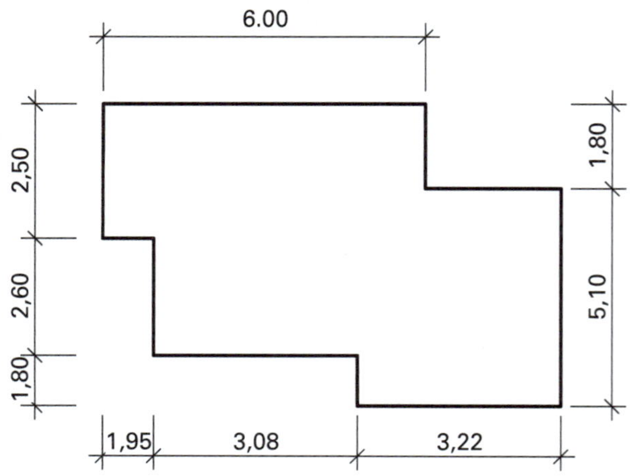

5)

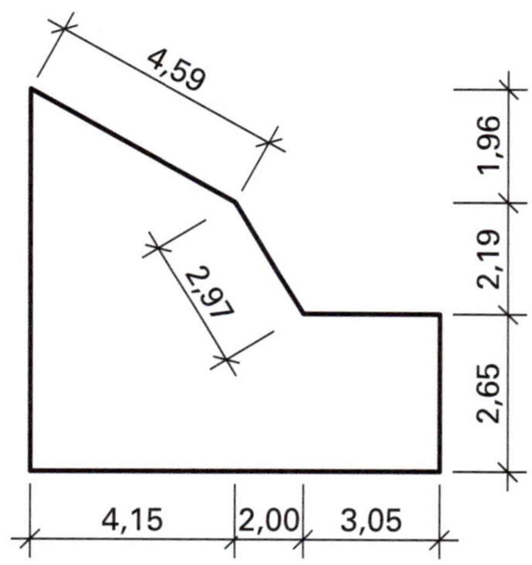

6)

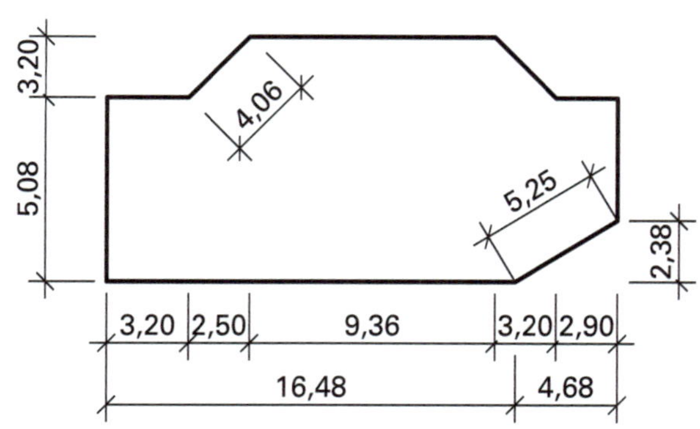

Name:

Klasse:

Formelblatt

Flächenberechnung 2

Datum:

Fach:

Kreis

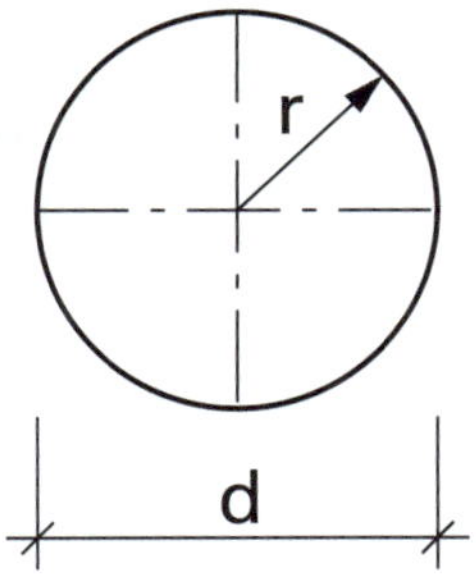

A =

U =

Viertelkreis

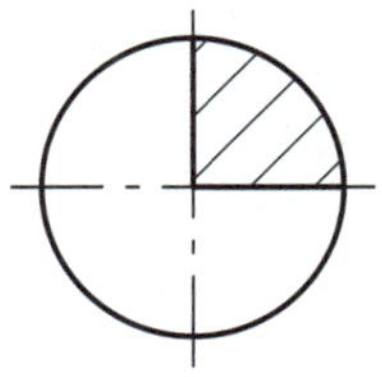

A =

U =

Dreiviertelkreis

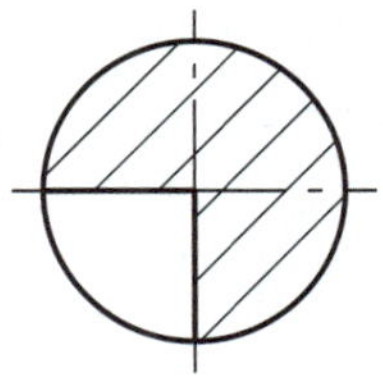

A =

U =

Halbkreis

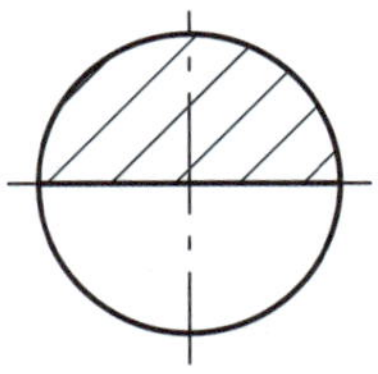

A =

U =

Kreisring

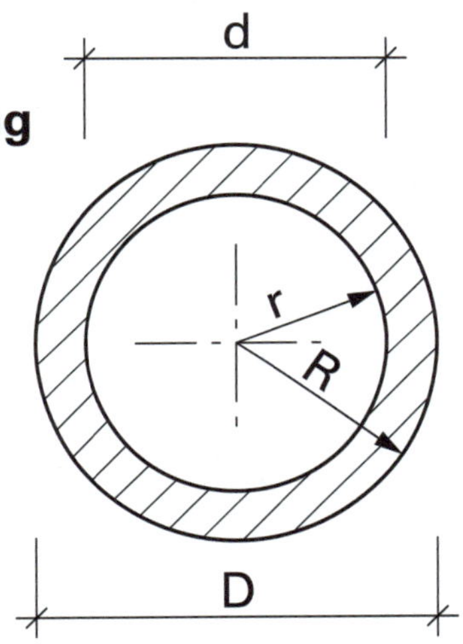

$A = A_{\text{großer Kreis}} - A_{\text{kleiner Kreis}}$

oder A =

Kreisausschnitt

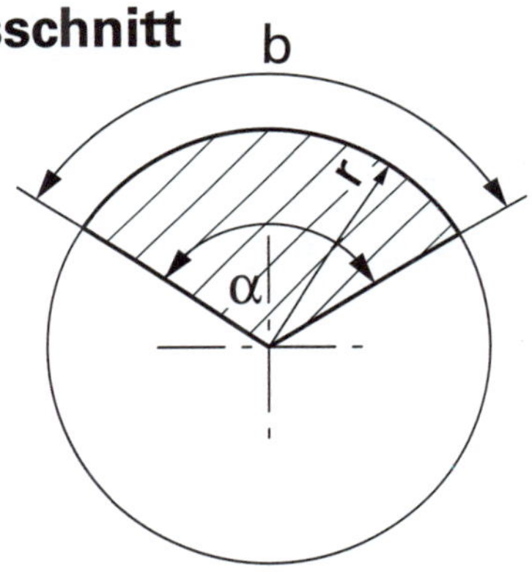

A =

b =

Ellipse

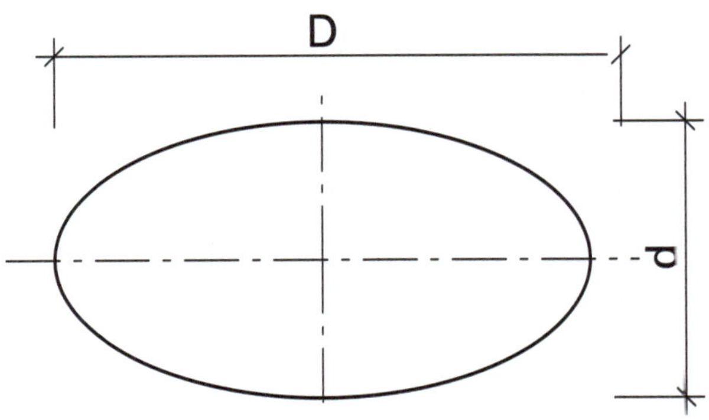

A =

U = (Näherung)

Kreisabschnitt

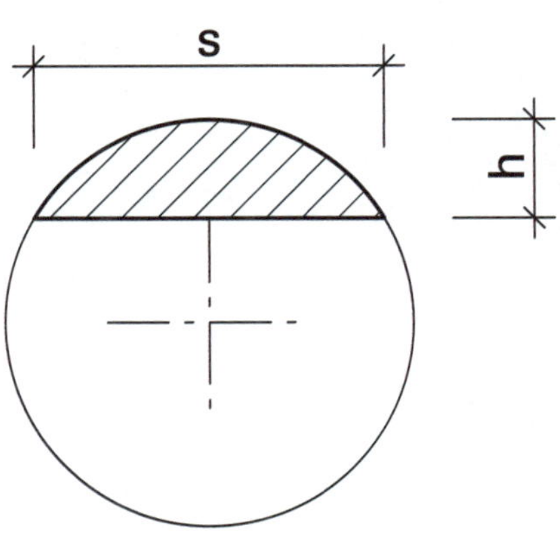

A = (Näherung)

Name:

Klasse:

Flächenberechnung 5

Kreis, Kreisring

Datum:

Fach:

Berechnen Sie jeweils die Fläche in m^2 und den Umfang (nur Rundung) in m.

1)

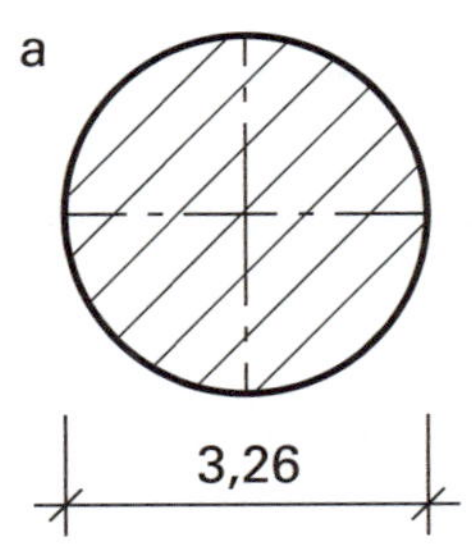

a | b

2)

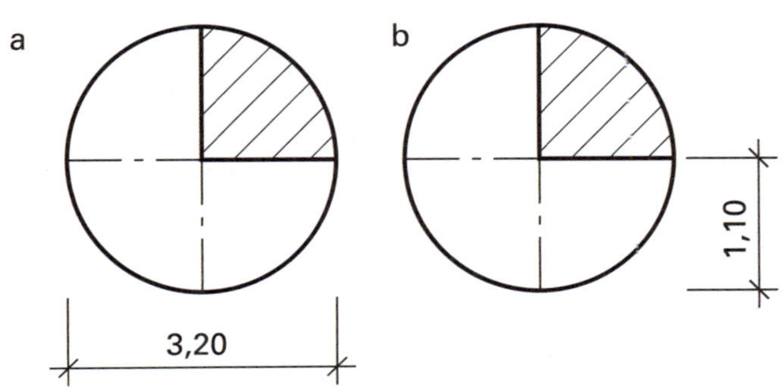

a | b

3)

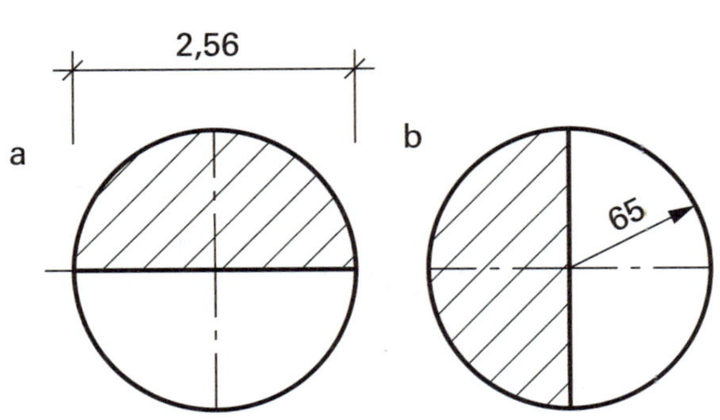

a | b

4)

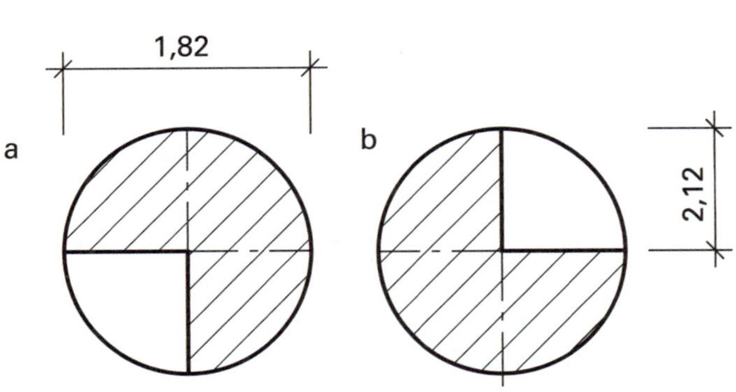

a | b

Name:

Klasse:

Flächenberechnung 5

Kreis, Kreisring

Datum:

Fach:

Berechnen Sie jeweils die Fläche in m^2 und den Gesamtumfang in m.

5)

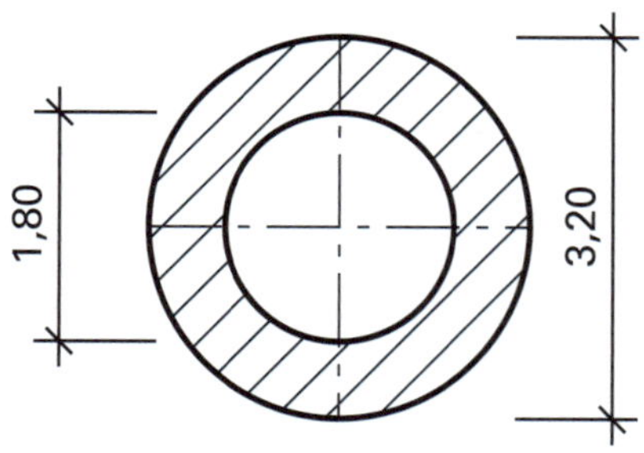

6)

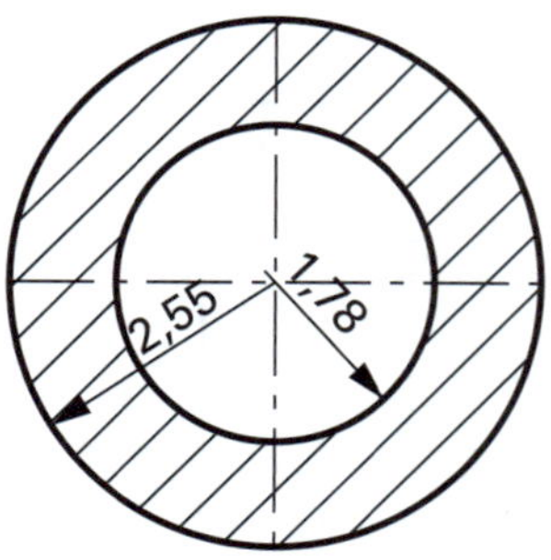

7)

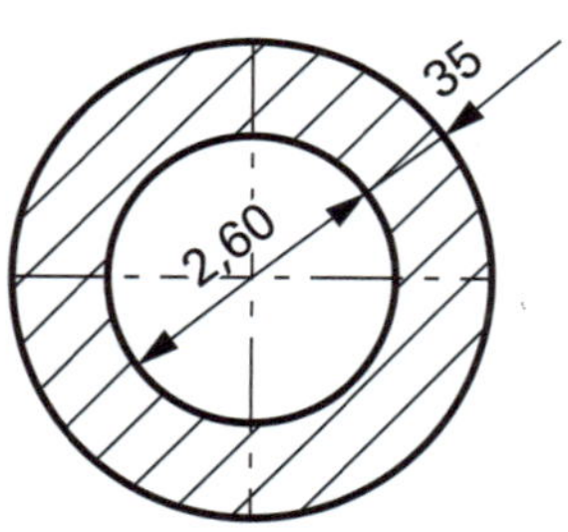

8)

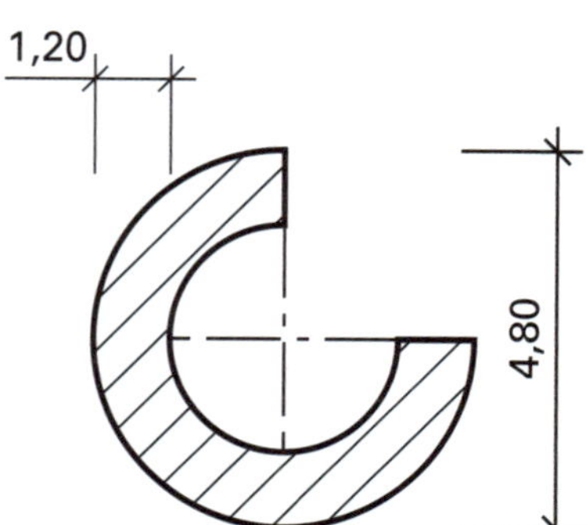

Name:

Klasse:

Flächenberechnung 6

Kreisteile und Ellipsen

Datum:

Fach:

Berechnen Sie die Fläche und die Bogenlänge der Kreisausschnitte in m^2 und in m.

1)

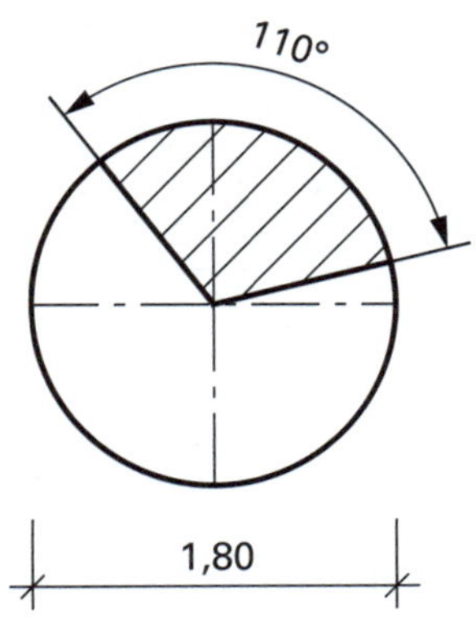

2)

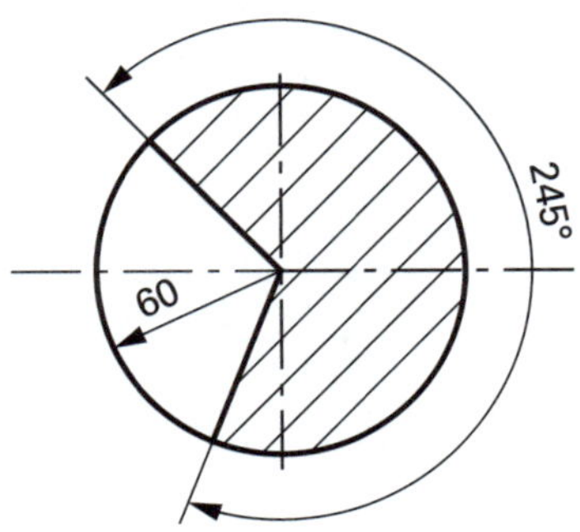

Berechnen Sie die Fläche der Kreisabschnitte in m^2.

3)

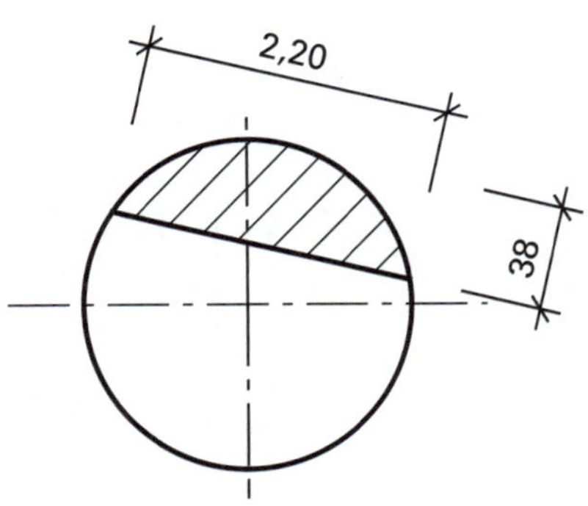

4)

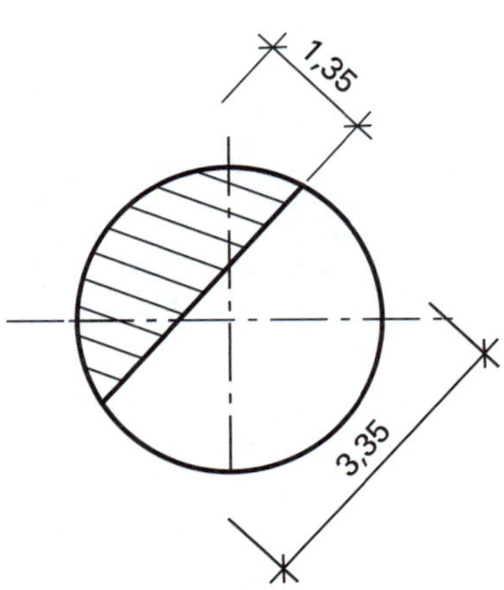

Name:

Klasse:

Flächenberechnung 6

Kreisteile und Ellipsen

Datum:

Fach:

Berechnen Sie die Fläche und den Umfang (nur Rundung) der Ellipsen in m^2 und in m.

5)

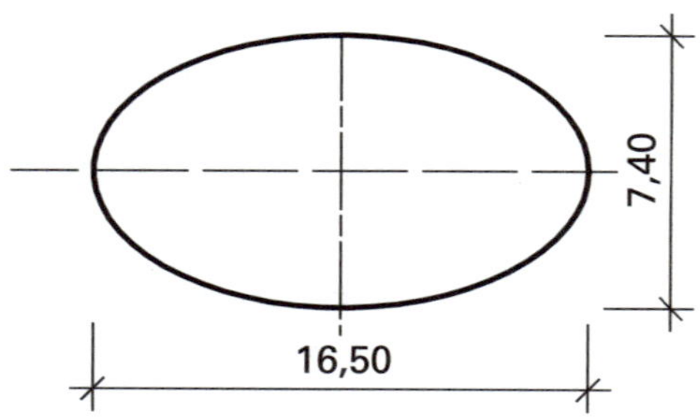

6)

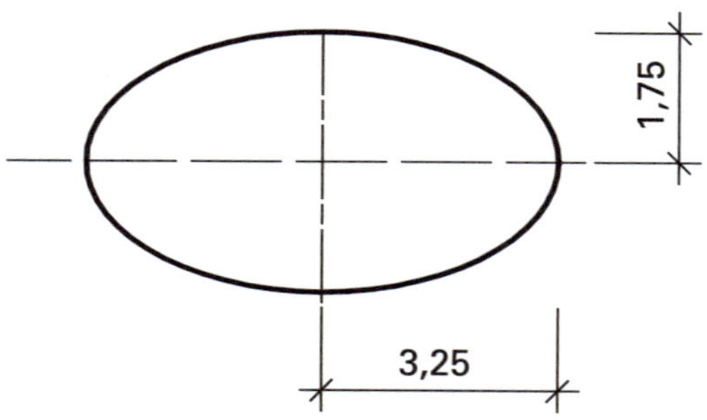

7)

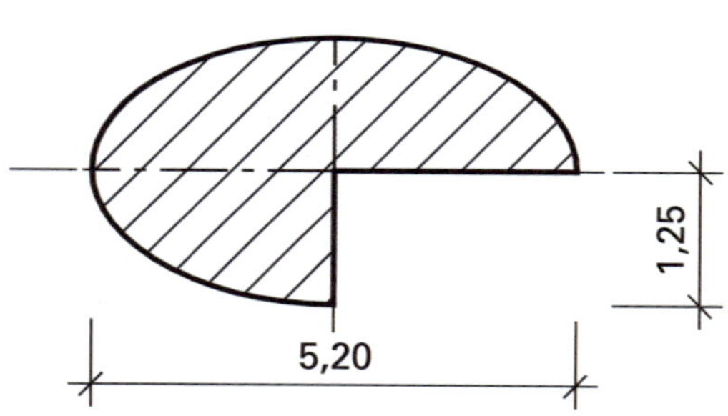

8)

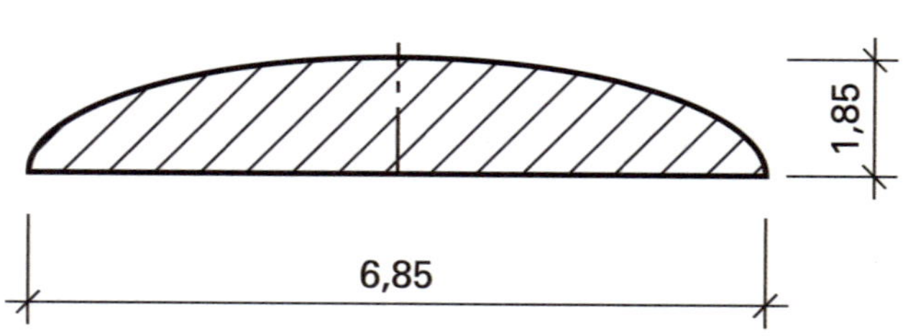

Flächenberechnung 7

Rechteck, Kreis, Kreisteile, Ellipse

Berechnen Sie bei allen Aufgaben die Fläche in m^2 und den Umfang in m.

1)

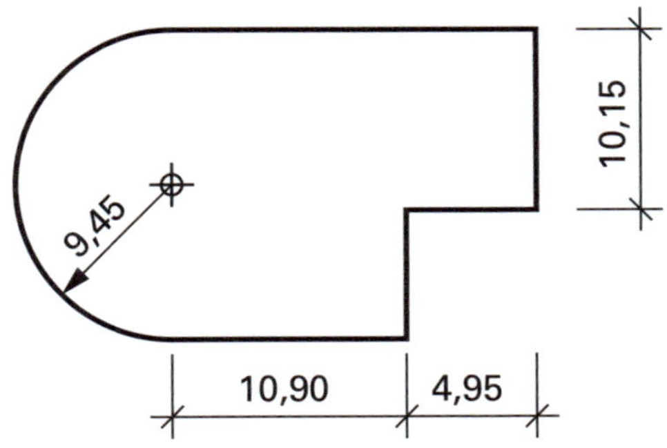

2)

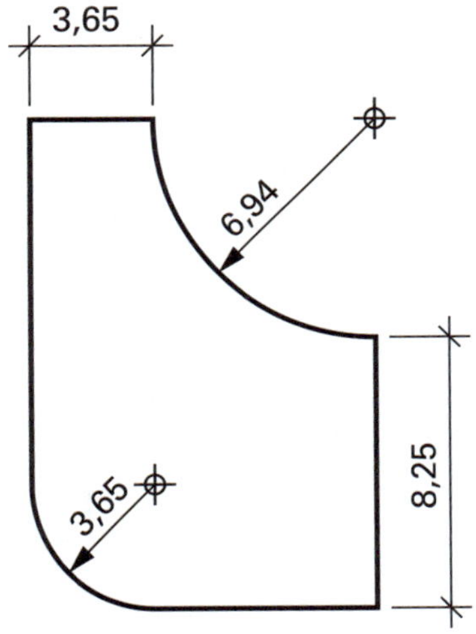

3)

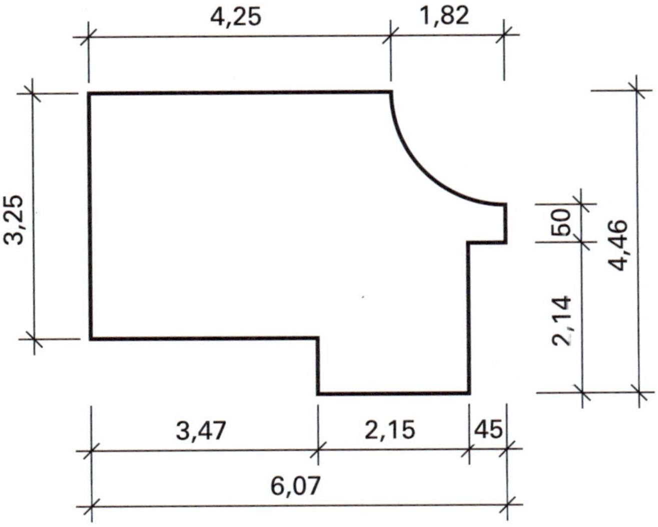

Name:

Klasse:

Flächenberechnung 7

Rechteck, Kreis, Kreisteile, Ellipse

Datum:

Fach:

Berechnen Sie bei allen Aufgaben die Fläche in m^2 und den Umfang in m.

4)

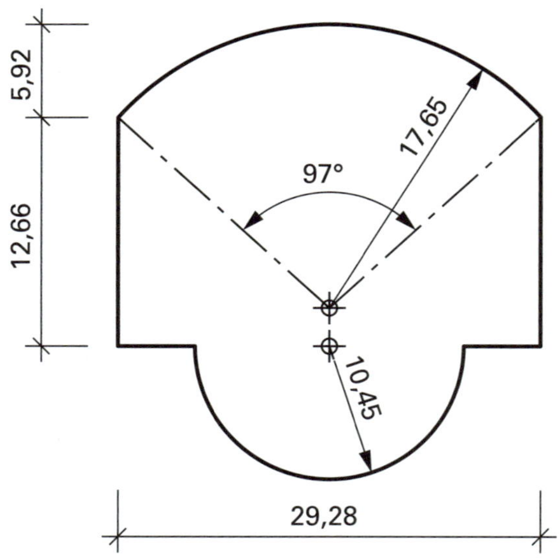

5)

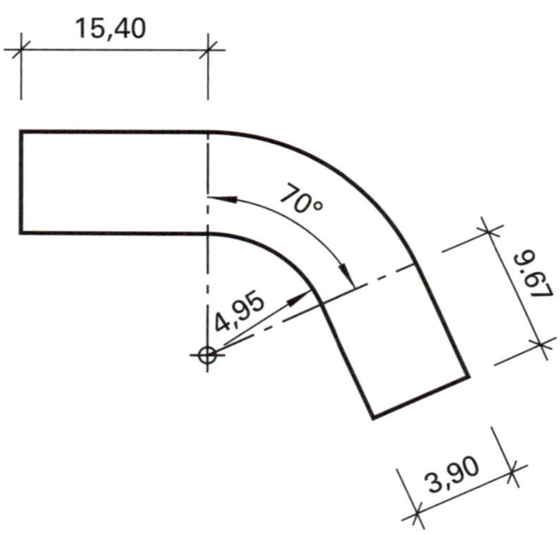

6)

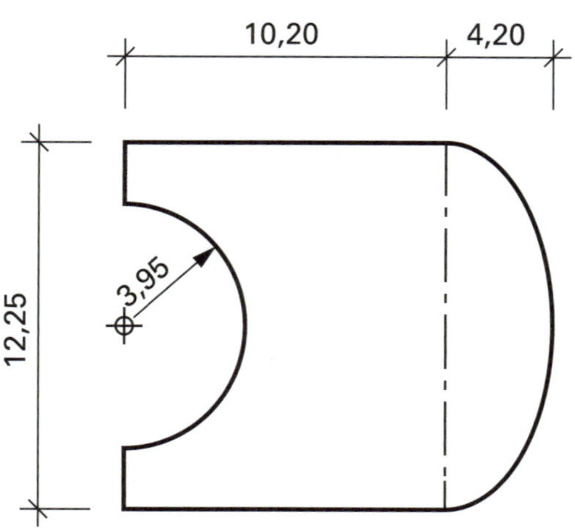

Flächenberechnung 9

Anwendungsaufgaben

1) Das Mauerwerk der dargestellten Wand eines historischen Gebäudes soll saniert werden. Die Wand ist 52 cm dick. Berechnen Sie die zu sanierende Fläche (Wand- und Laibungsflächen) in m².

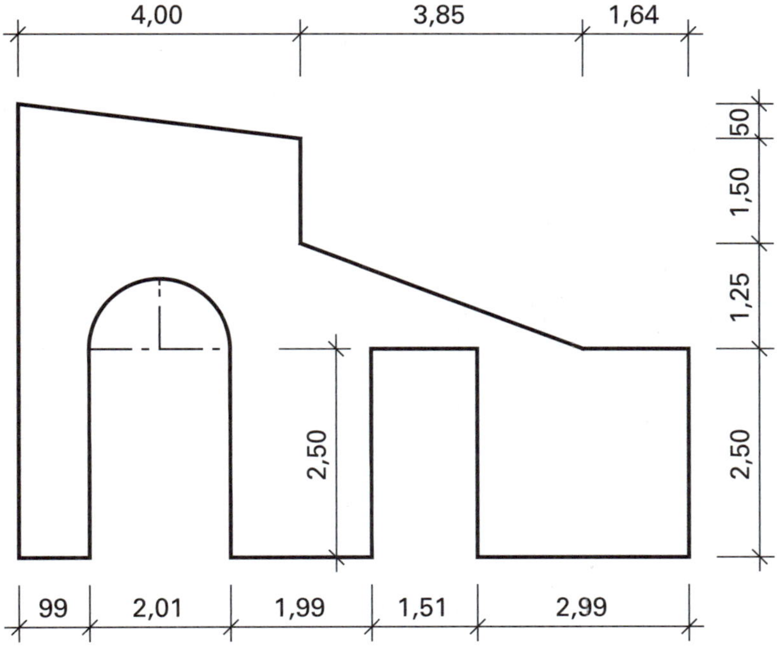

2) In einer Trauerhalle soll der Boden eines Raumes neue Boden- und Sockelfliesen erhalten. Berechnen Sie dazu
   a) die Fläche des Raumes in m².
   b) den Umfang des Raumes in m.

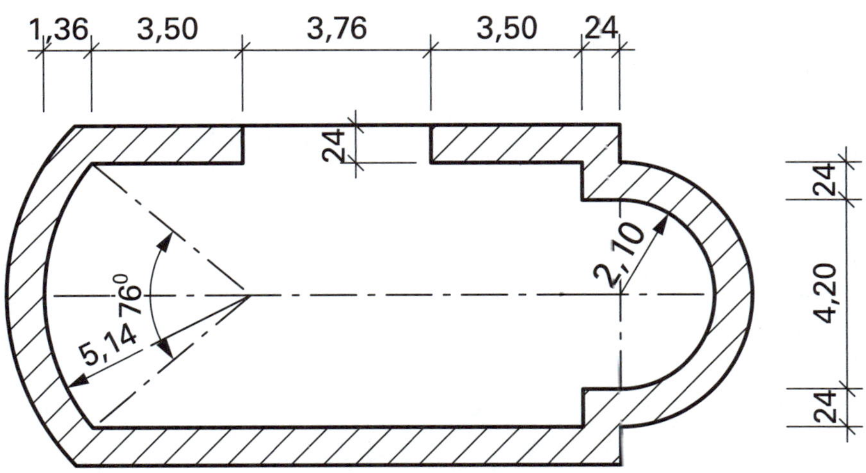

Flächenberechnung 9

Anwendungsaufgaben

3) Das 40 cm tiefe Wasserbecken in einem Park soll neu abgedichtet werden. Abgedichtet werden der Boden, der Beckenrand und die Innenseite des Beckenrandes. Berechnen Sie die abzudichtende Fläche in m^2.

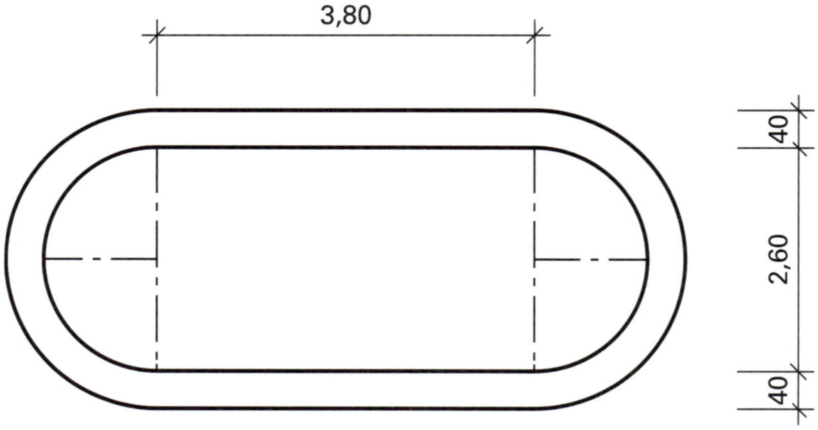

4) Die Toreinfahrt eines historischen Gebäudes ist mit Ziermauerwerk und einem Korbbogen eingefasst und sie soll saniert werden. Saniert werden die Ansichtsfläche (schraffiert) und die Laibungsfläche (grau). Berechnen Sie die zu sanierende Fläche in m^2.

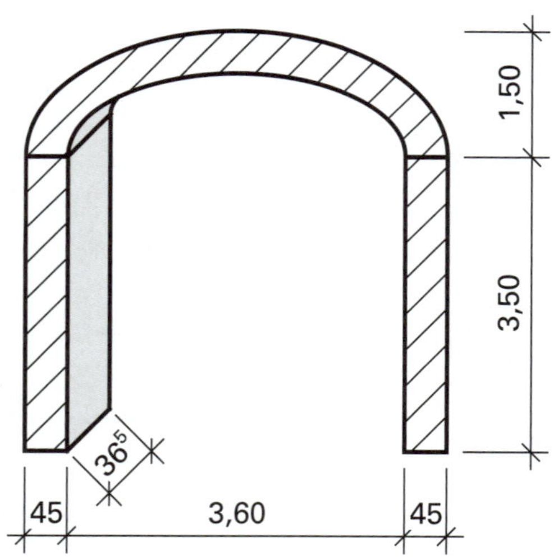

Name:

Klasse:

Formelblatt

Satz des Pythagoras

Datum:

Fach:

Der Satz des Pythagoras gilt nur im .... Dreieck.

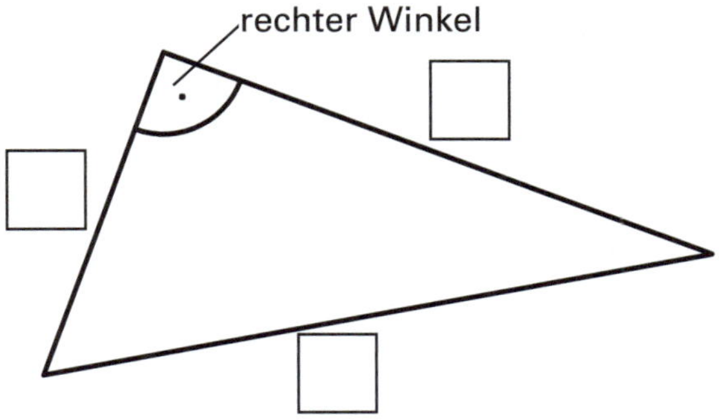

☐ ....

☐ ....

☐ ....

Erkennen der ....

1. ....

2. ....

Sind im rechtwinkligen Dreieck zwei Seiten bekannt, kann man mit der Formel die fehlende Seite berechnen!

Formel zur Berechnung von c

Formel zur Berechnung von a

Formel zur Berechnung von b

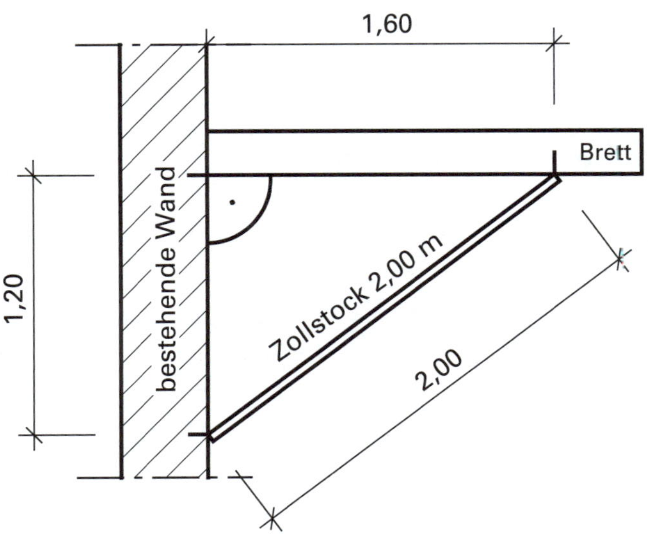

Auf der Baustelle kann man mit dem Satz des Pythagoras einen rechten Winkel abstecken!

Die Zahlen dazu sind 3, 4, 5 oder Vielfache davon.

30 – 40 – 50 cm
60 – 80 – 100 cm
1,20 – 1,60 – 2,00 m
3,00 – 4,00 – 5,00 m

Name:

Klasse:

Pythagoras 1

Anwenden der Formel

Datum:

Fach:

Berechnen Sie bei allen Aufgaben die jeweils fehlende Länge in m.

1)

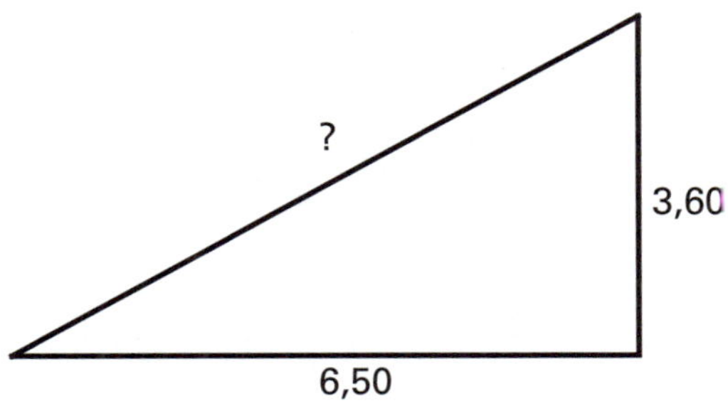

2)

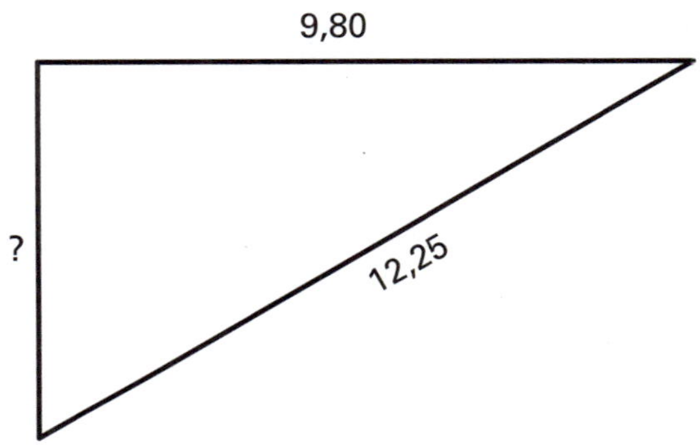

3)

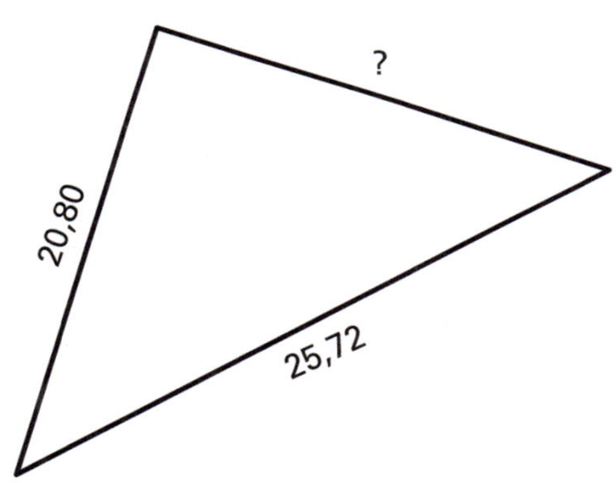

4)

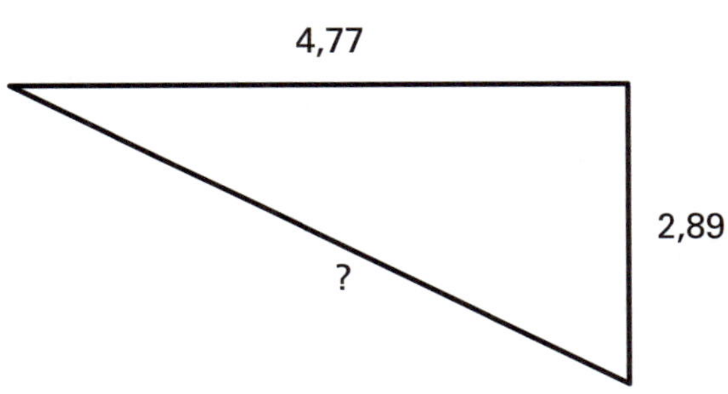

Name:

Klasse:

Pythagoras 1

Anwenden der Formel

Datum:

Fach:

Berechnen Sie bei allen Aufgaben die jeweils fehlende Länge in m.

5)

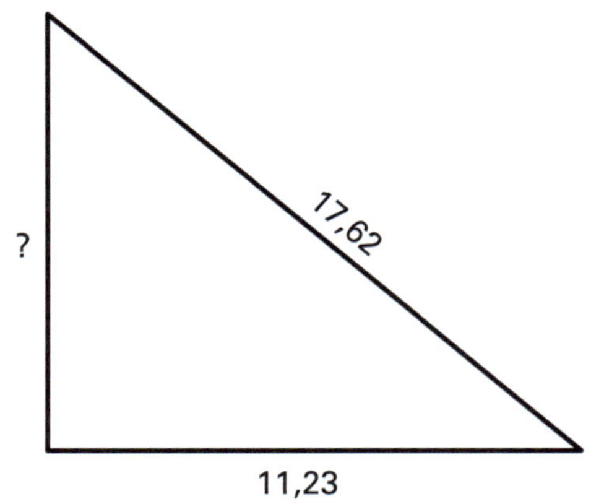

6)

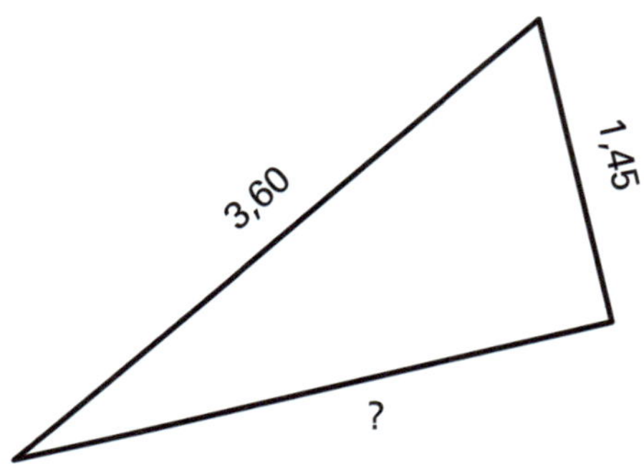

7)

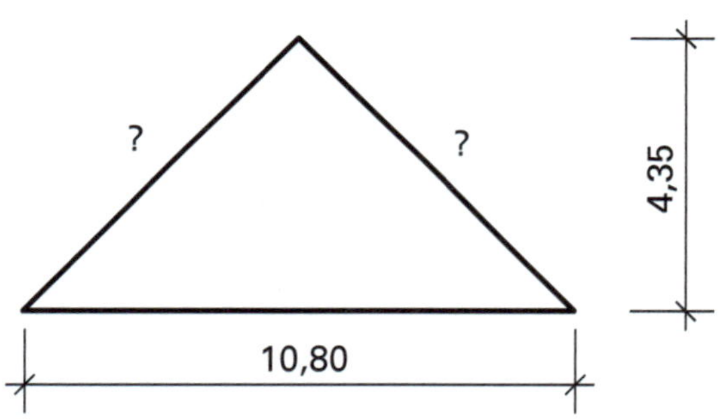

8)

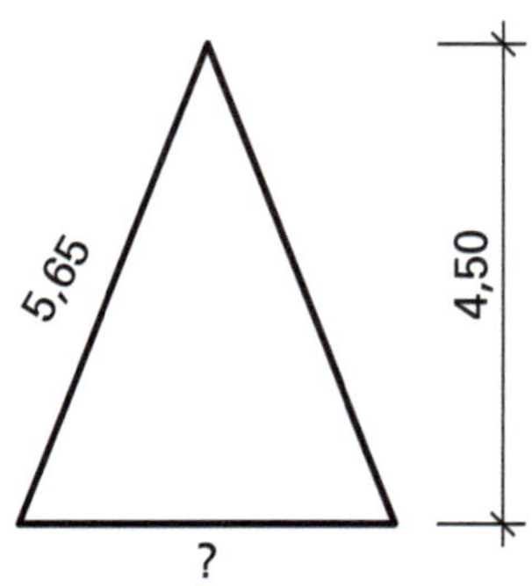

Name:

Klasse:

Pythagoras 2

Dachschrägen

Datum:

Fach:

Berechnen Sie bei allen Aufgaben die Längen der Dachschrägen in m.

1)

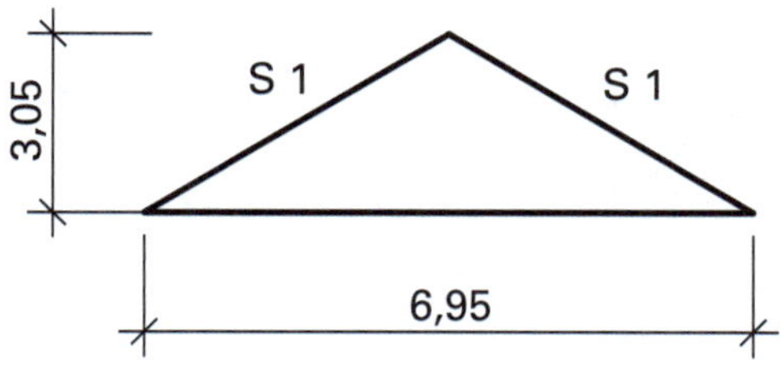

2)

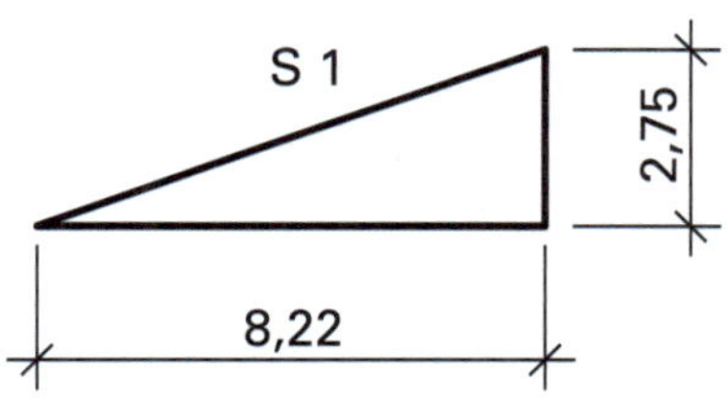

3)

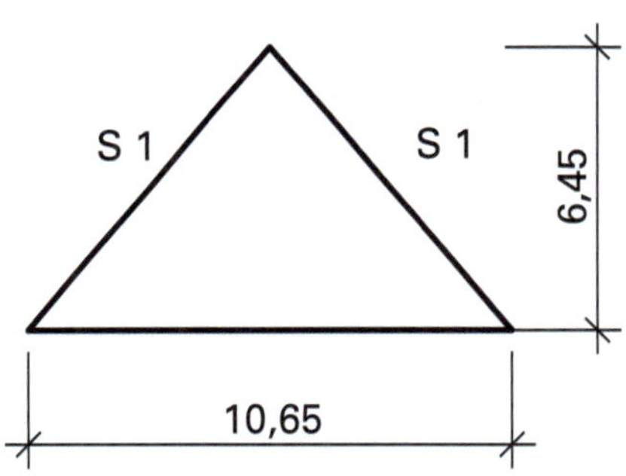

4)

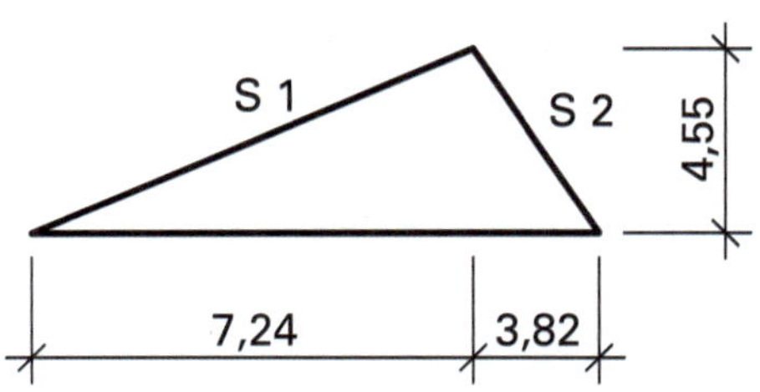

Name:

Klasse:

Pythagoras 2

Dachschrägen

Datum:

Fach:

Berechnen Sie bei allen Aufgaben die Längen der Dachschrägen in m.

5)

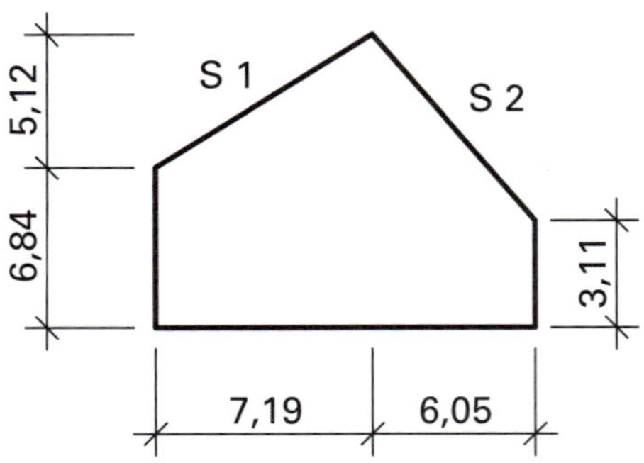

6)

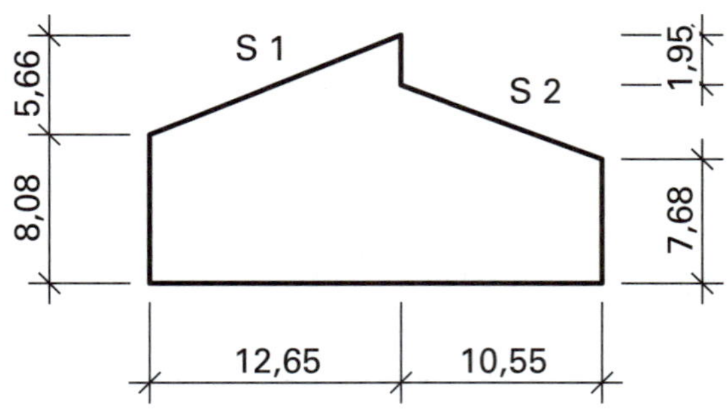

7)

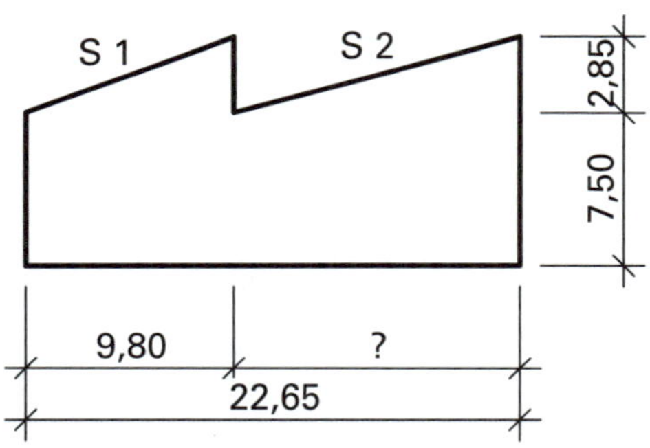

8)

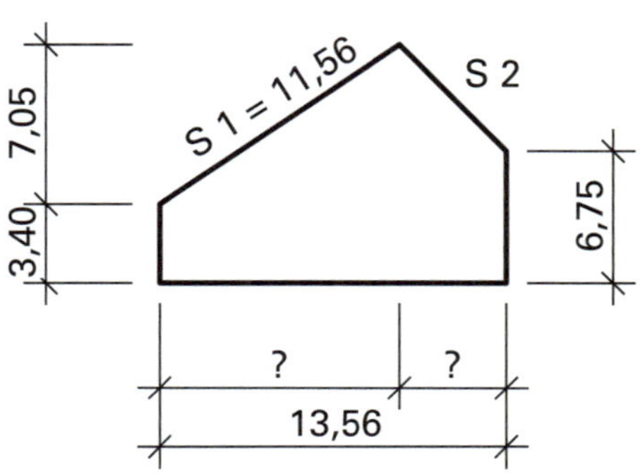

Name:

Klasse:

Pythagoras 3

Bodenplatten

Datum:

Fach:

Berechnen Sie für die dargestellten Bodenplatten die Länge der Randschalung in m.

1)

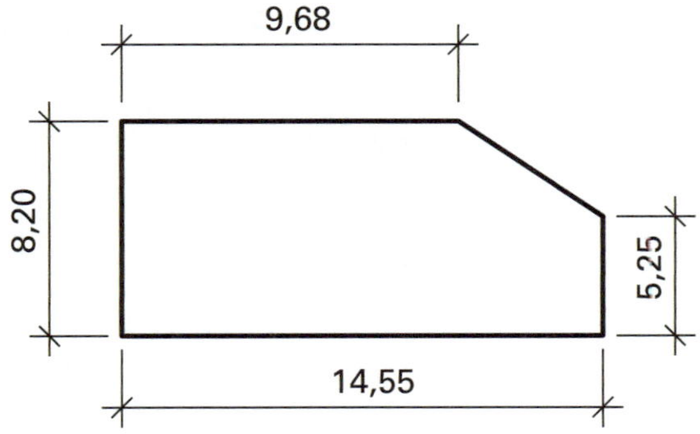

2)

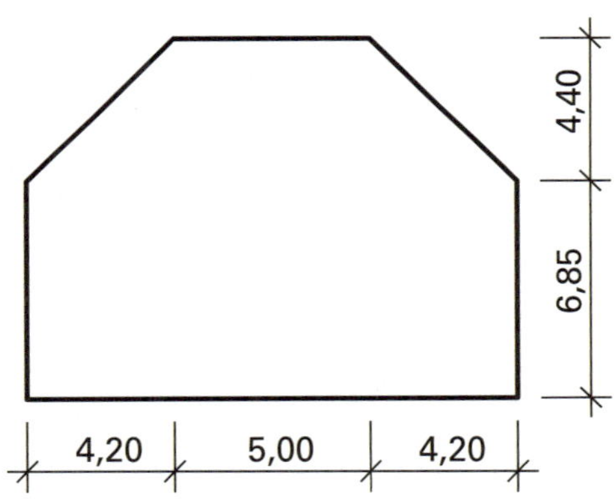

3)

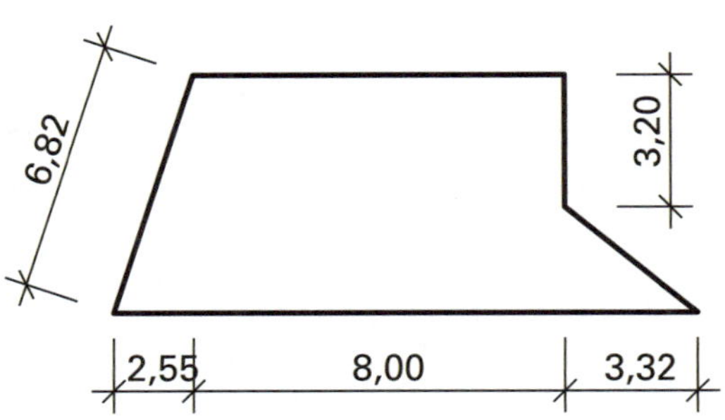

Name:

Klasse:

Pythagoras 3

Bodenplatten

Datum:

Fach:

Berechnen Sie für die dargestellten Bodenplatten die Länge der Randschalung in m.

4)

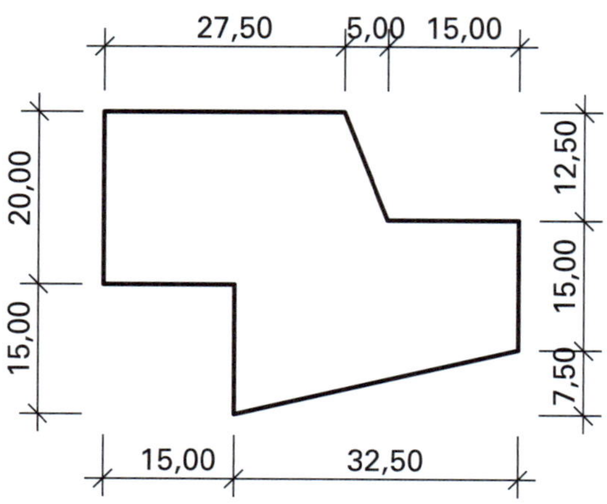

5)

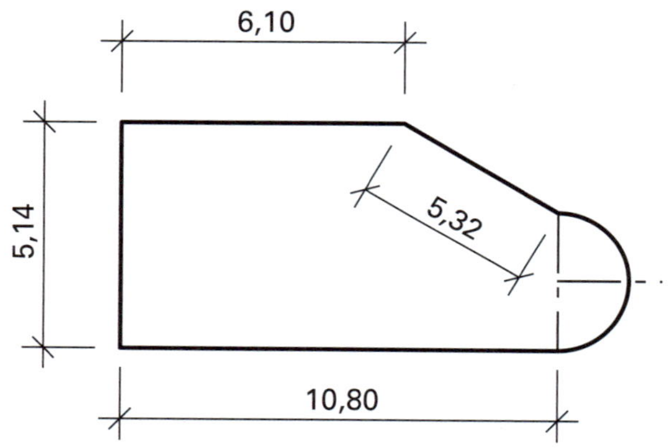

6)

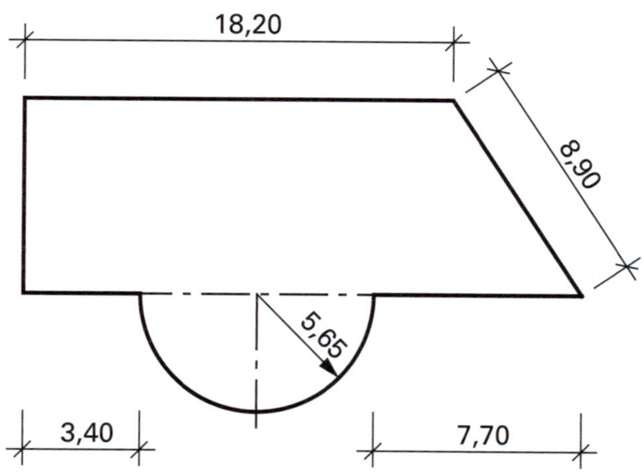

Name:

Klasse:

Pythagoras 4

Stahlbetondecken

Datum:

Fach:

Die dargestellten Stahlbetondecken sollen eingeschalt werden.
Berechnen Sie dazu jeweils

a) die fehlenden Maße in m.
b) die Deckenschalfläche in m^2.
c) die Länge der Deckenrandschalung in m.

1)

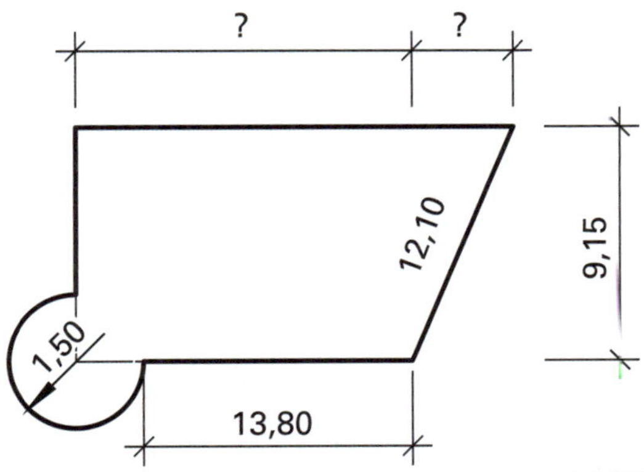

2)

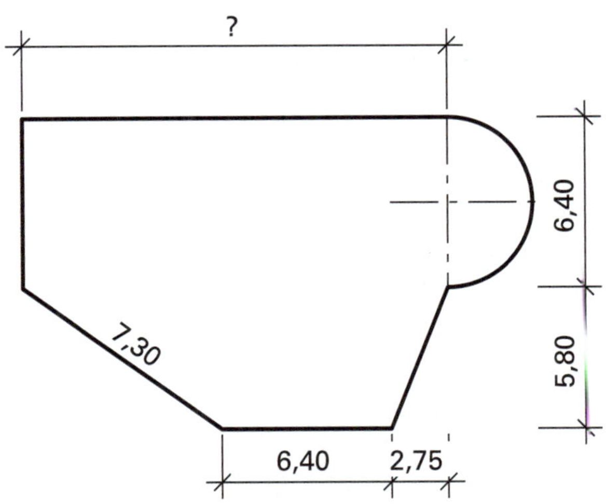

Pythagoras 4

Stahlbetondecken

Die dargestellten Stahlbetondecken sollen eingeschalt werden.
Berechnen Sie dazu jeweils

a) die fehlenden Maße in m.
b) die Deckenschalfläche in m^2.
c) die Länge der Deckenrandschalung in m.

3)

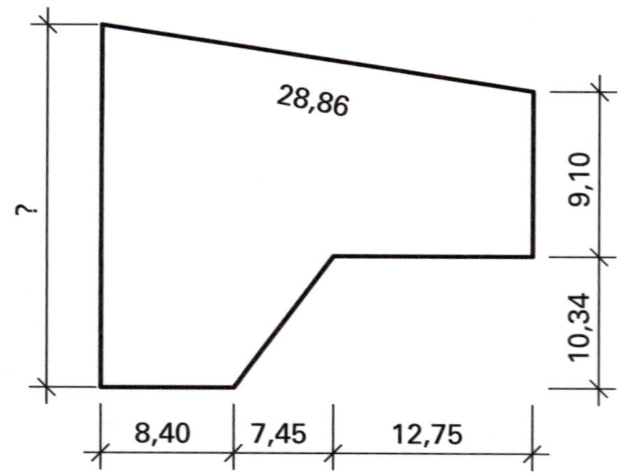

4)

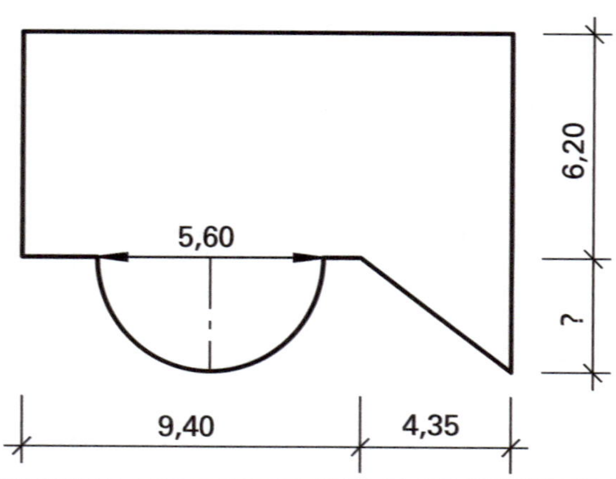

Name:

Klasse:

Volumenberechnung 6

Fundamente

Datum:

Fach:

1) Herzustellen ist ein quadratisches Fundament mit quadratischem Köcher.
Berechnen Sie

a) die Betonmenge in m^3.
b) die äußere Schalfläche in m^2.
c) die Schalfläche für den Köcher in m^2.

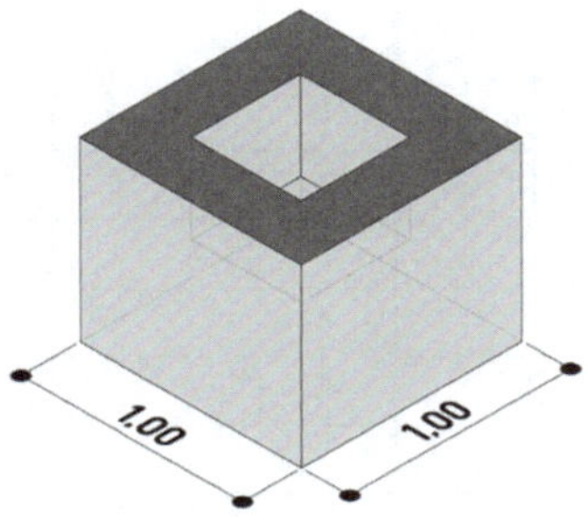

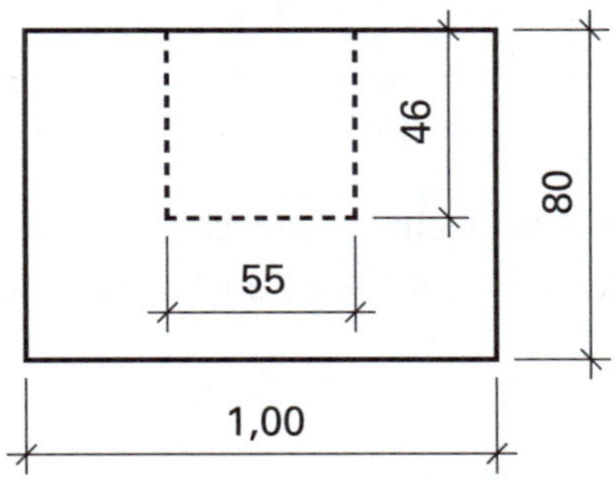

2) Für ein Bauvorhaben soll das abgetreppte quadratische Fundament zwölfmal hergestellt werden. Im ersten Betoniervorgang werden alle Unterteile, zwei Tage später im zweiten Betoniervorgang alle Oberteile hergestellt.
Berechnen Sie

a) die Betonmenge für jeden Betonierabschnitt in m^3.
b) die Gesamtfläche der seitlichen Schalflächen für ein Fundament in m^2.

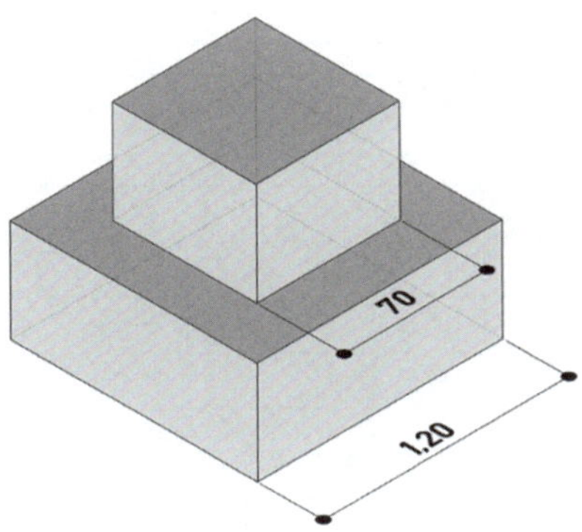

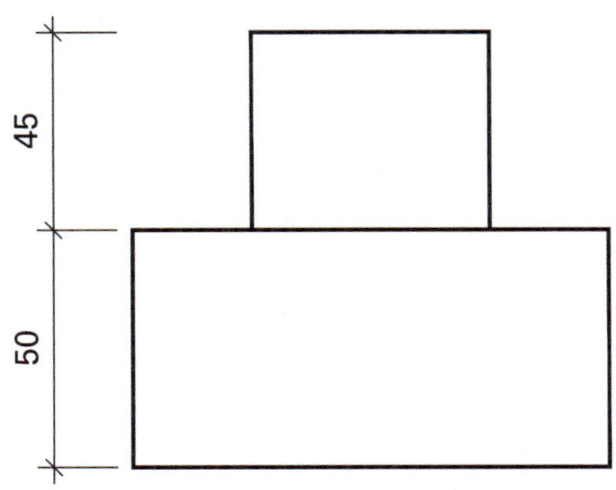

Volumenberechnung 6

Fundamente

3) Berechnen Sie für das Streifenfundament
   a) die Betonmenge in m^3.
   b) die Schalfläche (innen und außen) in m^2.

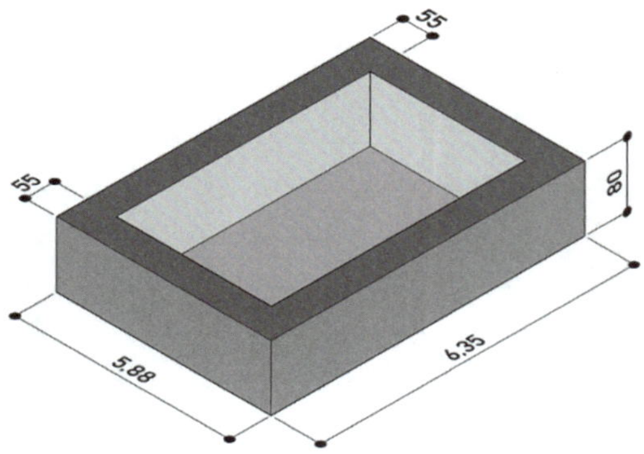

4) Das Streifenfundament eines Wohnhauses ist 60 cm tief ab OK Baugrubensohle ausgeschachtet und wird 15 cm höher als die Baugrubensohle betoniert. Dazu wird das Fundament 15 cm hoch abgeschalt. Der Zwischenraum wird mit Rollkies aufgefüllt.
   Berechnen Sie
   a) die benötigte Betonmenge in m^3.
   b) die Länge der seitlichen Abschalung in m.
   c) die Kiesmenge in m^3.

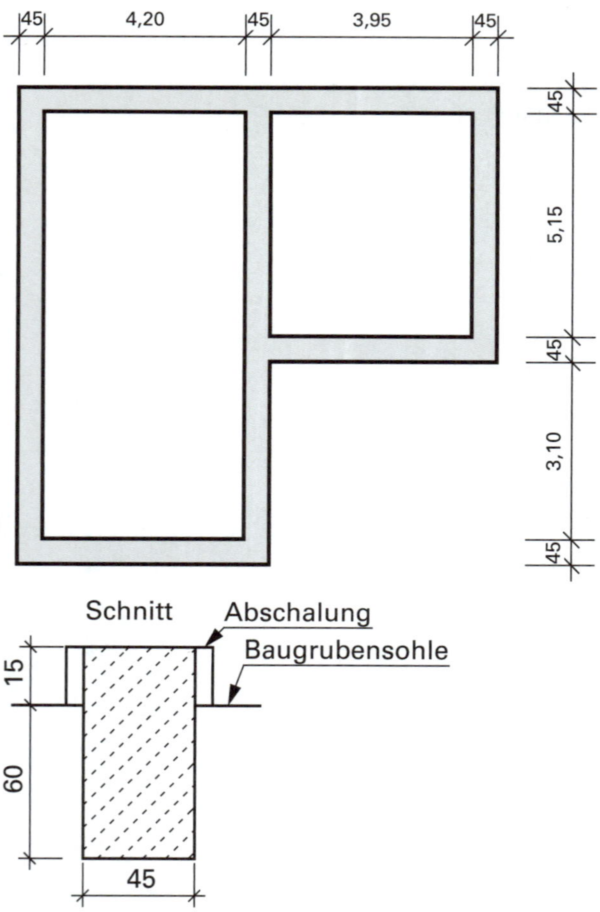

Name:

Klasse:

Flächenberechnung 8

Anwendungsaufgaben

Datum:

Fach:

1) Die Giebelwand soll gedämmt werden.
Berechnen Sie die Anzahl der Dämmplatten (Plattengröße 100/50 cm).

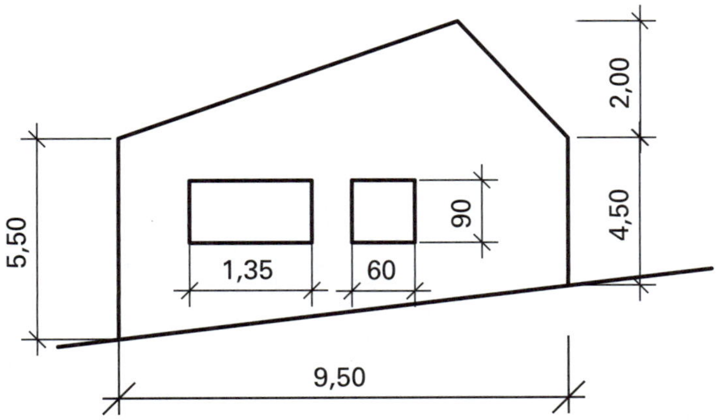

2) Der Hof eines Hauses soll gepflastert und mit Bordsteinen eingefasst werden.
Berechnen Sie

a) die Anzahl der Pflastersteine aus Beton bei 15/15 cm Steingröße.
b) die Anzahl der Bogenbordsteine bei 75 cm Steinlänge.

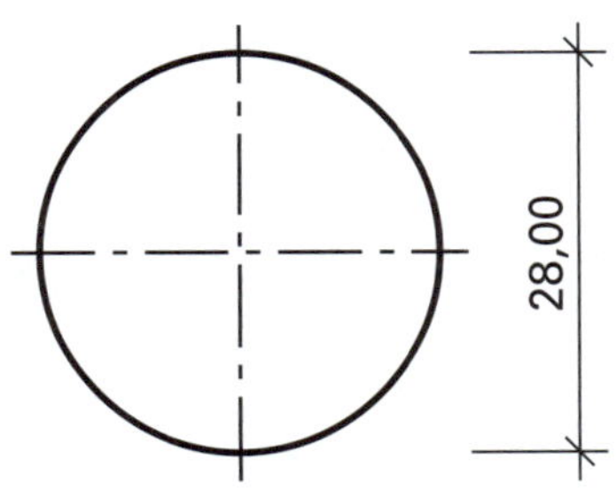

3) Dargestellt ist eine Dachgeschosswand.
Berechnen Sie die Anzahl der Gipsfaserplatten (1,50/1,00 m) bei beidseitiger Beplankung.

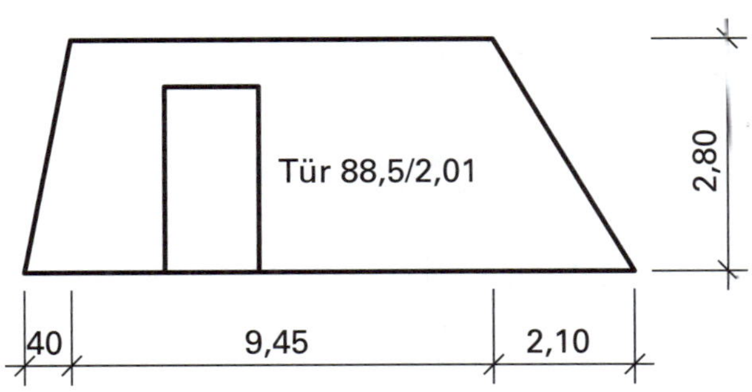

4) Dargestellt ist eine Fertigteilplatte aus Stahlbeton. Berechnen Sie
   a) die Fläche der Platte in m^2.
   b) die Länge der Randschalung in m.

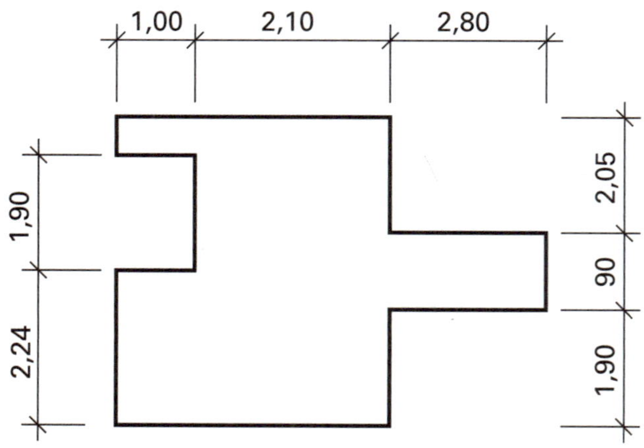

5) Der Parkplatz soll mit Platten belegt werden.
   a) Wie groß ist die Fläche in m^2?
   b) Wie viele Platten 40/40 cm müssen bestellt werden bei 4 % Verschnitt?

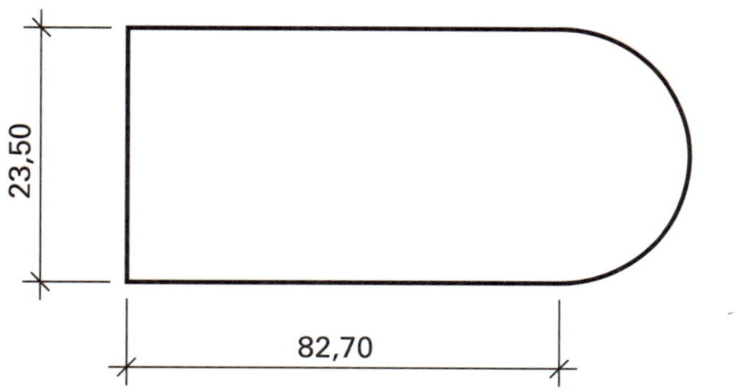

6) Dargestellt ist eine Dachfläche. Berechnen Sie
   a) die Fläche in m^2.
   b) den Umfang in m.

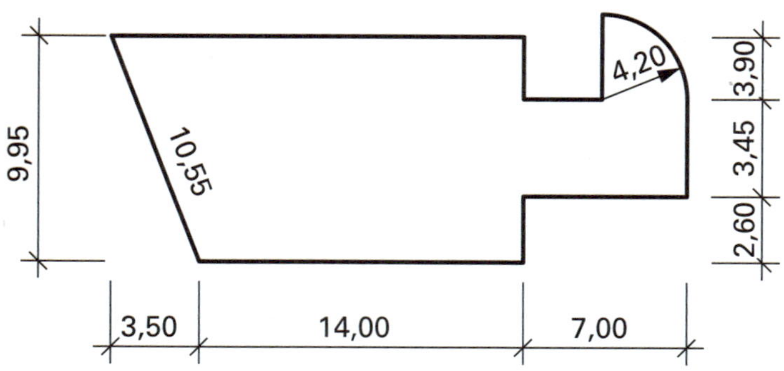

Name:

Klasse:

Volumenberechnung 8

Anwendungsaufgaben

Datum:

Fach:

1) Für einen Autostellplatz soll eine Stützwand betoniert werden. Berechnen Sie
   a) die Betonmenge in m^3 bei 20 cm Wanddicke.
   b) die drei Außenflächen der Stützwand in m^2. Dort soll eine bituminöse Abdichtung aufgebracht werden.

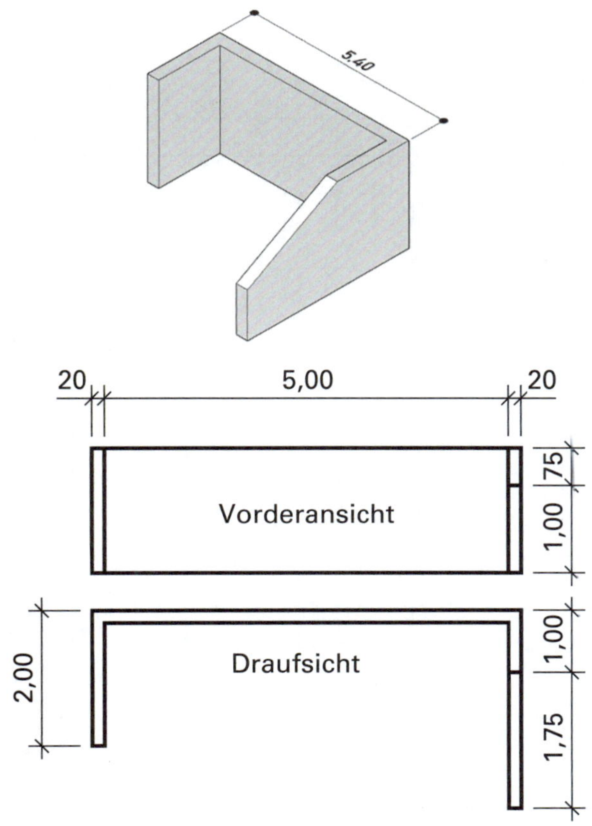

2) Der Stahlbetonbalken wird auf der Baustelle geschalt und betoniert. Er ist 35 cm breit.
   Berechnen Sie
   a) die Betonmenge in m^3.
   b) die Schalfläche (unten und seitlich einschließlich der Kopfflächen) in m^2.

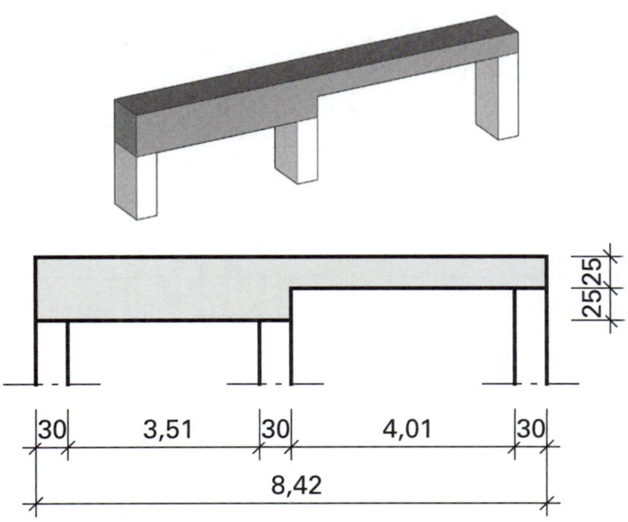

Volumenberechnung 8

Anwendungsaufgaben

3) Die innen hohle Stahlbetonsäule unter einer Brücke soll geschalt und betoniert werden. Sie steht auf einem Fundament.
Berechnen Sie:

a) die Schalfläche für die Säule innen und außen in m^2.
b) die Betonmenge für die Säule und das Fundament in m^3.

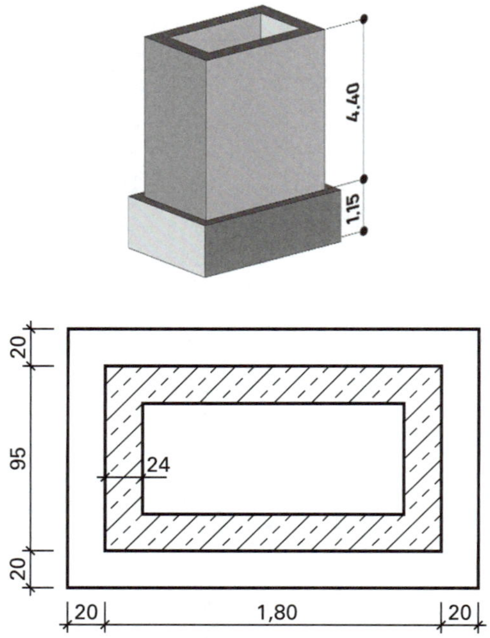

4) Ein 4,00 m hoher Wasserbehälter steht auf einer Bodenplatte, die 25 cm übersteht. Nach dem Erhärten der Bodenplatte wird der Behälter geschalt und betoniert. Berechnen Sie

a) die Schafläche des Behälters innen und außen in m^2.
b) die Betonmenge für Bodenplatte und Behälter in m^3.

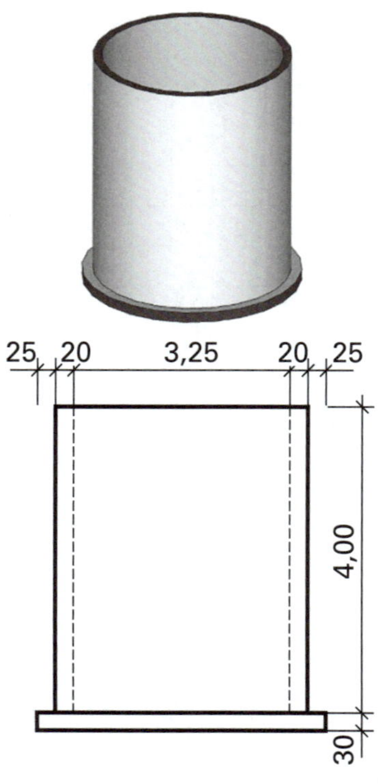

Name:

Klasse:

Formelblatt

Tabelle Stein- und Mörtelbedarf

Datum:

Fach:

Stein- und Mörtelbedarf der wichtigsten Steinformate								
Die Zahlen sind Mittelwerte aus Angaben verschiedener Steinhersteller und können im Einzelfall abweichen.								
Klein- und mittelformatige Steine mit Normalmörtel in Stoß- und Lagerfugen, bis 11,3 cm Steinhöhe								
Steinformat	Wanddicke	L	B	H	Steine je m^2	Mörtel/ Kleber je m^2	Steine je m^3	Mörtel/ Kleber je m^3
DF	11,5	24	11,5	5,2	64	26	-	-
NF	11,5	24	11,5	7,1	48	24	-	-
NF	24	24	11,5	7,1	96	57	410	260
NF	36,5	24	11,5	7,1	144	90	400	265
2 DF	11,5	24	11,5	11,3	32	17	-	-
2 DF	24	24	11,5	11,3	64	44	270	198
2 DF	36,5	24	11,5	11,3	96	75	265	210
2 + 3 DF	30	-	-	-	32 + 32	56	107 + 107	190
3 DF	17,5	24	17,5	11,3	32	26	185	150
3 DF	24	24	17,5	11,3	44	45	189	190
4 DF	24	24	24	11,3	32	36	132	155
5 DF	30	24	30	11,3	32	44	107	155
6 DF	36,5	24	36,6	11,3	32	62	90	180
Steine mit Dünnbettmörtelverlegung, Nut und Feder in der Stoßfuge, Steinhöhe 12,3 cm								
4 DF	24	24,8	24	12,3	32	2,8	132	11
5 DF	30	24,8	30	12,3	32	3,6	107	11
6 DF	36,5	24,8	36,6	12,3	32	4,4	90	11
Steine mit Normalmörtel in der Lagerfuge, Nut und Feder in der Stoßfuge, Steinhöhe 23,8 cm								
8 DF Bauplatte	11,5	49,8	11,5	23,8	8	10	-	-
8 DF	24	24,8	24	23,8	16	15	66	64
10 DF	30	24,8	30	23,8	16	19	54	64
12 DF	36,5	24,8	36,5	23,8	16	24	44	64
12 DF	17,5	49,8	17,5	23,8	8	12	44	64
16 DF	24	49,8	24	23,8	8	15	33	64
20 DF	30	49,8	30	23,8	8	19	27	64
Steine mit Dünnbettmörtelverlegung, Nut und Feder in der Stoßfuge, Steinhöhe 24,8 cm								
8 DF Bauplatte	11,5	49,8	11,5	24,8	8	1,3	-	-
8 DF	24	24,8	24	24,8	16	2,8	66	11
10 DF	30	24,8,	30	24,8	16	3,6	54	11
12 DF	36,5	24,8	36,5	24,8	16	4,4	44	11
12 DF	17,5	49,8	17,5	24,8	8	2	44	11
14 DF	42,5	24,8	42,5	24,8	16	5,2	38	11
16 DF	24	49,8	24	24,8	8	2,8	33	11
20 DF	30	49,8	30	24,8	8	3,6	27	11

Name:	Datum:
Klasse:	Fach:

Formelblatt

Mörtelmischungen

Mauermörtelgruppen und Mischungsverhältnisse für Normalmörtel

Mörtel-gruppe	Mörtelart	Weißkalk-hydrat	Hydraulischer Kalk – HL 5 PM-Binder MC5	Zement	Sand	Festigkeit	Mörtelklasse
MG I	Kalkmörtel	1	-	-	3	Nur für nicht belastete Wände	M1
		-	1	-	4,5		
MG II	Kalkzementmörtel	2	-	1	8	2,5 N/mm²	M2,5
		-	1	-	3		
MG IIa	Kalkzementmörtel	1	-	1	6	5 N/mm²	M5
		-	2	1	8		
MG III	Zementmörtel	-	-	1	4	10 N/mm²	M10
MG IIIa	Zementmörtel (bei Verwendung spezieller Sande)					20 N/mm²	M20

Sackgewichte + Sackinhalte		
Bindemittel	Sackinhalt in kg	Sackinhalt in Liter
Weißkalkhydrat (Luftkalk)	25	50
Hydraulischer Kalk HL 5	25	25
Putz- und Mauerbinder MC	25	25
Zement	25	21
Fertigmörtel – Sackware	Sackinhalt in kg	Ergiebigkeit in Liter
Putz- und Mauermörtel alle Mörtelgruppen und Festigkeiten	40 30 25	26 20 16
Leichtmauermörtel LM 21 – M5	25	38
Dünnbettmörtel – M10	25	20
Gipsputzmörtel	30	35

Mörtelmischungsberechnung

Verwendung von selbst gemischtem Mörtel Normalmörtel

Zunächst muss der Mörtelbedarf für das Mauerwerk berechnet werden. **Maßeinheit ist Liter (L).**

1) Die lose Masse (Bindemittel und Sand) errechnen:
   lose Masse in L = Mörtelbedarf in L x Mörtelfaktor 1,6
2) Anteile von Bindemittel und Sand errechnen:
   Beispiele: **Mischungsverhältnis 1:4 = 1 + 4 = 5 Anteile**
   Mischungsverhältnis 2:1:8 = 2 + 1 + 8 = 11 Anteile
3) Einen Anteil berechnen: $\mathbf{1\ Anteil\ in\ L = \dfrac{lose\ Masse\ in\ L}{Anteile}}$
4) Menge Bindemittel und Sand berechnen:
   Bindemittelmenge in L = 1 Anteil x Anteile Bindemittel
   Sandmenge in L = 1 Anteil x Anteile Sand
5) Sackanzahl Bindemittel berechnen:
   $\mathbf{Sackanzahl = \dfrac{Bindemittelmenge\ in\ L}{Sackinhalt\ in\ L}}$
6) Sandmenge in t berechnen (zur Angabe beim Baustoffhändler)
   Sandmenge in t = Sandmenge in $\mathbf{m^3 \times 1{,}8\ t/m^3}$

Verwendung von Fertigmörtel (Sackware) Normalmörtel und Dünnbettmörtel

Zunächst muss der Mörtelbedarf für das Mauerwerk berechnet werden.

Maßeinheit ist Liter (L).

Anzahl der Säcke ermitteln

$\mathbf{Anzahl\ der\ Säcke = \dfrac{Mörtelbedarf\ in\ L}{Ergiebigkeit\ je\ Sack\ in\ L}}$

Name:

Klasse:

Stein- und Mörtelbedarf 1

Anwenden der Formelblätter

Datum:

Fach:

Entnehmen Sie aus dem Tabellenblatt die Werte und berechnen Sie den Stein- und Mörtelbedarf.

Tragen Sie alle Werte in die Tabelle ein.

Menge Mauerwerk	Steinformat	Wand-dicke	Tabellenwert Steine je m^2/m^3	Tabellenwert Mörtel in L je m^2/m^3	Anzahl der Steine	Mörtel in L
4,68 m^3	NF	24 cm				
54,32 m^2	Bauplatte 8 DF N + F	11,5 cm				
23,50 m^2	3 DF	17,5 cm				
34,76 m^3	2 + 3 DF	30 cm				
16,85 m^3	16 DF Block N + F	24 cm				
26,75 m^3	12 DF P N + F	36,5 cm				
20,55 m^2	5 DF	30 cm				
8,56 m^2	Bauplatte P 8 DF N + F	11,5 cm				
175,50 m^3	14 DF Block P N + F	42,5 cm				
122,40 m^2	DF	11,5 cm				
290 m^2	12 DF Block N + F	17,5 cm				
19,85 m^3	4 DF	24 cm				
95,24 m^3	10 DF Block P N + F	30 cm				

Name:

Klasse:

Stein- und Mörtelbedarf 1

Anwenden der Formelblätter

Datum:

Fach:

Berechnen Sie für folgende selbst gemischte Mörtelmengen die Anzahl der Säcke Bindemittel und den Sandbedarf in Liter und t.

Tragen Sie die Werte in die Tabelle ein.

Mörtelmenge	Mörtelart	Anzahl der Säcke Bindemittel		Liter Sand	Sand in t
828 L	MG I				
1466 L	MG III				
3520 L	MG II mit HL 5				
2875 L	MG II a mit HL 5	HL5	Z		
1944 L	MG II mit Kalk u. Zement	K	Z		
360 L	MG III				

Berechnen Sie für folgende Mörtelmengen die benötigte Anzahl der Säcke Fertigmörtel.

Tragen Sie die Werte in die Tabelle ein.

Mörtelmenge	Mörtelart	Anzahl der Säcke Fertigmörtel
1235 L	MG III Normalmörtel Sackware 40 kg	
210 L	Dünnbettmörtel	
336 L	MG II Normalmörtel Sackware 30 kg	
2200 L	Leichtmauermörtel	
1260 L	Gipsputzmörtel	
458 L	Dünnbettmörtel	
240 L	MG IIa Normalmörtel Sackware 25 kg	

Name:	Stein- und Mörtelbedarf 3	Datum:
Klasse:	Berechnung mit Tabelle	Fach:

Stein- und Mörtelbedarf 3
Berechnung mit Tabelle

Beispiel 1

Berechnen Sie den Stein- und Mörtelbedarf des Mauerstücks.
Steine: 17,5er Wand: 3 DF; Stein 36,5er Wand: 2 DF. Normalmörtel

Rechnen Sie in m².

Schritt 1: Abtrennen der Wände und Nummerieren der Bauteile

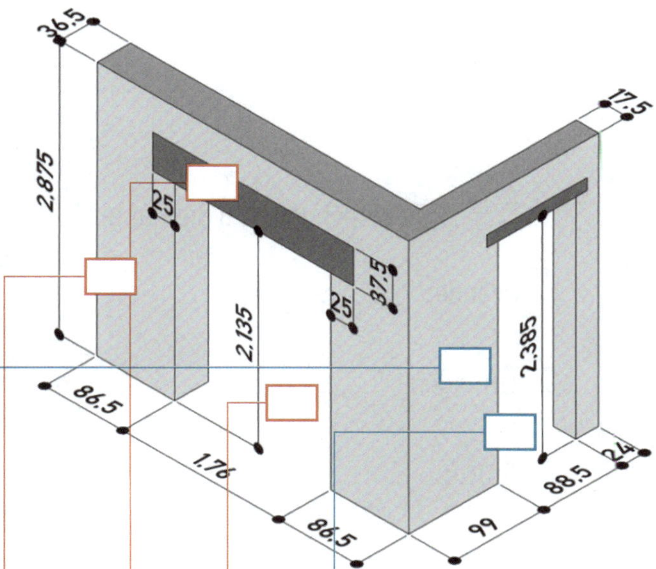

Zu berechnen sind die Bauteile:

Wände: ....

Öffnungen: ....

Stürze: ....

Schritt 2: Eintragen der Bauteile beginnend mit der dicksten Wand

Wand Pos.-Nr.	Wand-dicke cm	Steinart/ Format	Abzüge Fenster, Türen, Stahlbeton-teile	L	B	H	Menge m²/m³	Steine je m²/m³ Tabelle	Liter Mörtel je m²/m³ Tabelle	Anzahl Steine	Menge Mörtel in Liter
			–								
			–								
						Ergebnis 36,5 →					
			–								
						Ergebnis 17,5 →					
										Mörtel gesamt →	

Name:

Klasse:

Stein- und Mörtelbedarf 3

Berechnung mit Tabelle

Datum:

Fach:

Beispiel 2

Berechnen Sie den Stein und Mörtelbedarf des Mauerstücks.
Steine: 36,5er Wand: 6 DF; Stein 24er Wand: 4 DF. Normalmörtel

Rechnen Sie in m^2.

Schritt 1: Abtrennen der Wände und Nummerieren der Bauteile

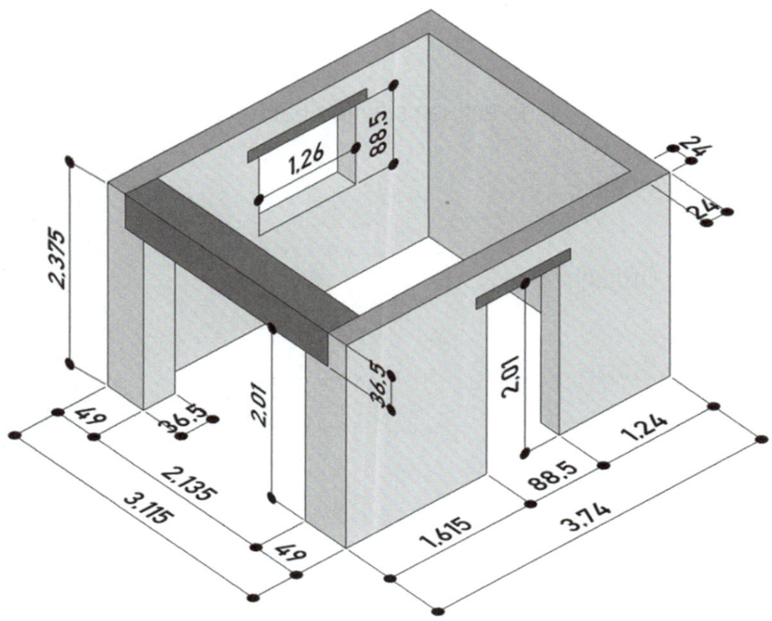

Zu berechnen sind die Bauteile:

Wände: ....

Öffnungen: ....

Stütze: ....

Schritt 2: Eintragen der Bauteile beginnend mit der dicksten Wand

Wand Pos.-Nr.	Wand-dicke cm	Steinart/ Format	Abzüge Fenster, Türen, Stahlbeton-teile	L	B	H	Menge m^2/m^3	Steine je m^2/m^3 Tabelle	Liter Mörtel je m^2/m^3 Tabelle	Anzahl Steine	Menge Mörtel in Liter
			-								
			-								
			-								
			-								

Name:

Klasse:

Stein- und Mörtelbedarf 7

Garagen

Datum:

Fach:

Garage 1: Berechnen Sie den Stein- und Mörtelbedarf sowie die Betonmengen mit Hilfe der Tabelle.

Maße:

Alle Wände sind 24 cm dick und mit KS-Steinen 8 DF mit DBM gemauert.

Fenster 1,01/1,01 m, Garagentor 2,76/2,135 m
Der Sturz über Garagentor liegt auf jeder Seite 20 cm auf und ist 36,5 cm hoch.

Dicke der Bodenplatte 18 cm

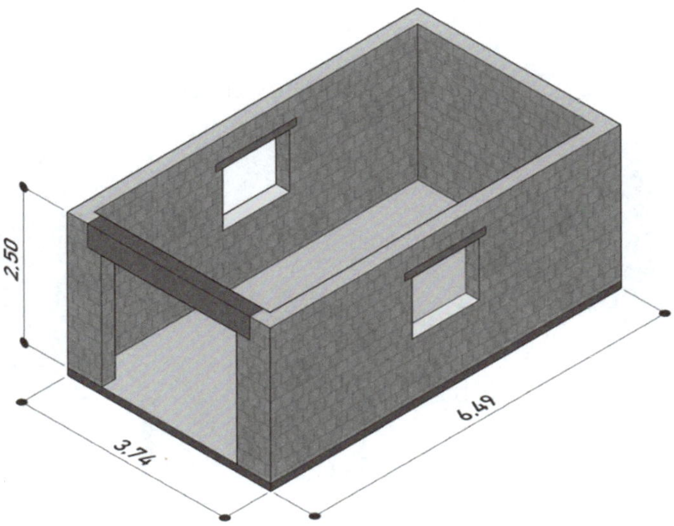

Lösung:

Benötigtes Material:

Steine 8 DF .... Stück

DBM .... Liter

Anzahl Säcke DBM .... Stück

Beton für Sturz .... m^3

Beton für Bodenplatte .... m^3

Rechnen Sie in m^2!

Wand Pos.-Nr.	Wand-dicke cm	Steinart/ Format	Abzüge Fenster, Türen, Stahlbeton-teile	L	B	H	Menge m^2/m^3	Steine je m^2/m^3 Tabelle	Mörtel je m^2/m^3 Tabelle	Anzahl Steine	Menge Mörtel in Liter

Name:		Datum:
Klasse:		Fach:

Stein- und Mörtelbedarf 7

Garagen

Garage 2: Berechnen Sie den Stein- und Mörtelbedarf sowie die Betonmengen mit Hilfe der Tabelle.

Maße:

Alle Wände sind 17,5 cm dick, gemauert mit Hochlochziegeln 12 DF Normalmörtel MG II mit Hochhydraulischem Kalk HL5

Fenster 1,26/0,635 m mit Fertigstürzen, Garagentore 3,76/2,135 m

Der Sturz über den Garagentoren liegt jeweils 25 cm auf und ist 36,5 cm hoch. Die drei Mauerpfeiler sind 49 cm breit.

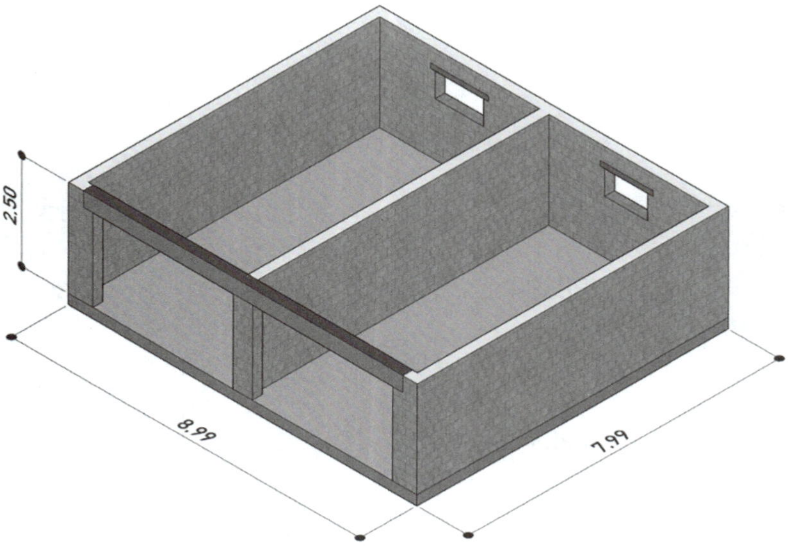

Lösung:

Benötigtes Material:

Steine 12 DF .... Stück

Normalmörtel .... Liter

Anzahl der Säcke HL5 ....

Sandmenge .... Liter

Sand in Tonnen .... t

Beton für Sturz .... m^3

Rechnen Sie in m^2!

Wand Pos.-Nr.	Wand-dicke cm	Steinart/ Format	Abzüge Fenster, Türen, Stahlbeton-teile	L	B	H	Menge m^2/m^3	Steine je m^2/m^3 Tabelle	Mörtel je m^2/m^3 Tabelle	Anzahl Steine	Menge Mörtel in Liter

Name:

Klasse:

Projektaufgabe 1

Einzelgarage

Datum:

Fach:

Die dargestellte Garage soll gebaut werden. Sie sollen dazu die Planung erstellen.

Maße der Garage:
Wanddicke 24 cm, Garagentor 3,01/2,26 m
Fenster 1,26/1,01 m mittig, Brüstungshöhe 1,00 m
Stahlbetonbalken in Ortbeton über dem Garagentor h = 36,5 cm, Auflager beidseitig 25 cm

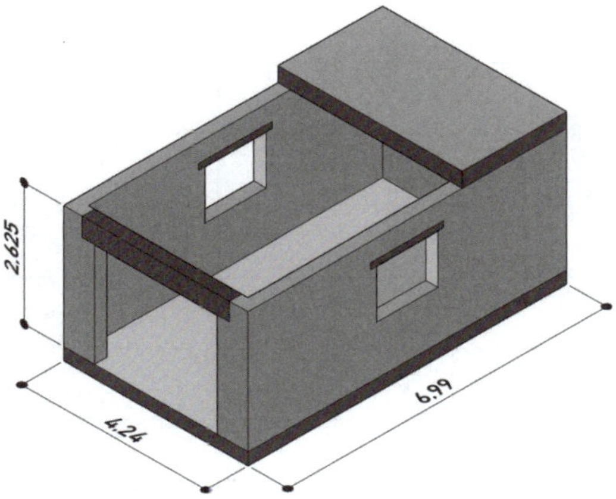

1) Zeichnen Sie den Grundriss im Maßstab 1:50.
2) Zeichnen Sie den Querschnitt im Maßstab 1:50.
   Der Schnitt soll durch die beiden Fenster verlaufen (Blickrichtung zur Rückwand).
   Über den Fenstern sind jeweils zwei Fertigteilstürze 11,5/11,5 cm eingebaut.
   Dicke der Stahlbetonbodenplatte 16 cm, Dicke der Stahlbetondecke 18 cm, Streifenfundamente 40/80 cm mittig unter den Wänden
   Kapillarbrechende Schicht 20 cm
3) Berechnen Sie die Materialmengen.
   a) Beton für die Bodenplatte in m^3
   b) Beton für die Deckenplatte in m^3
   c) Beton für den Stahlbetonbalken über dem Garagentor in m^3
   d) Menge des Mauerwerks in m^2. Verwenden Sie dazu die Tabelle auf der Rückseite.
   e) Wählen Sie eine geeignete Steinart aus (nach Eigenschaften und Format).
   f) Berechnen Sie die Anzahl der benötigten Steine und die Mörtelmenge in Liter.
   g) Berechnen Sie die Anzahl der Säcke Fertigmörtel M5 (Säcke 40 kg) oder Dünnbettmörtel.

Name:

Klasse:

Stein- und Mörtelbedarf

Projekt 1 – Einzelgarage

Datum:

Fach:

Wand Pos.-Nr.	Wand-dicke cm	Steinart/Format	Abzüge Fenster, Türen, Stahlbetonteile	L	B	H	Menge m^2/m^3	Steine je m^2/m^3 Tabelle	Mörtel je m^2/m^3 Tabelle	Anzahl Steine	Menge Mörtel in Liter

Name:

Klasse:

Projektaufgabe 2

Doppelgarage

Datum:

Fach:

Familie Schmidt möchte eine Doppelgarage bauen. Das Gebäude soll ungefähr der abgebildeten Zeichnung entsprechen. Sie sollen die genaue Planung erstellen.

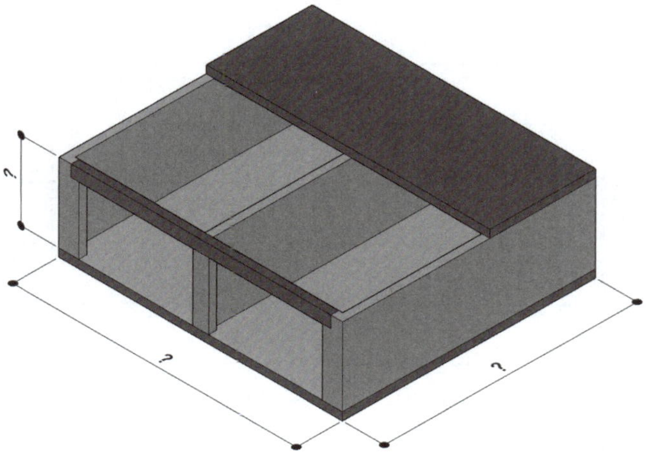

Wünsche der Familie Schmidt:

- Die Garagen sollen unterschiedlich breit sein: die linke Garage innen ca. 3,50 m und die rechte ca. 4,50 m breit.
- Länge der Garagen ca. 7,50 m bis 8,00 m Außenmaß
- Auf der Rückseite erhalten die Garagen jeweils ein Fenster.
- In die Zwischenwand soll eine Tür eingebaut werden.

Reihenfolge der Planung:

1) Festlegen der Innenmaße
2) Festlegen der Wanddicken, daraus ergeben sich die Außenmaße.
3) Festlegen der Öffnungsgrößen und Lage der Öffnungen
4) Zeichnen des Grundrisses als Skizze auf kariertem Papier mit allen Maßen, die der Maßordnung im Mauerwerksbau entsprechen müssen. (M 1:100 ist sinnvoll).
5) Festlegen der Stürze, Dicke der Bodenplatte, Dicke der Deckenplatte, der Streifenfundamente
6) Zeichnen eines Querschnitts als Skizze auf kariertem Papier
7) Erstellen der Zeichnungen: Grundriss und Querschnitt in geeignetem Maßstab je nach Papierformat
8) Auswählen geeigneter Materialien und Mengenberechnung (Beton, Mauerwerk, Mörtel)
9) Anfertigen einer Bestellliste für das Material

Mögliche Erweiterungen:

a) Fundamentplan
b) Planen des Stahlbetonsturzes über den Garagentoren
c) Planen der Deckenschalung
d) Planen der Deckenbewehrung und Bewehrungsplan

Name:

Klasse:

Stein- und Mörtelbedarf

Projekt 2 – Doppelgarage

Datum:

Fach:

Wand Pos.-Nr.	Wand-dicke cm	Steinart/Format	Abzüge Fenster, Türen, Stahlbetonteile	L	B	H	Menge m^2/m^3	Steine je m^2/m^3 Tabelle	Mörtel je m^2/m^3 Tabelle	Anzahl Steine	Menge Mörtel in Liter

Name:

Klasse:

Pythagoras 5

Anwendungsaufgaben

Datum:

Fach:

1) Der dargestellte Parkplatz vor einer Halle soll neu gepflastert werden. Berechnen Sie dazu
   a) die Anzahl der Pflastersteine bei 6% Verschnitt (Steingröße 10/20 cm, Fugen bleiben unberücksichtigt).
   b) die Anzahl der Randsteine bei 1,00 m Steinlänge.

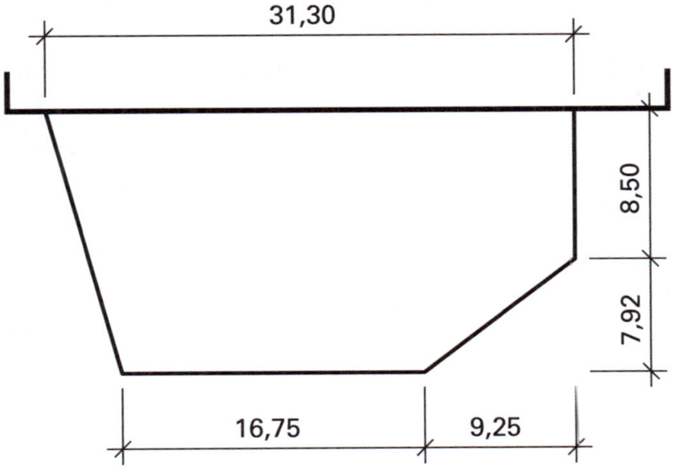

2) Der Vorplatz eines Wohnhauses soll neu angelegt werden. Berechnen Sie dazu
   a) die Anzahl der Pflastersteine bei 6 % Verschnitt (Steingröße 15/15 cm, Fugen bleiben unberücksichtigt).
   b) die Anzahl der Randsteine bei 1,00 m Länge und die Anzahl der Bogenbordsteine bei 75 cm Länge.

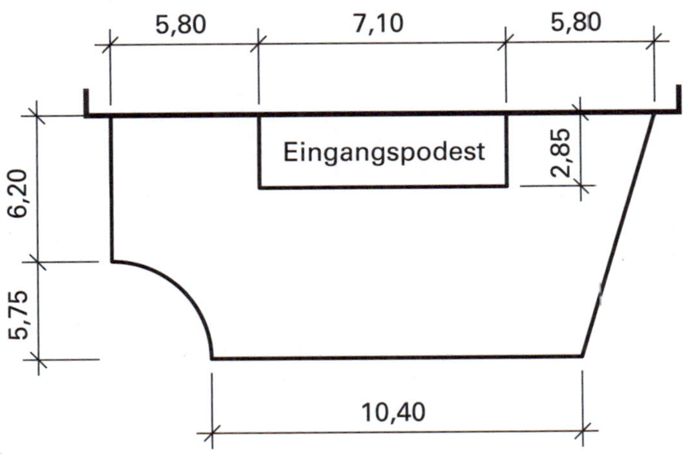

Name:

Klasse:

Pythagoras 5

Anwendungsaufgaben

Datum:

Fach:

3) Im Dachgeschoss eines Altbaus wird eine neue Wand eingezogen. Sie wird als Montagewand mit Metallprofilen und Gipskartonbauplatten hergestellt.
Berechnen Sie

a) die Anzahl der Gipskartonbauplatten (es werden Miniplatten 120 x 60 cm verwendet) bei beidseitig doppelter Beplankung.

b) die Länge des selbstklebenden Dichtungsbandes in m, das umlaufend die Fugen zwischen der neuen Wand und Wände, Boden und Decke schließt.

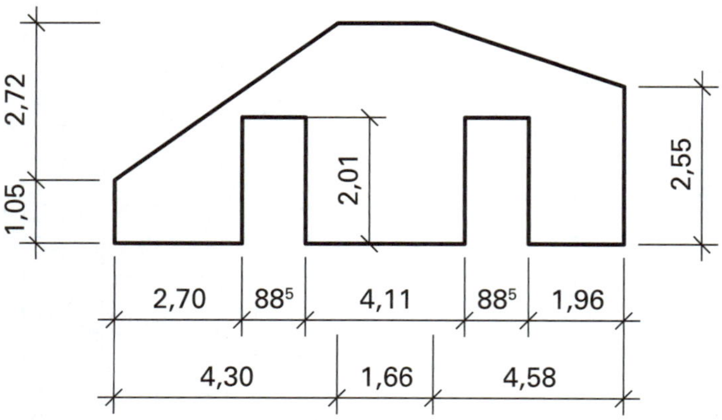

4) Berechnen Sie für das Gebäude

a) die Gebäudehöhe in m.

b) die Dachfläche in m^2.

c) die Fläche der Giebelwand in m^2.

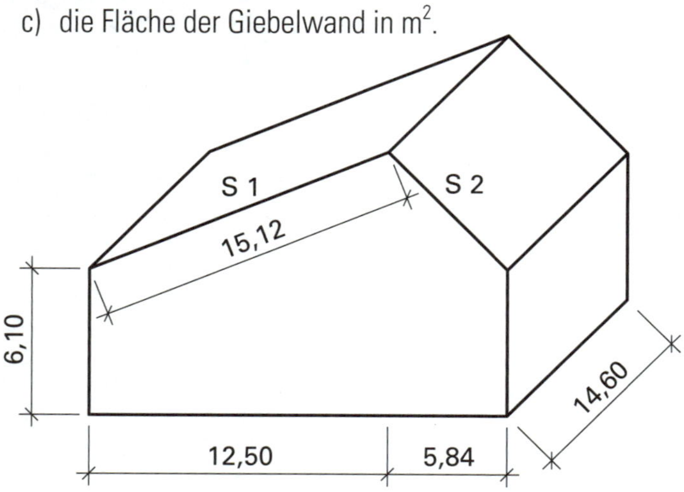

Name:

Klasse:

Pythagoras 6

Anwendungsaufgaben

Datum:

Fach:

1) Das Sichtmauerwerk mit Korbbogen und Rollschicht eines historischen Bauernhauses muss saniert werden. Zur Kostenkalkulation berechnen Sie

   a) die Fläche des Korbbogens in m^2 (Bogenhöhe 49 cm).
   b) die Fassadenfläche inklusive Rollschicht in m^2 (Öffnung und Korbbogen abziehen).
   c) die Länge der Rollschicht (S 1) in m.

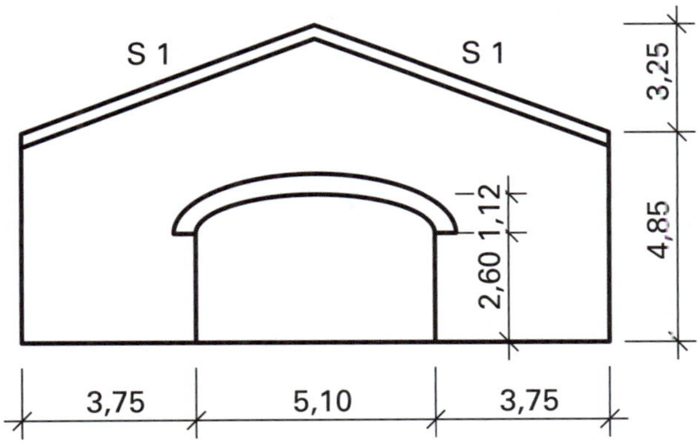

2) Das dargestellte Haus wird saniert und erhält einen neuen Dachstuhl. Dazu werden Ringbalken in den Dachschrägen und neue Fenster in die Fassade eingebaut. Anschließend erhält die Wand ein Wärmedämmverbundsystem. Berechnen Sie

   a) die Fläche für die Wärmedämmung (mit Ringbalken, ohne Fenster) in m^2.
   b) die Fläche des Ringbalkens in m^2.
   c) die Gesamthöhe h in m.

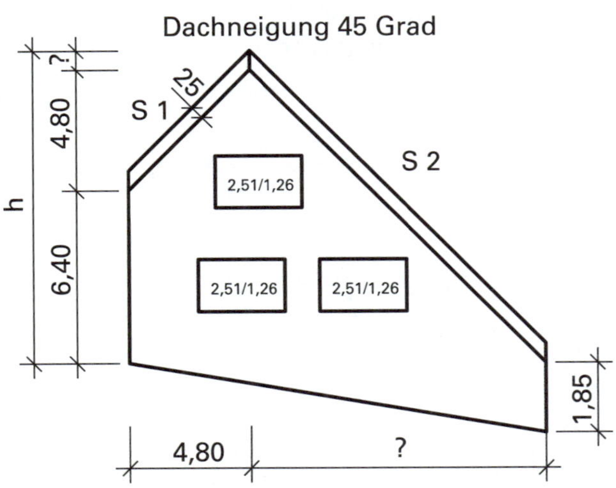

Name:

Klasse:

Pythagoras 6

Anwendungsaufgaben

Datum:

Fach:

3) Das Sichtmauerwerk einer historischen Toranlage soll saniert werden. Berechnen Sie

   a) die Fläche des Mauerwerks (schraffierte Fläche) in m^2.
   b) die gesamte Laibungsfläche (d = 36,5 cm) in m^2.
   c) die Länge der Schräge S 1 in m.

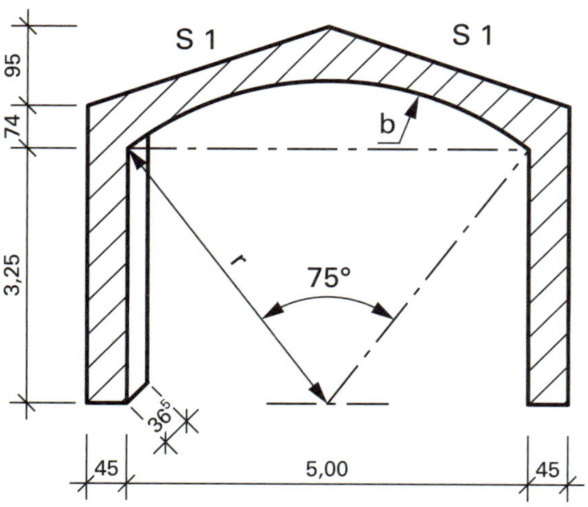

4) Der Eingangsbereich eines Wohnhauses soll eine Treppe in der Form eines halben Sechsecks erhalten. Podest und Stufe werden mit Natursteinplatten belegt.
Berechnen Sie

   a) die Podestfläche.
   b) die Auftrittsfläche der Stufe .
   c) die Fläche der Vorderseite von Stufen und Podest (Setzstufe, 17 cm Steigungshöhe).
   d) die Anzahl der Natursteinplatten 30/30 cm bei 15 % Verschnitt für die Gesamtfläche.

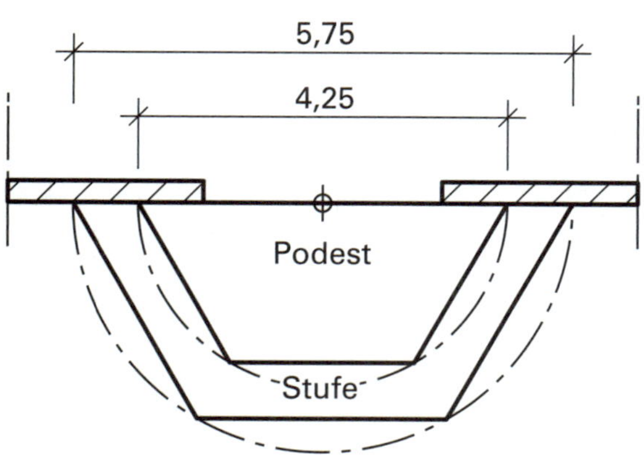

Name:

Klasse:

Formelblatt

Volumenberechnung

Datum:

Fach:

Würfel

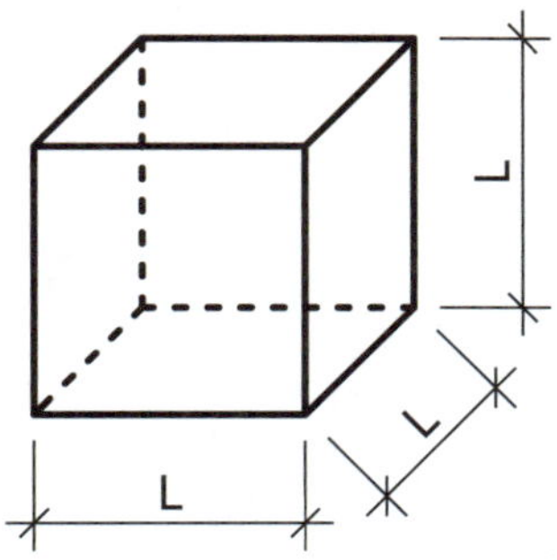

V =

M =

O =

Quader

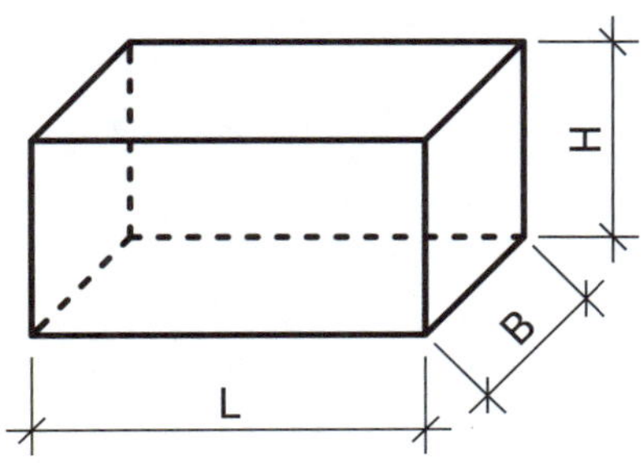

V =

M =

O =

Zylinder

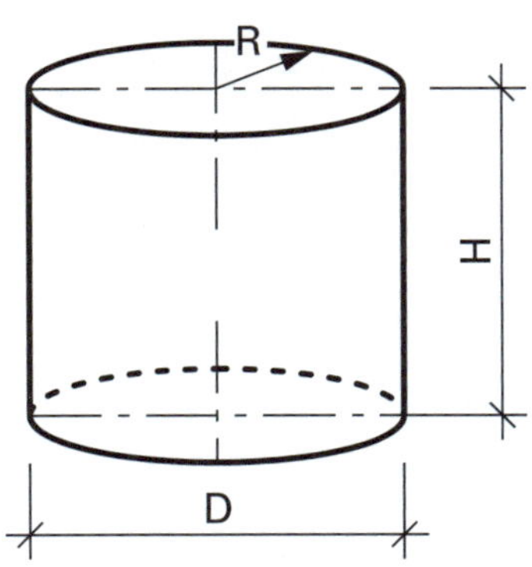

V =

M =

O =

Prisma – stehend

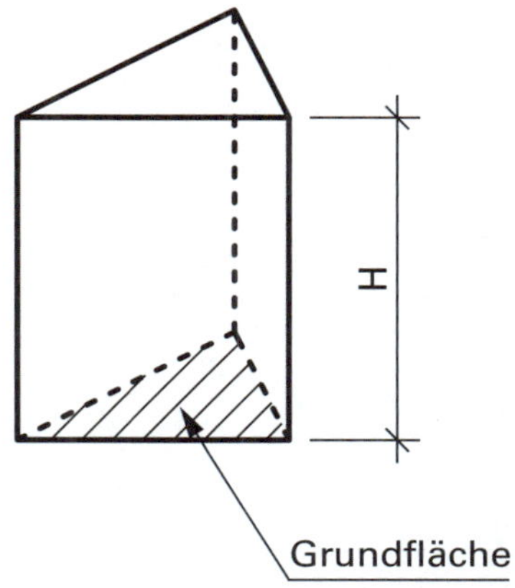

V=

M =

O =

Prisma – liegend

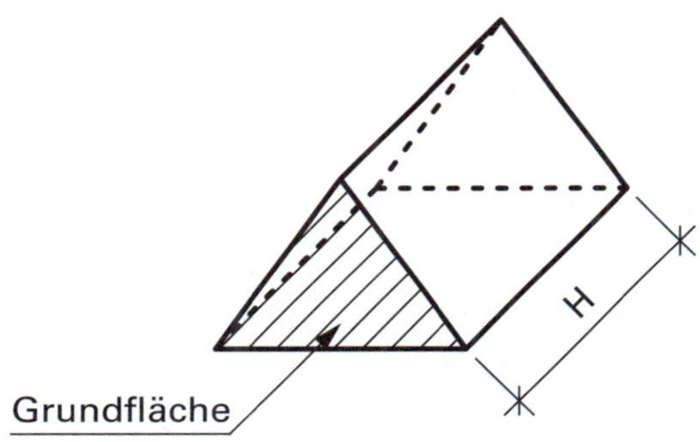

Weitere Prismen

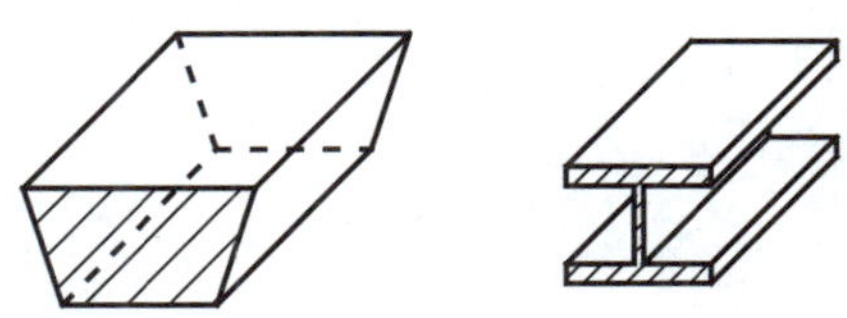

Regel zum Erkennen der Grundfläche:

Name:

Klasse:

Volumenberechnung 1

Anwenden der Formeln

Datum:

Fach:

Berechnen Sie die Aufgaben in m^3 und m^2.

1) Fundament
   Berechnen Sie V und M (Schalungsfläche).

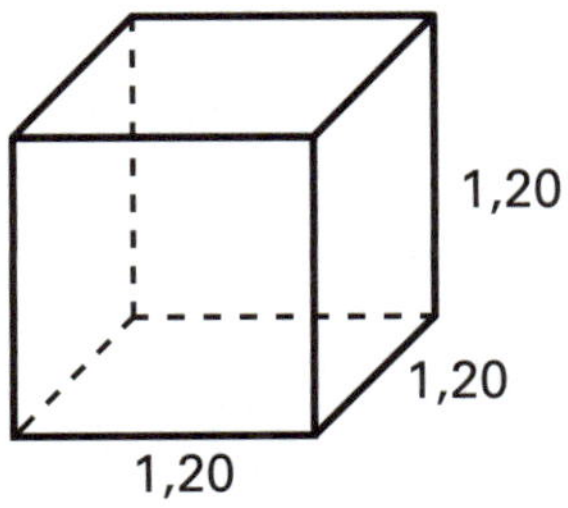

2) Stahlbehälter
   Berechnen Sie V und O (Anstrichfläche außen).

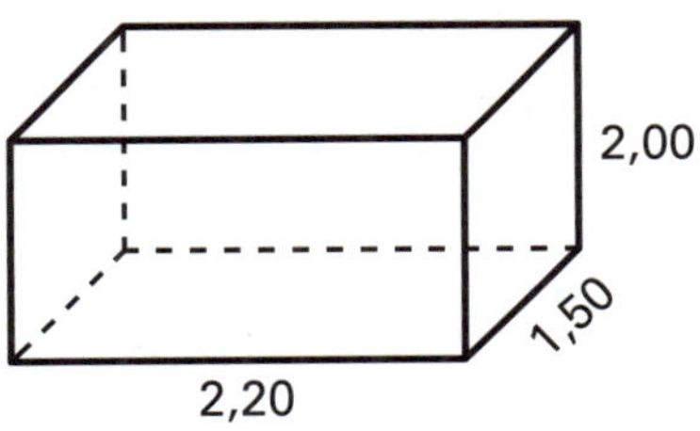

3) Stahlbetonsilo
   Berechnen Sie V und M (Schalungsfläche außen).

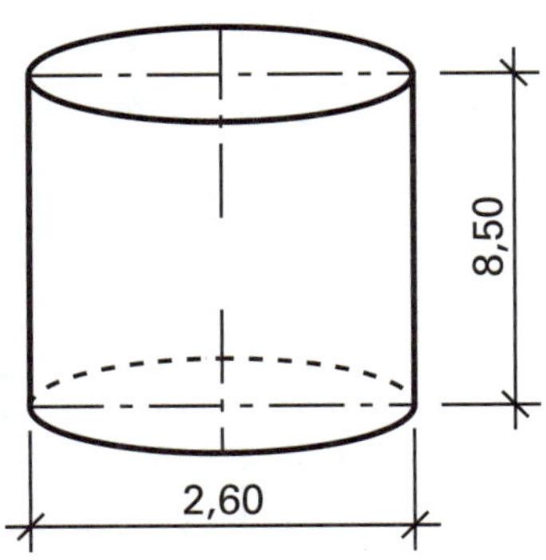

Name:

Klasse:

Volumenberechnung 1

Anwenden der Formeln

Datum:

Fach:

Berechnen Sie die Aufgaben in m^3 und m^2.

4) Balken
Berechnen Sie V und O (Anstrichfläche).

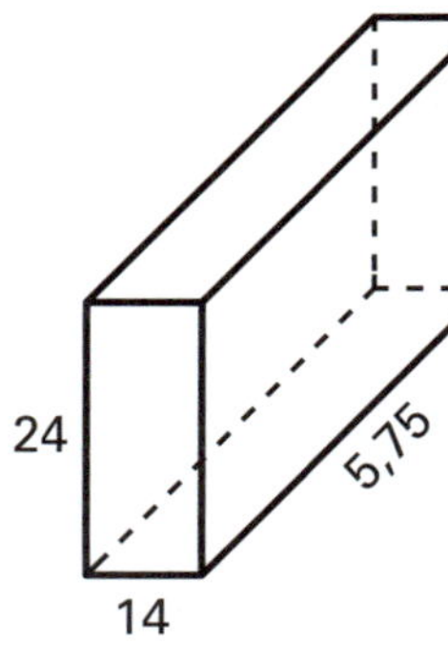

5) Satteldach
Berechnen Sie V und die Dachfläche.

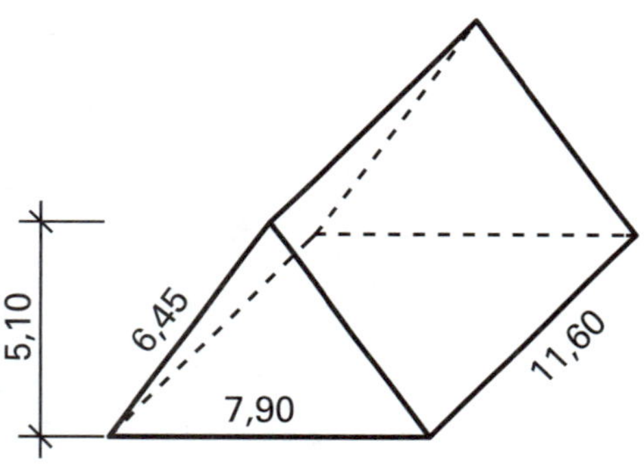

6) Graben
Berechnen Sie V (Aushub) und die Abdeckung der Böschungsflächen links und rechts mit Folie.

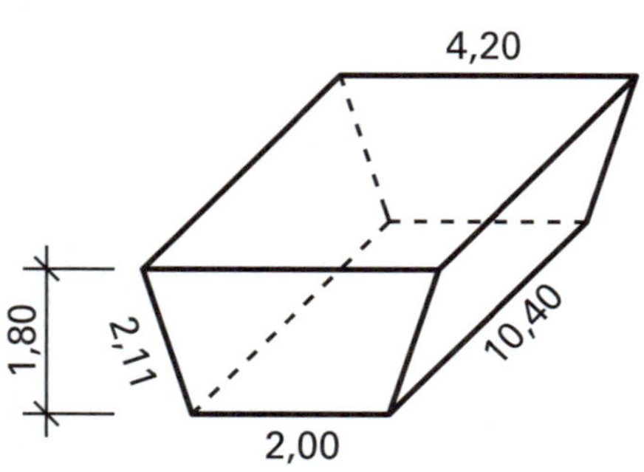

Name:

Klasse:

Volumenberechnung 2

Zusammengesetzte Körper

Datum:

Fach:

Meistens findet man in der Praxis zusammengesetzte Baukörper vor. Genau wie bei der Flächenberechnung werden die Baukörper in Teilkörper zerlegt. Die Einzelkörper werden berechnet, die Einzelergebnisse zusammengefasst.

Berechnen Sie das Volumen in m^3.

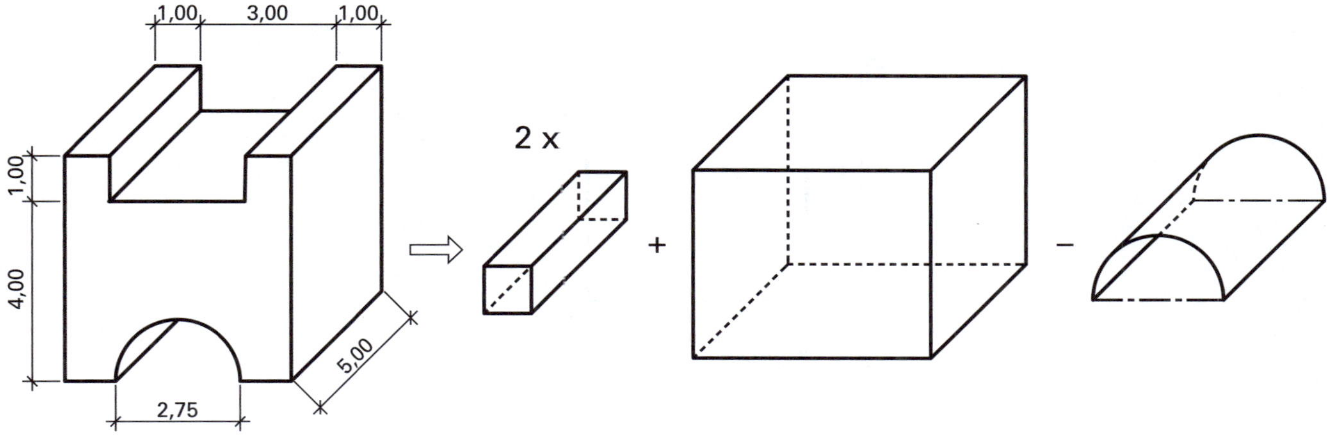

V gesamt =

Name:

Klasse:

Volumenberechnung 2

Zusammengesetzte Körper

Datum:

Fach:

Berechnen Sie das Volumen in m^3.

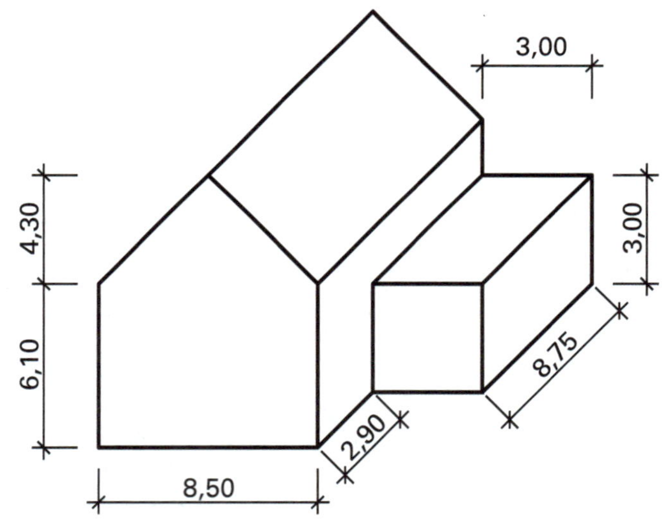

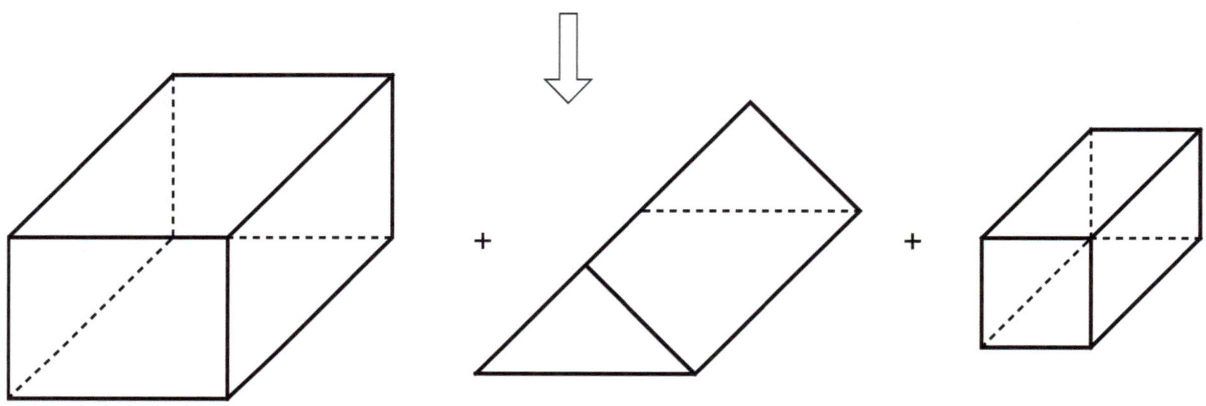

V gesamt =

Name:

Klasse:

Volumenberechnung 3

Zusammengesetzte Körper

Datum:

Fach:

Berechnen Sie für die abgebildeten Baukörper das Volumen in m^3.

1)

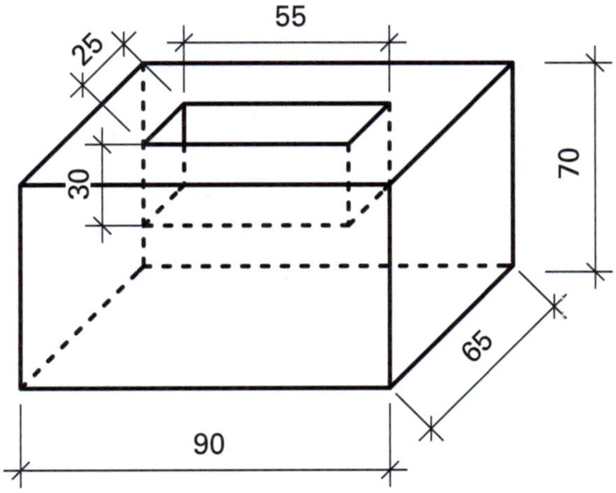

2)

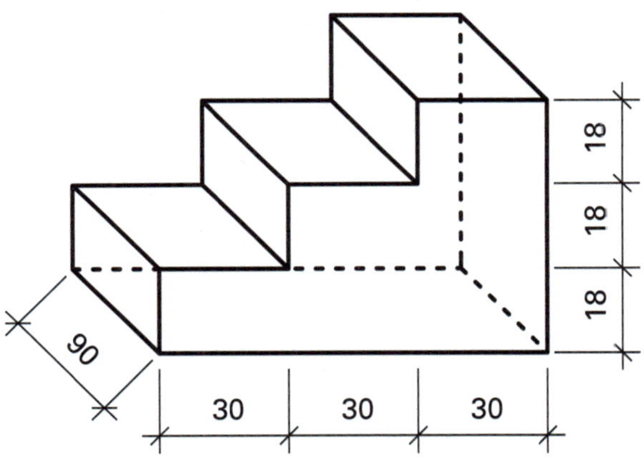

3)

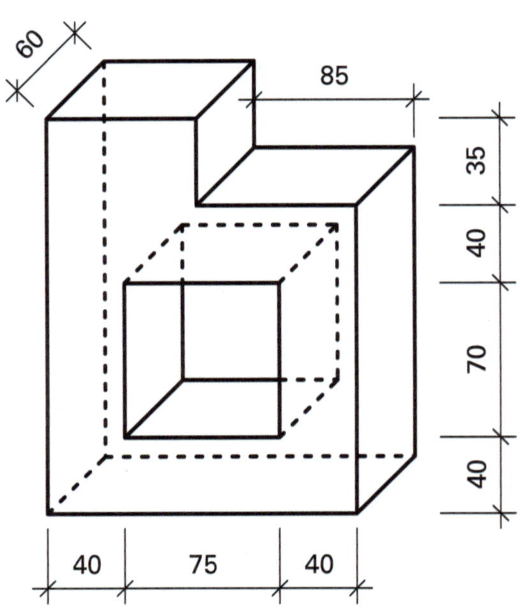

Name:

Klasse:

Volumenberechnung 3

Zusammengesetzte Körper

Datum:

Fach:

Berechnen Sie für die abgebildeten Baukörper das Volumen in m^3.

4)

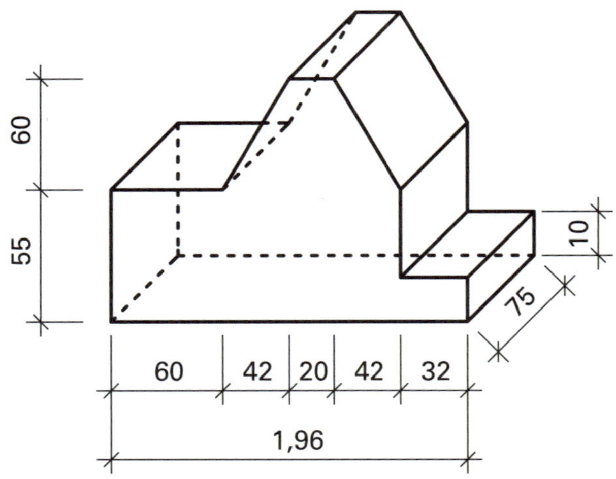

5)

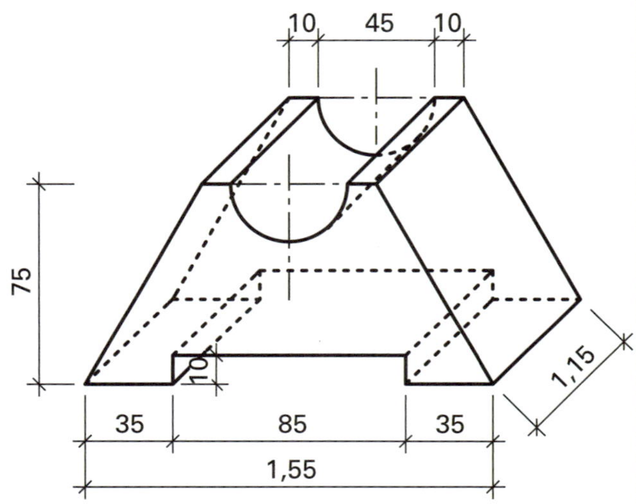

6)

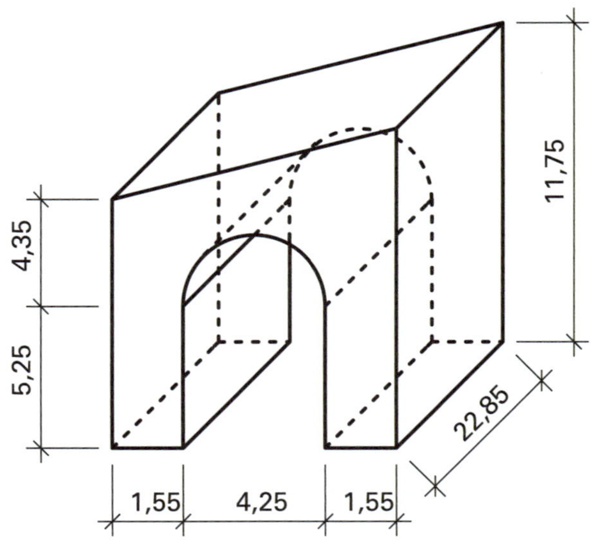

Name:

Klasse:

Volumenberechnung 4

Stahlbetonsäulen

Datum:

Fach:

Berechnen Sie für die abgebildeten Stahlbetonsäulen

a) das Volumen in m^3.
b) die Schalungsfläche in m^2 (nur seitliche Flächen).

1)

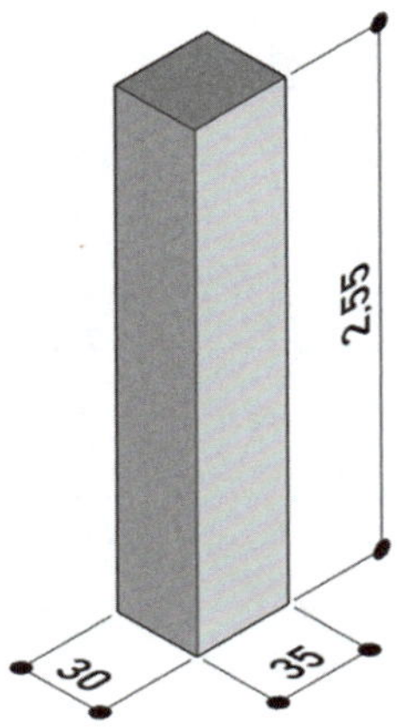

2)

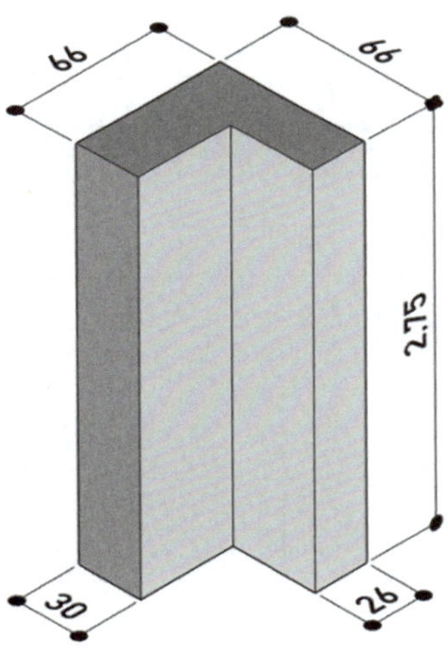

3)

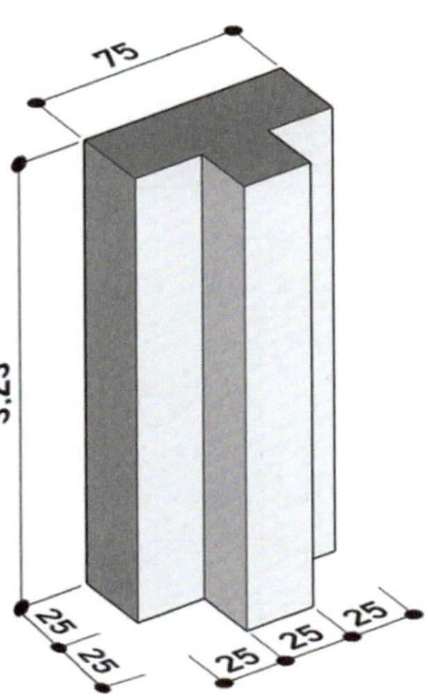

Name:

Klasse:

Volumenberechnung 4

Stahlbetonsäulen

Datum:

Fach:

Berechnen Sie für die abgebildeten Stahlbetonsäulen

a) das Volumen in m^3.
b) die Schalungsfläche in m^2 (nur seitliche Flächen).

4)

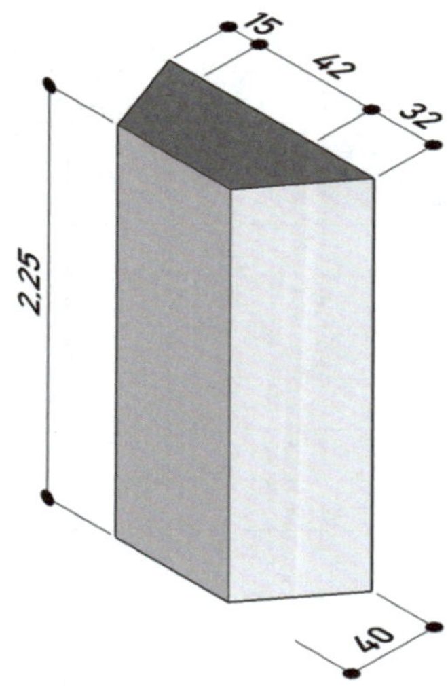

5)

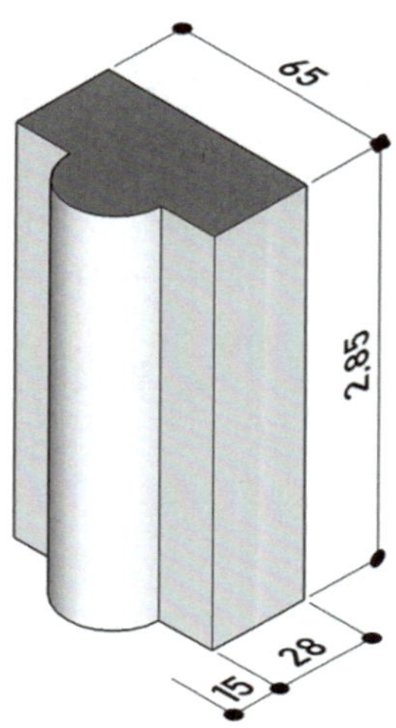

6)

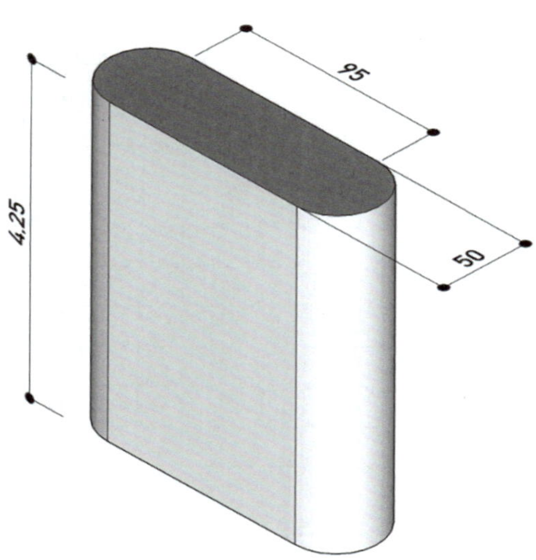

Name:

Klasse:

Volumenberechnung 5

Mauerwerk

Datum:

Fach:

Berechnen Sie für die abgebildeten Mauerstücke das Volumen in m^3.

1)

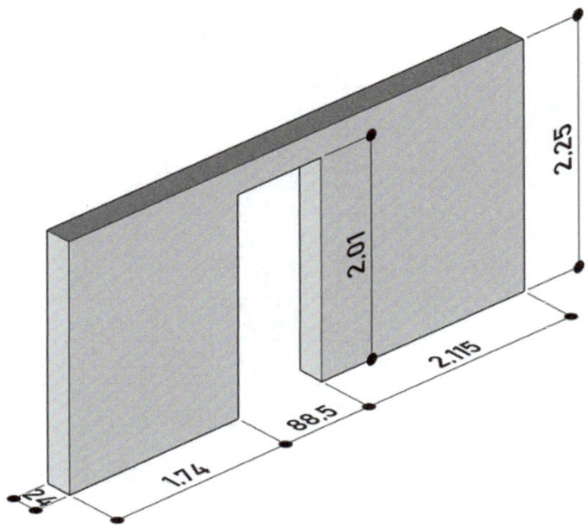

2)

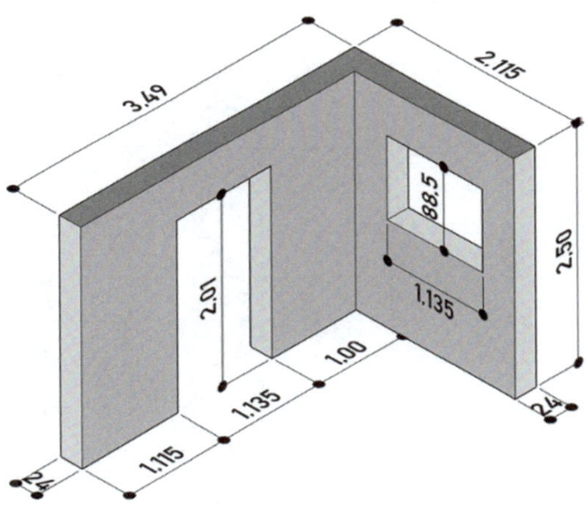

3)

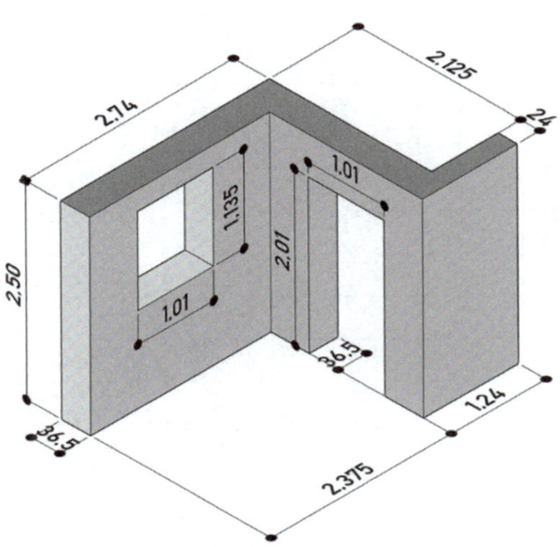

Name:

Klasse:

Volumenberechnung 5

Mauerwerk

Datum:

Fach:

Berechnen Sie für die abgebildeten Mauerstücke

a) das Volumen des Mauerwerks in m^3.
b) das Volumen des Stahlbetons in m^3.

4)

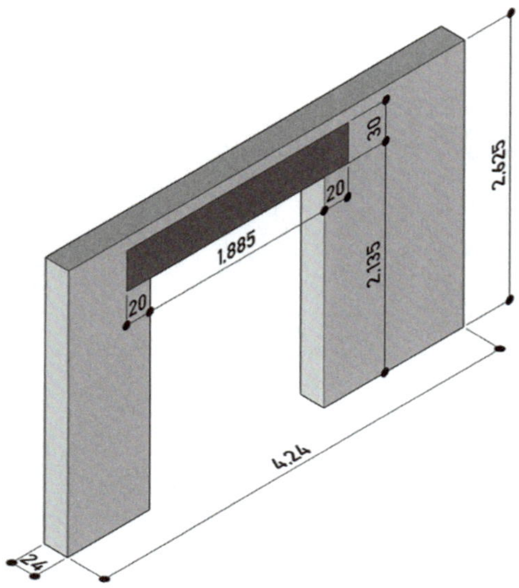

5)

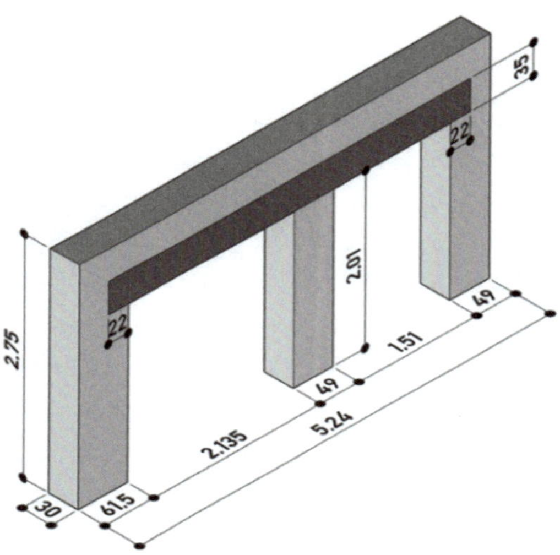

6)

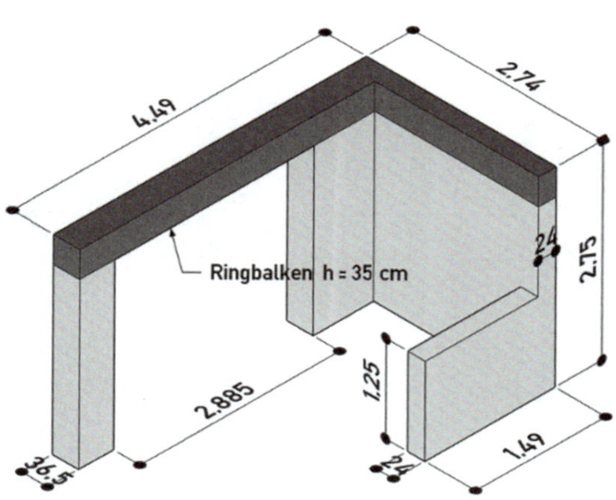

Name:

Klasse:

Volumenberechnung 7

Anwendungsaufgaben

Datum:

Fach:

1) Die Stahlbetonsäule ist 3,95 m hoch. Sie wird auf der Baustelle geschalt und betoniert.
Berechnen Sie

   a) die Betonmenge in m^3.
   b) die Schalfläche in m^2.

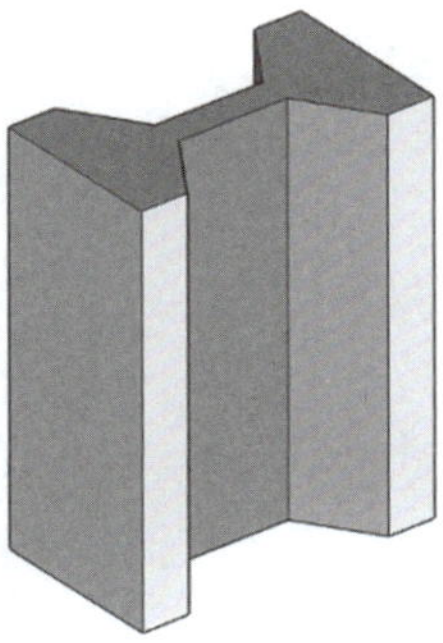

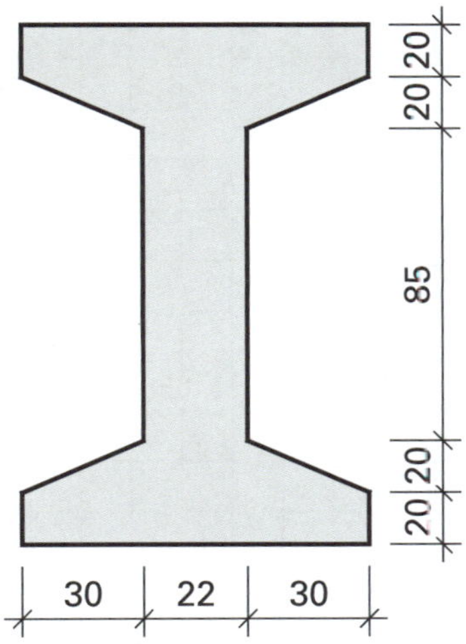

2) Eine Stahlbetonplatte wird als Fertigteil hergestellt. Die Platte ist 24 cm dick.
Berechnen Sie

   a) das Volumen in m^3.
   b) die Länge der Randabschalung in m.

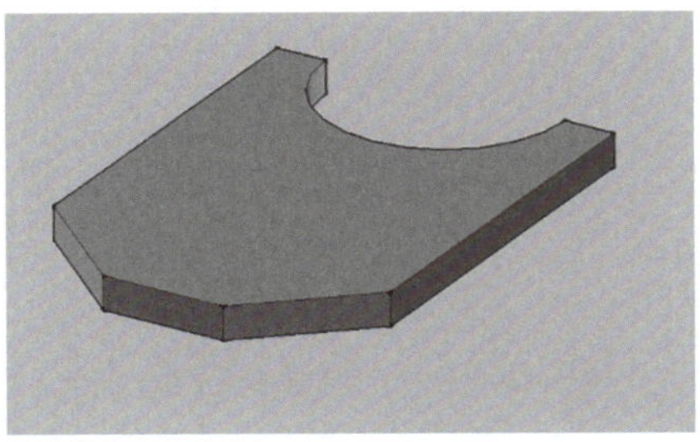

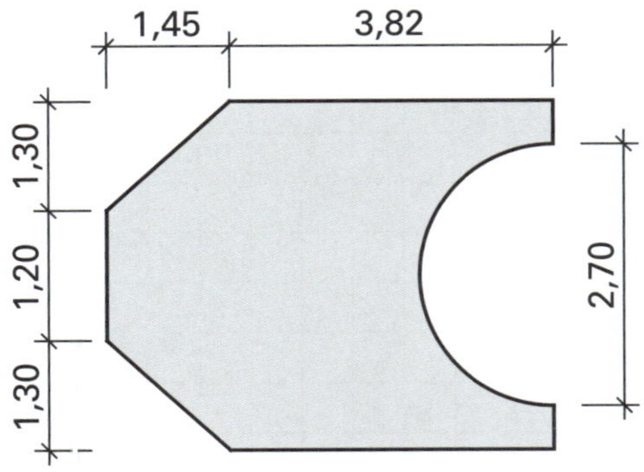

Name:

Klasse:

Volumenberechnung 7

Anwendungsaufgaben

Datum:

Fach:

3) Eine außen 2,70 m breite Materialbox soll mit 20 cm Wandstärke betoniert werden.
   a) Berechnen Sie die benötigte Betonmenge in m^3.
   b) Die Bodenfläche erhält als Verschleißschicht einen Hartstoffestrich von 6 cm Dicke. Wie viel m^3 Estrich sind erforderlich?

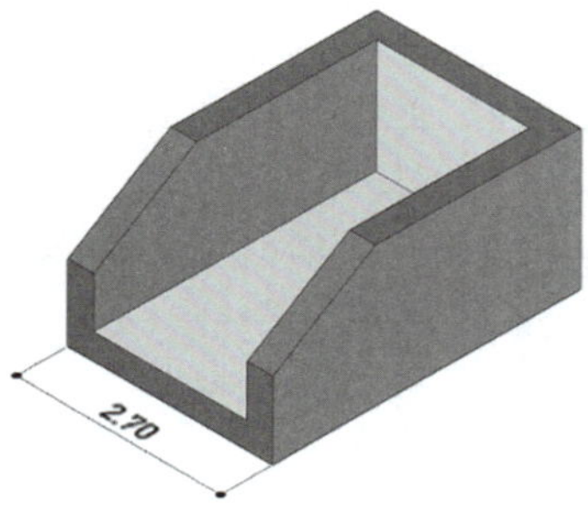

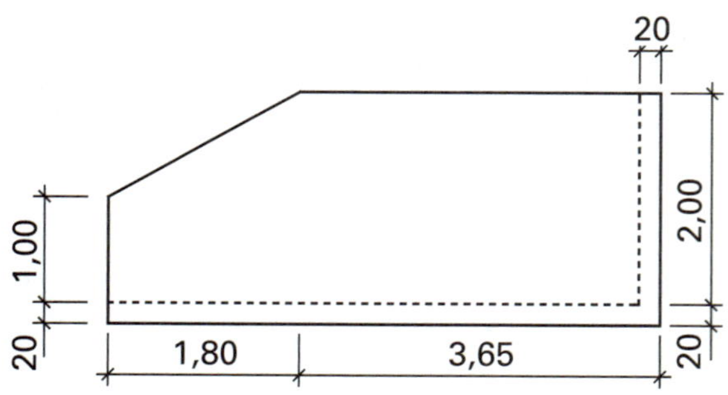

4) Der 60 cm breite Lagerkörper für eine Industriepresse wird als Stahlbetonfertigteil hergestellt. Berechnen Sie
   a) das Volumen in m^3.
   b) die Fläche der halbrunden Beschichtungsfläche in m^2.

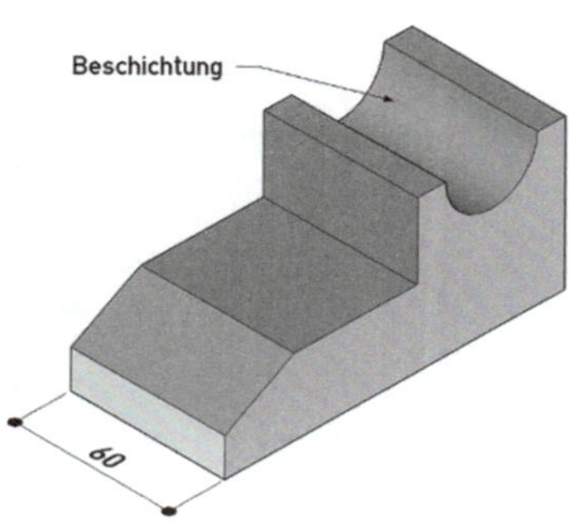

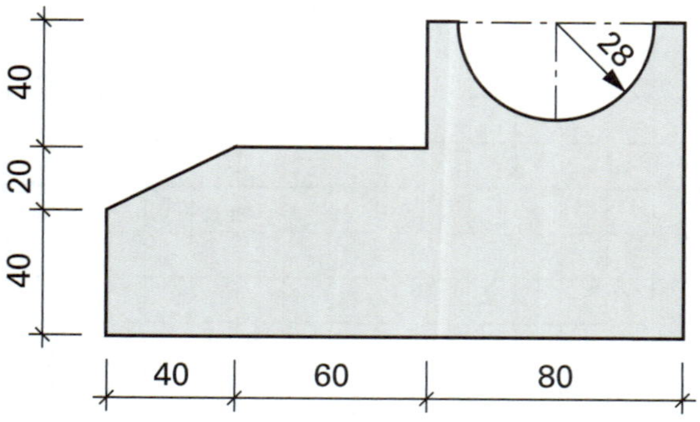

Name:

Klasse:

Volumenberechnung 9

Anwendungsaufgaben

Datum:

Fach:

1) In einer Industriehalle muss bei Umbauarbeiten das dargestellte Fundament mit Säule betoniert werden. Da die Bauteile sichtbar bleiben sollen, werden sie in Sichtbeton hergestellt. Alle Kanten (außer Kanten der Bodenfläche) werden mit Dreikantleisten hergestellt. Berechnen Sie

   a) die Schalfläche (Fundament + Säule).
   b) die Betonmenge für Fundament und Säule in m^3.

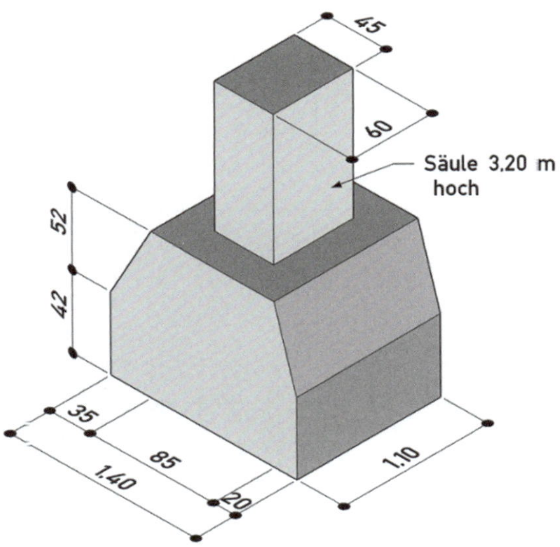

2) Zur Hangbefestigung soll eine Stahlbetonstützwand gebaut werden. Die Ober- und die Vorderseite sind in Sichtbeton zu erstellen, die Rückseite erhält eine bituminöse Abdichtung bis zur Oberkante der Verfüllung. Berechnen Sie

   a) die Sichtbetonfläche.
   b) die Abdichtungsfläche.
   c) die Betonmenge für die Stützwand.
   d) die Betonmenge für das Fundament (Überstand 15 cm).

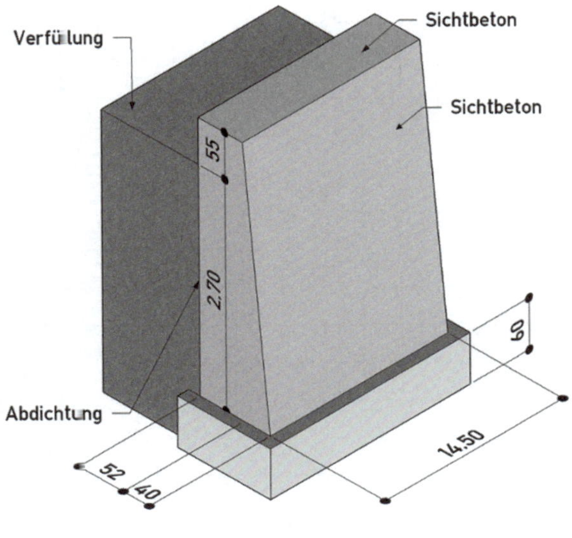

3) Ein Stahlbetonträger mit Rohrhohlkörpern zur Gewichtsreduzierung soll als Fertigteil betoniert werden. Berechnen Sie die Betonmenge in m^3.

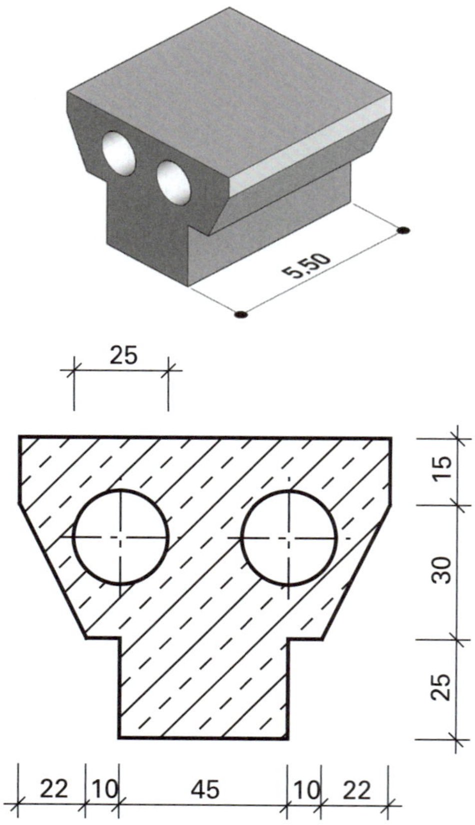

4) Für die Stahlbetonsäule soll die Schalung geplant werden.
Berechnen Sie die Schalfläche in m^2.

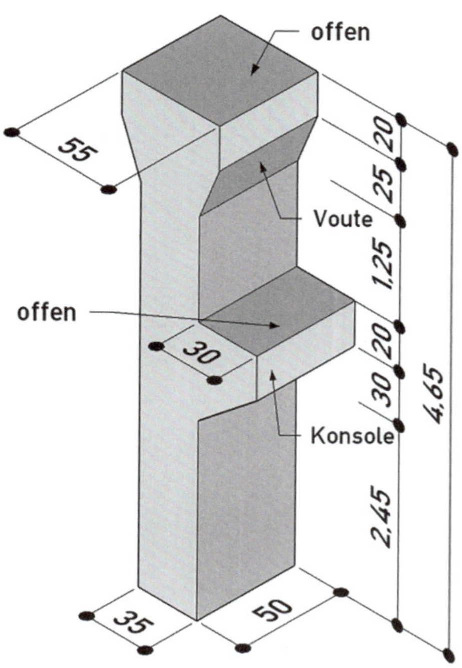

Name:

Klasse:

Formelblatt

Steinformate

Datum:

Fach:

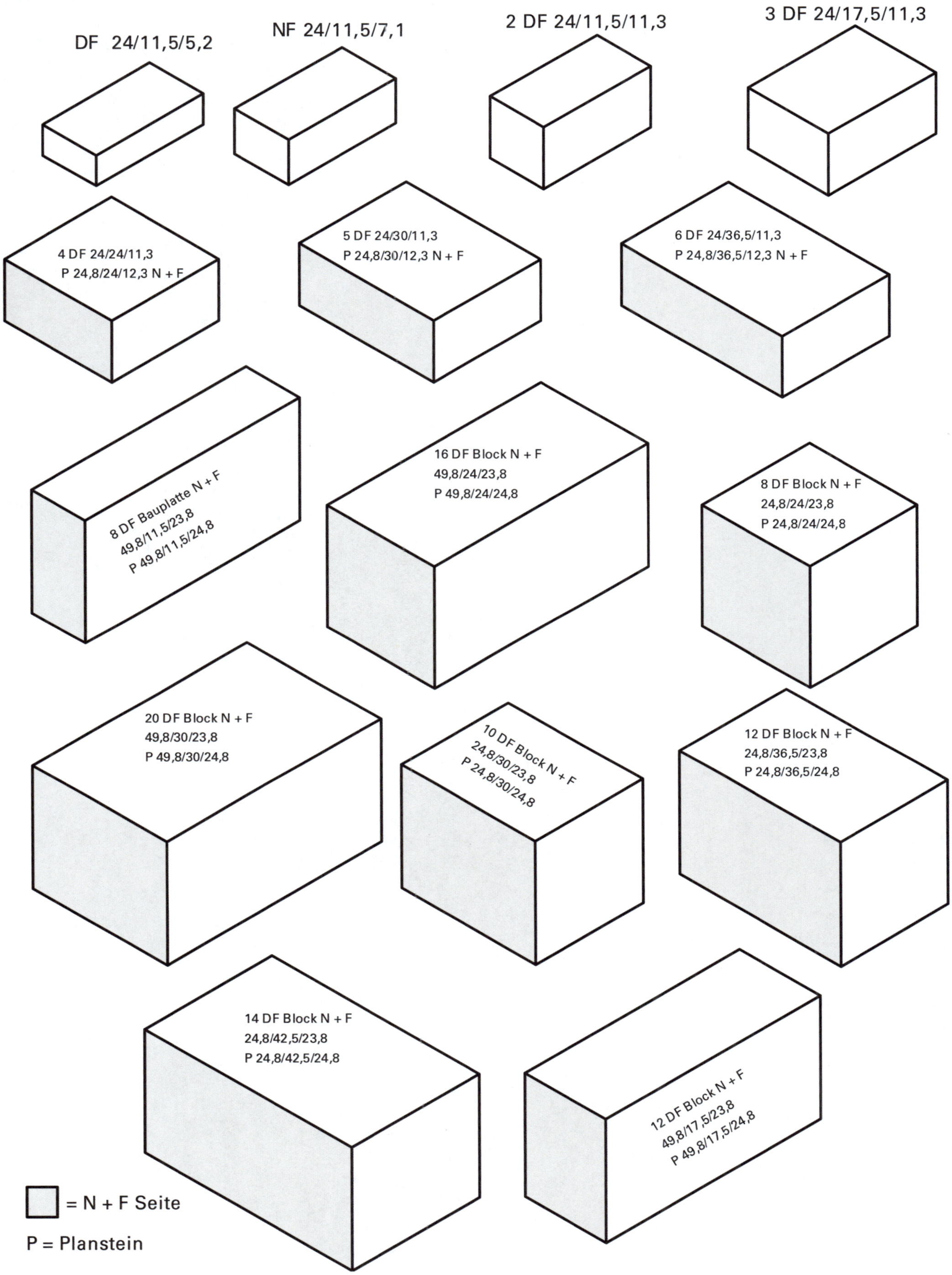

Name:

Klasse:

Formelblatt

Maßordnung – Mauerhöhen

Datum:

Fach:

Format .... Format .... Format .... Format ....

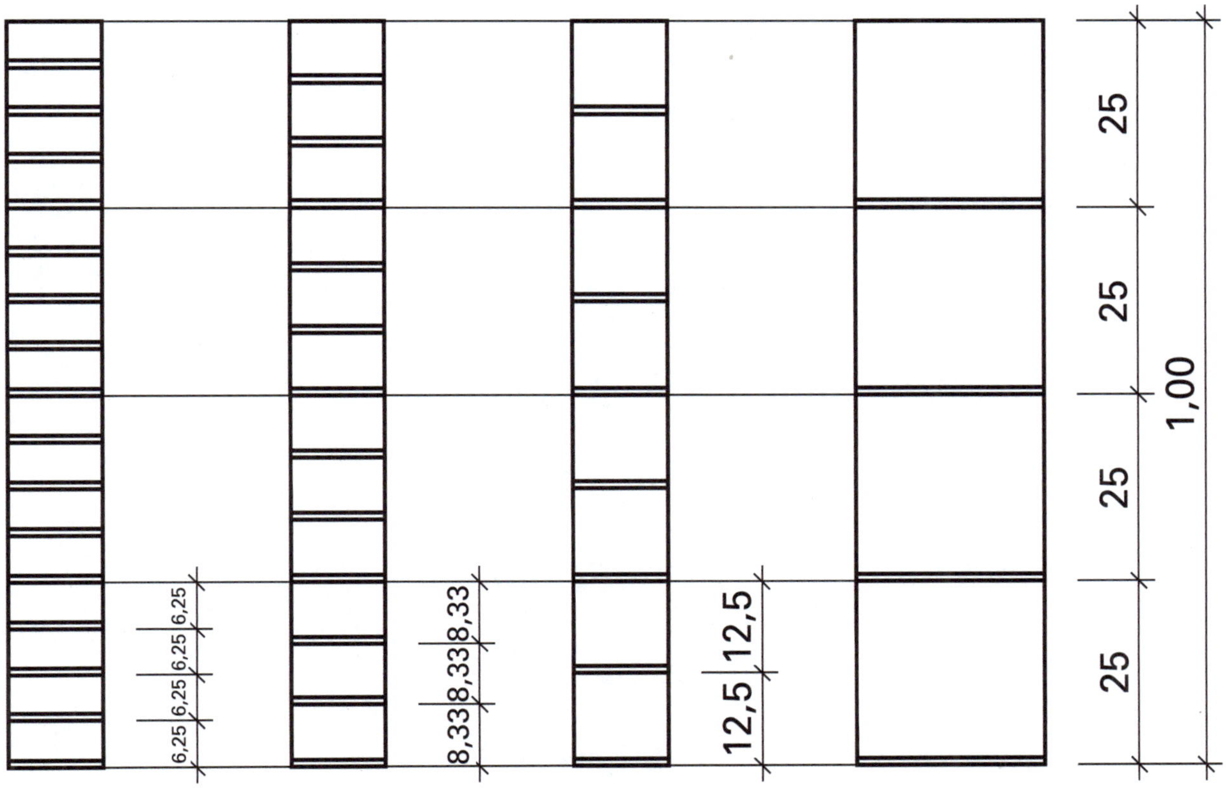

....

Schichten auf 1,00 m

Tabelle für Mauerhöhen (Maße in cm)					
Steinformat	Steinhöhe	Lagerfugendicke	Schichtdicke	Anzahl der Schichten auf 25 cm Höhe	Anzahl der Schichten auf 1,00 m Höhe
DF					
NF					
2 – 6 DF Normalmörtel					
4 – 6 DF Dünnbettmörtel					
Blockformat Normalmörtel					
Blockformat Dünnbettmörtel					

Name:		Datum:
Klasse:		Fach:

Formelblatt

Maßordnung – Mauerlängen

Grundlage aller Mauerlängen ist die Zahl 12,5 cm = 1 Achtelmeter = 1 Kopf.

Der Achtelmeter/Kopf setzt sich zusammen aus der Steinbreite und der Stoßfuge.

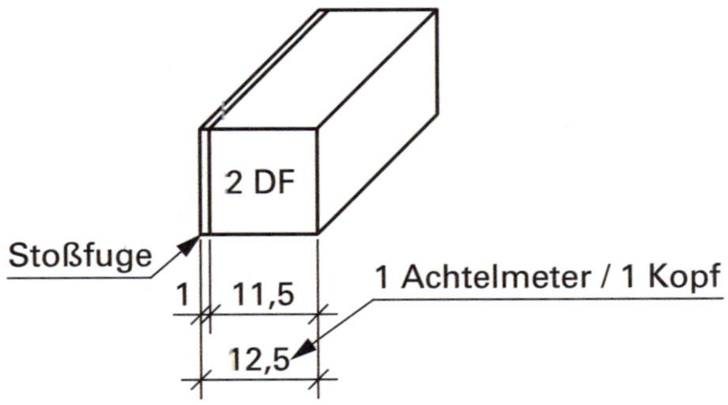

Alle Längen ergeben sich als Vielfache von 12,5 cm.

Binderschicht

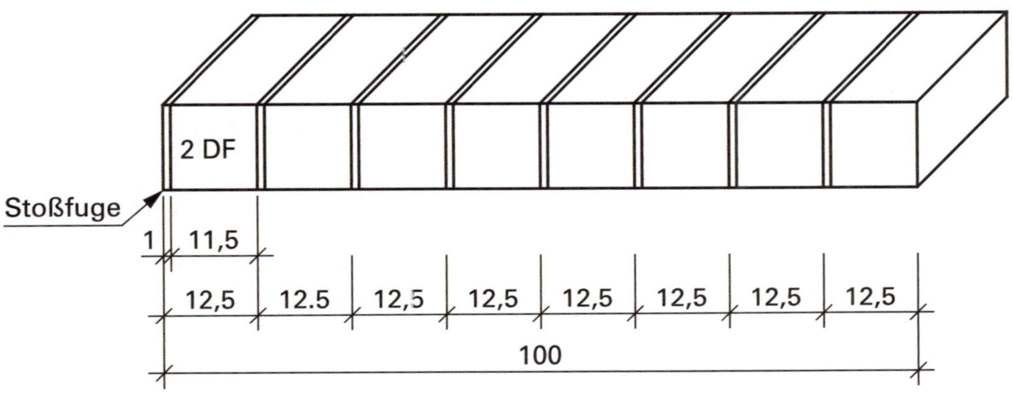

Läuferschicht

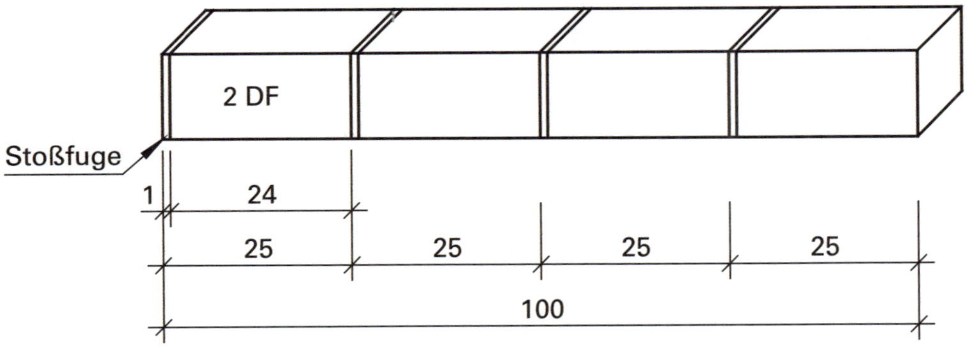

Daraus ergeben sich folgende mögliche Mauerlängen:

1 Kopf = ... cm	2 Köpfe = ... cm	3 Köpfe = ... cm
4 Köpfe = ... cm	5 Köpfe = ... cm	6 Köpfe = ... cm
7 Köpfe = ... cm	8 Köpfe = ... m	
10 Köpfe = ... m	15 Köpfe = ... m	20 Köpfe = ... m

Name:

Klasse:

Formelblatt

Maßordnung – drei Fälle der Mauerlängen

Datum:

Fach:

Man unterscheidet drei Fälle von Mauerlängen.

1) ....

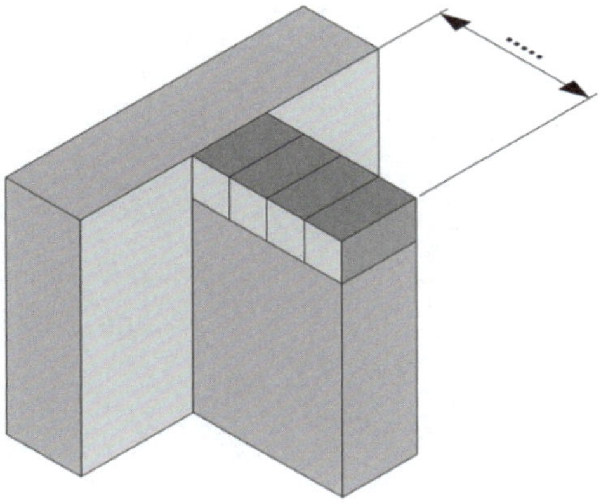

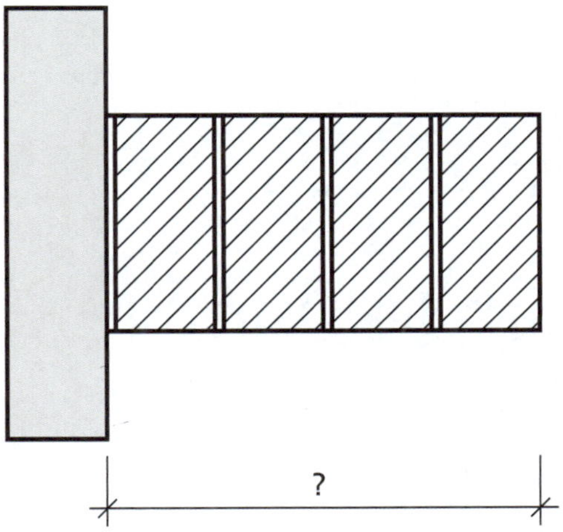

L =

2) ....

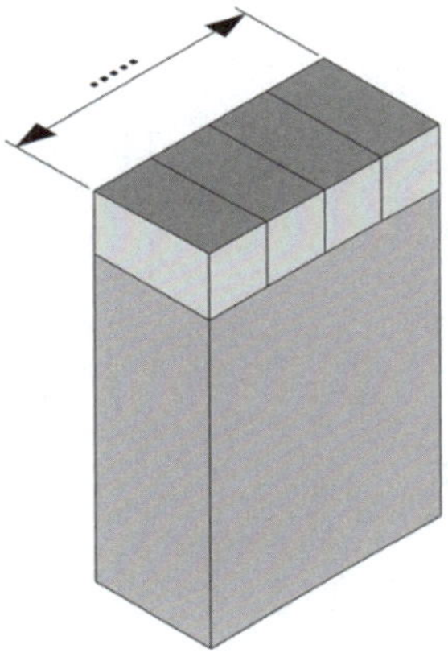

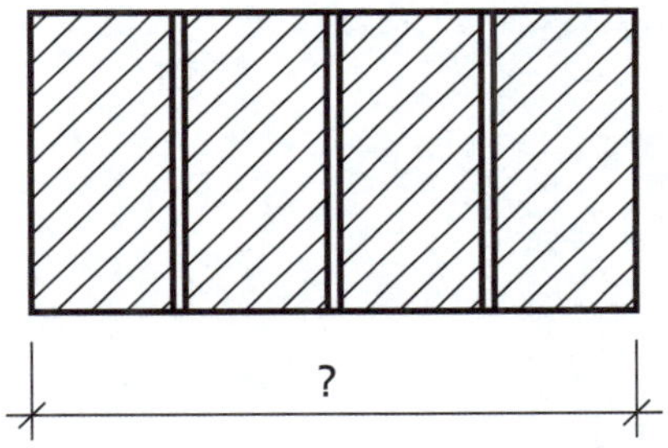

L =

3) ....

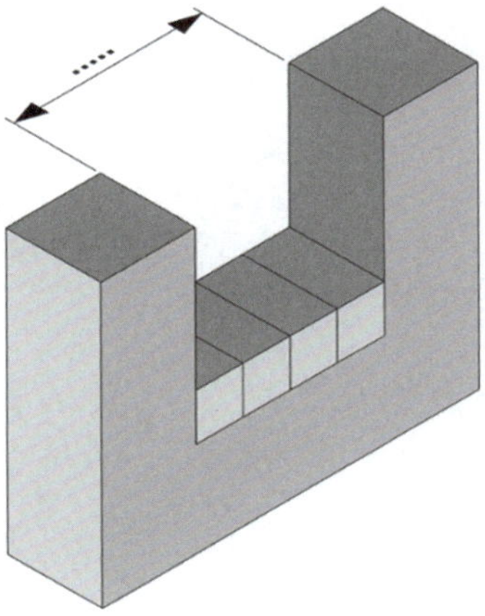

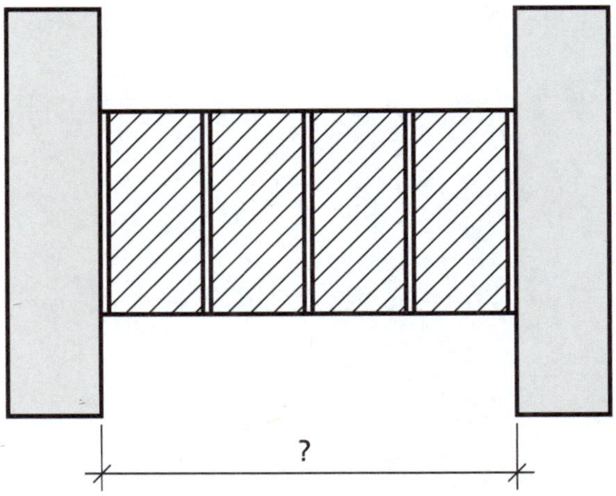

L =

Name:

Klasse:

Formelblatt

Maßordnung – Kopfmaßtabelle

Datum:

Fach:

Alle Maße sind in cm angegeben!

Köpfe/ Achtelmeter	Anbaumaß	Pfeilermaß	Öffnungsmaß
0,5	6,25	5,25	7,25
1	12,5	11,5	13,5
1,5	18,75	17,75 X_1	19,75
2	25	24	26
2,5	31,25	30,25 X_1	32,25
3	37,5	36,5	38,5
3,5	43,75	42,75 X_1	44,75
4	50	49	51
4,5	56,25	55,25	57,25
5	62,5	61,5	63,5
5,5	68,75	67,75	69,75
6	75	74	76
6,5	81,25	80,25	82,75
7	87,5	86,5	88,5
7,5	93,75	92,75	94,75
8	100	99	101

Ab 1,00 m Länge wiederholen sich die Maße!

X_1: Beachten Sie:
Die Wanddicken 17,5 cm, 30 cm, 42,5 cm weichen jeweils um 2,5 mm von dem zugehörigen Pfeilermaß ab.

Name:	# Maßordnung im Hochbau 1	Datum:
Klasse:	Unterscheiden der drei Fälle der Mauerlängen	Fach:

Tragen Sie in die Zeichnungen ein, ob die Maße Pfeilermaße, Anbaumaße oder Öffnungsmaße sind.

Tragen Sie die Abkürzungen P, A oder Ö ein.

1)

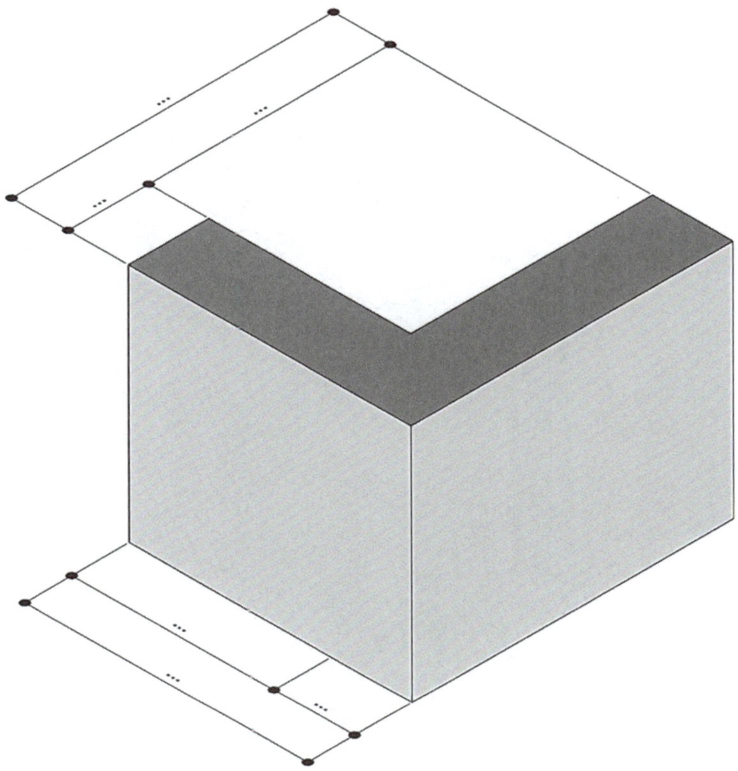

2)

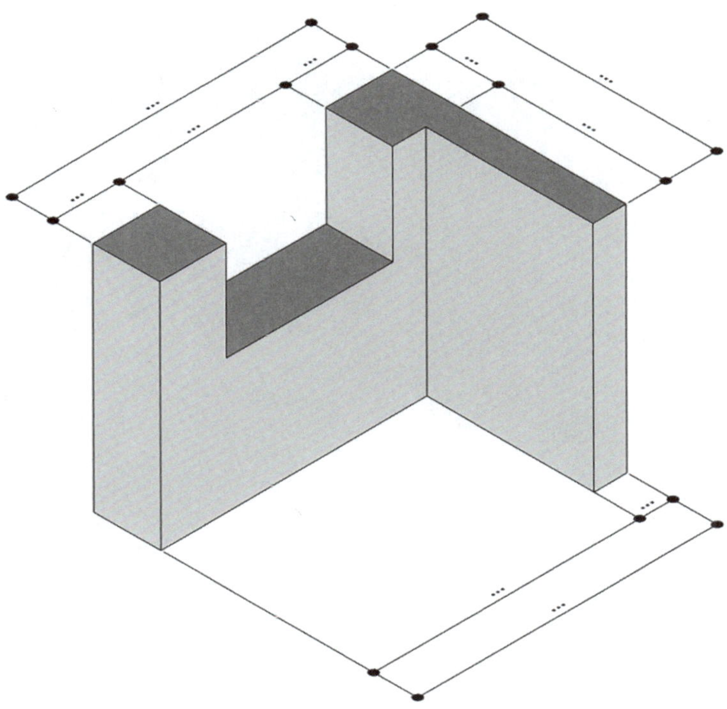

Name:

Klasse:

Maßordnung im Hochbau 1

Unterscheiden der drei Fälle der Mauerlängen

Datum:

Fach:

Tragen Sie in die Zeichnungen ein, ob die Maße Pfeilermaße, Anbaumaße oder Öffnungsmaße sind.

Tragen Sie die Abkürzungen P, A oder Ö ein.

3)

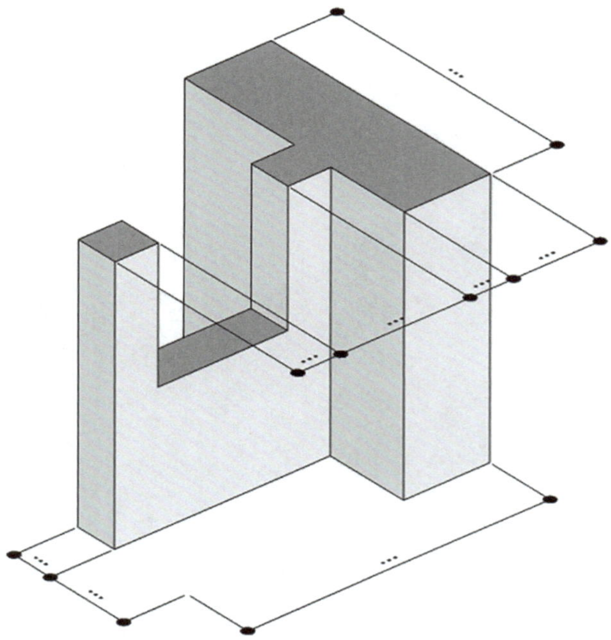

4)

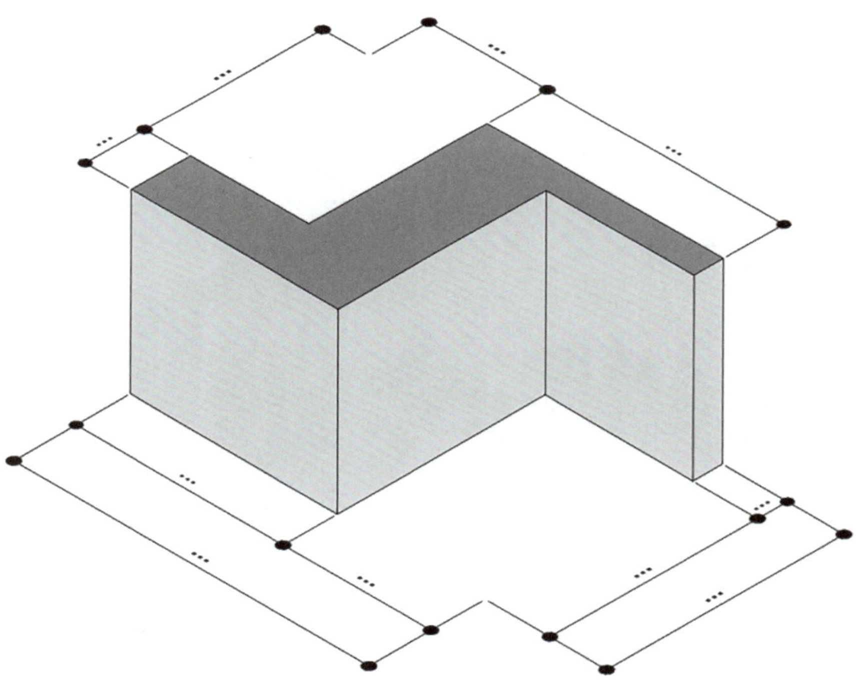

Maßordnung im Hochbau 2

Unterscheiden der drei Fälle der Mauerlängen

Tragen Sie in die Zeichnungen ein, ob die Maße Pfeilermaße, Anbaumaße oder Öffnungsmaße sind.

Tragen Sie die Abkürzungen P, A oder Ö ein.

1)

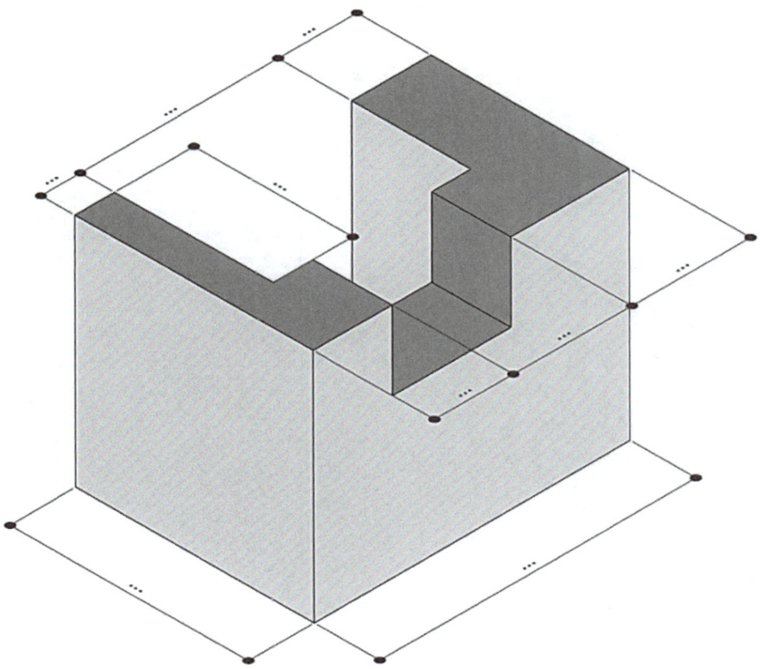

2)

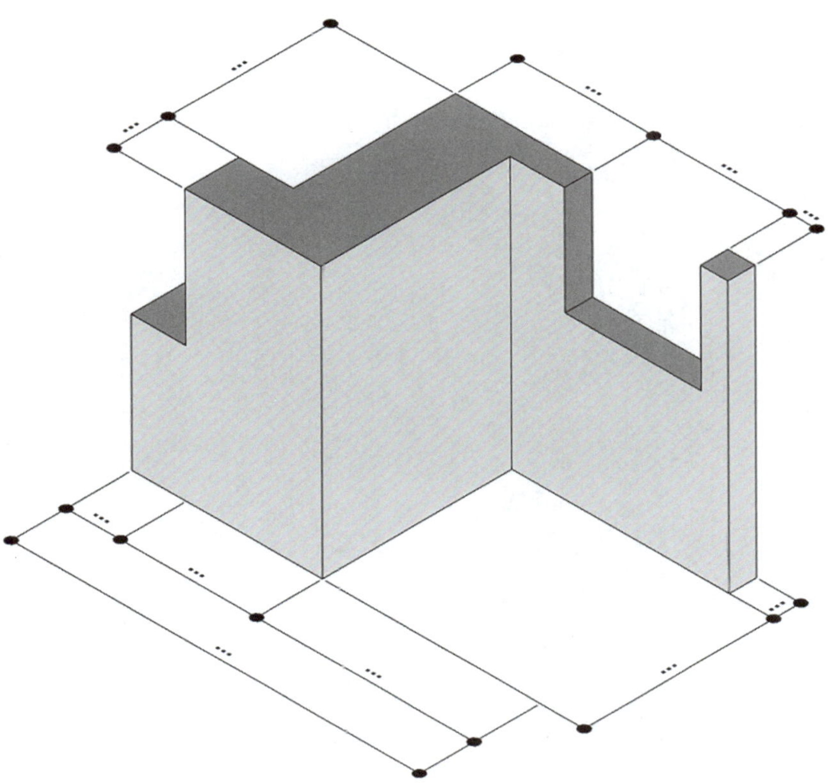

Name:

Klasse:

Maßordnung im Hochbau 2

Unterscheiden der drei Fälle der Mauerlängen

Datum:

Fach:

Tragen Sie in die Zeichnungen ein, ob die Maße Pfeilermaße, Anbaumaße oder Öffnungsmaße sind. Tragen Sie die Abkürzungen P, A oder Ö ein.

3)

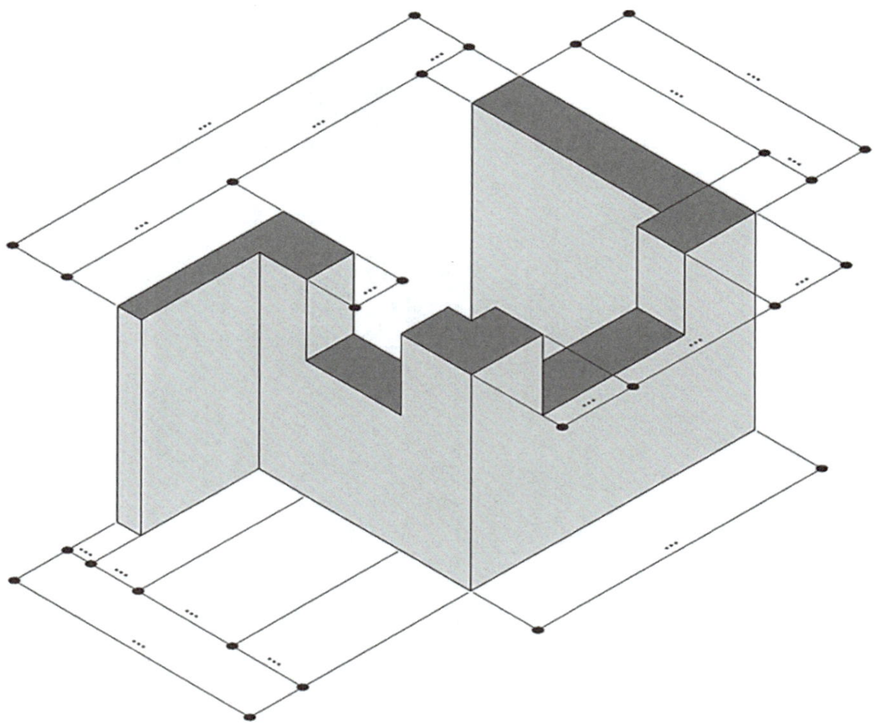

4)

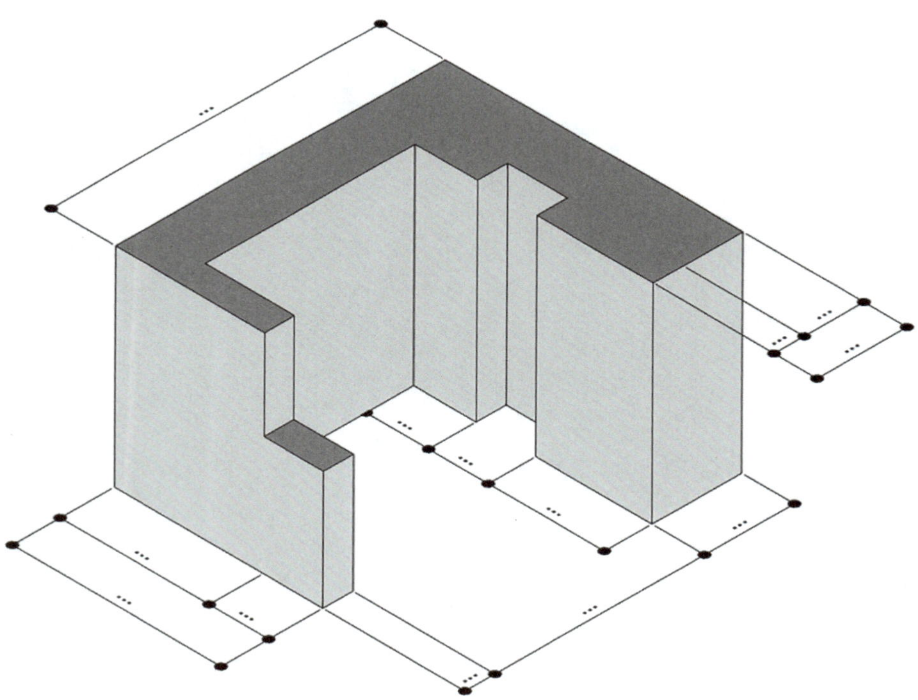

Name:		Datum:
Klasse:		Fach:

Maßordnung im Hochbau 3

Mauerlängen von Mauerstücken

Dargestellt sind Mauerstücke in der Draufsicht. In den Zeichnungen sind die Kopfzahlen (Achtelmeter) eingetragen.

Tragen Sie unter den Kopfzahlen die wirklichen Maße ein. Berücksichtigen Sie dabei die drei Fälle der Mauerlängen: Pfeilermaß, Anbaumaß und Öffnungsmaß.

1)

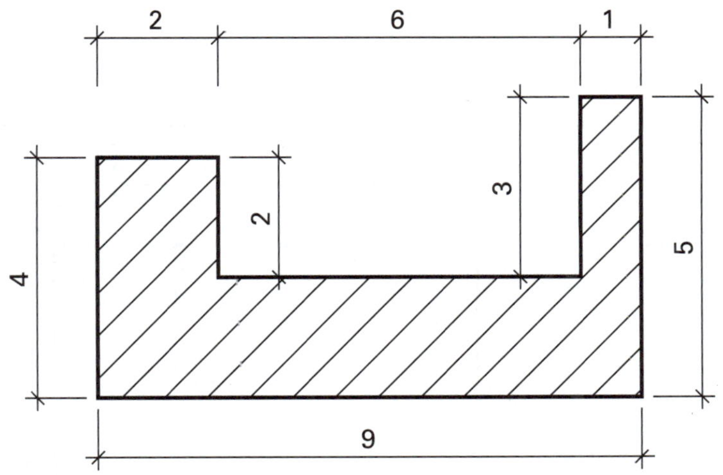

2)

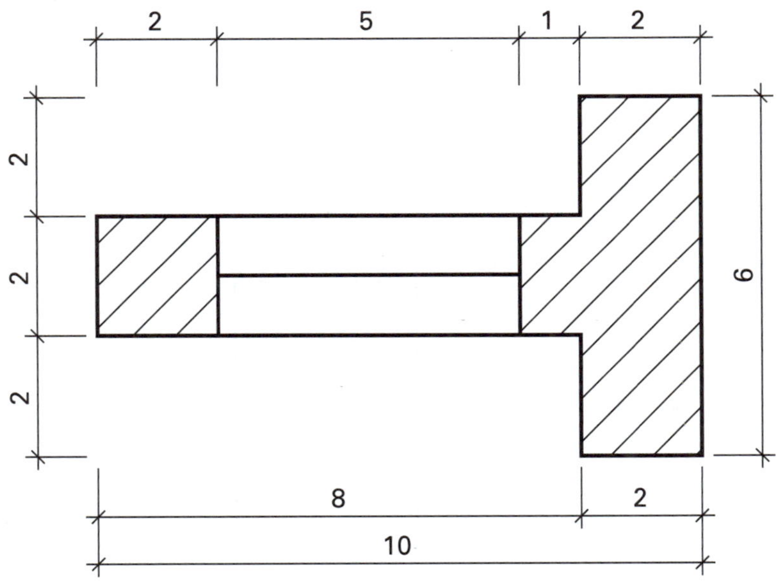

3)

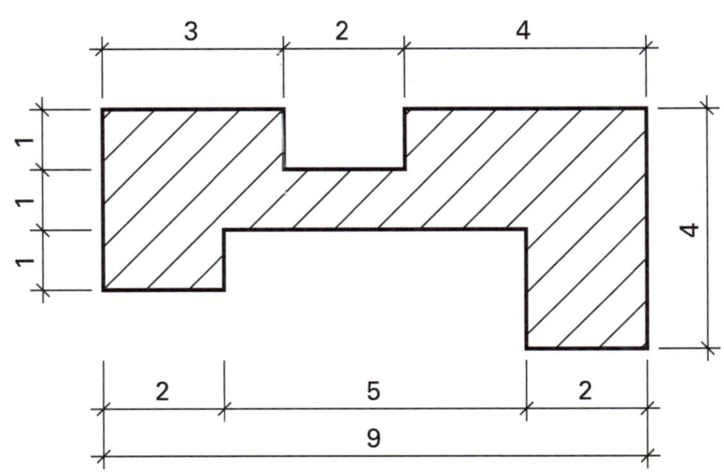

Name:	Datum:
Klasse:	Fach:

Maßordnung im Hochbau 3

Mauerlängen von Mauerstücken

Dargestellt sind Mauerstücke in der Draufsicht. In den Zeichnungen sind die Kopfzahlen (Achtelmeter) eingetragen.

Tragen Sie unter den Kopfzahlen die wirklichen Maße ein. Berücksichtigen Sie dabei die 3 Fälle der Mauerlängen: Pfeilermaß, Anbaumaß und Öffnungsmaß.

4)

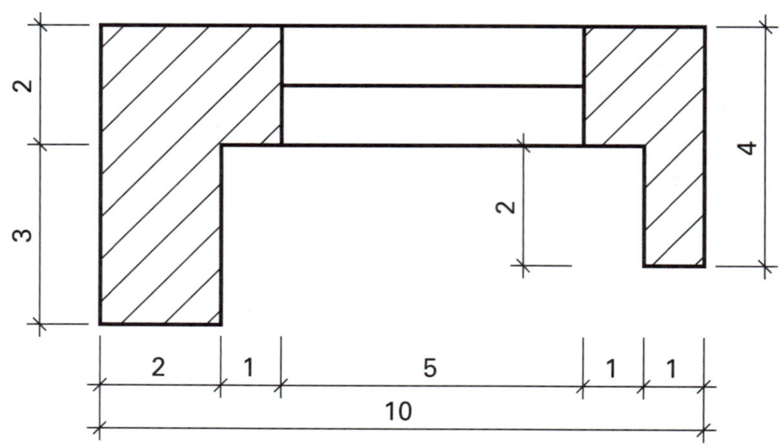

5)

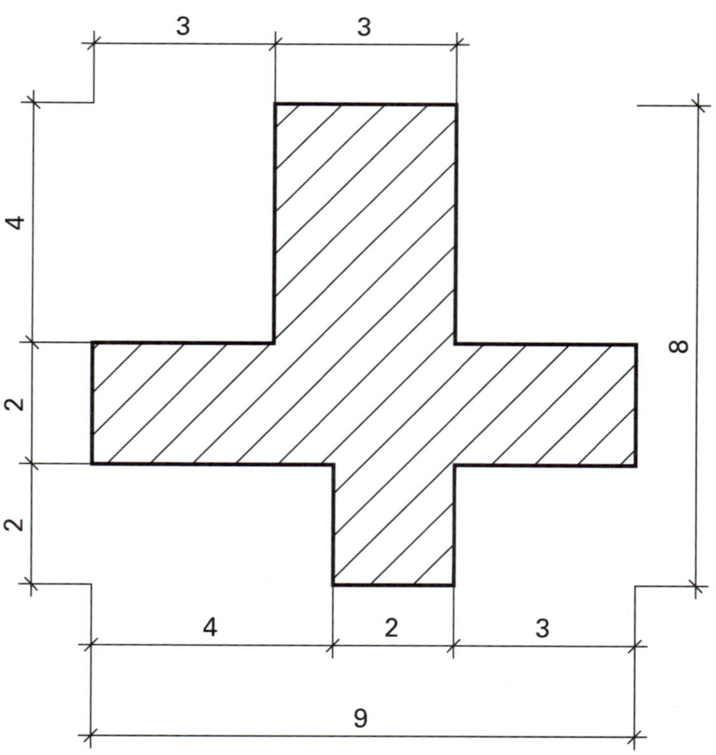

Name:

Klasse:

Maßordnung im Hochbau 4

Mauerlängen von Mauerstücken

Datum:

Fach:

In den Zeichnungen sind die Kopfzahlen (Achtelmeter) eingetragen.

Tragen Sie neben den Kopfzahlen die wirklichen Maße ein. Berücksichtigen Sie dabei die drei Fälle der Mauerlängen: Pfeilermaß, Anbaumaß und Öffnungsmaß.

1)

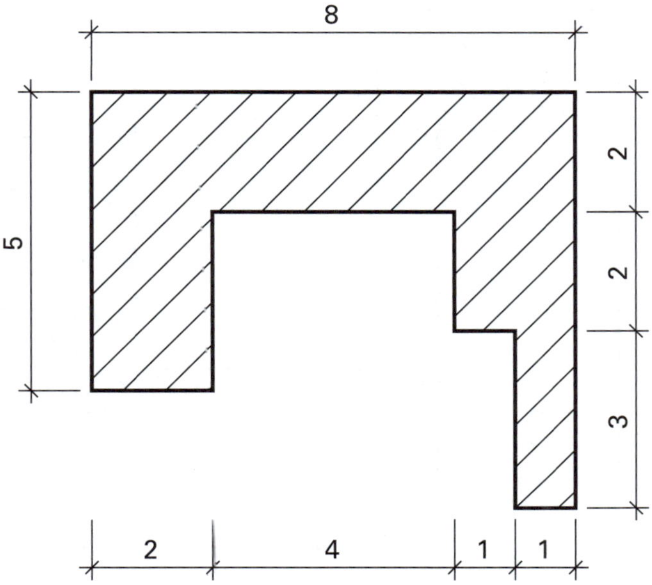

2)

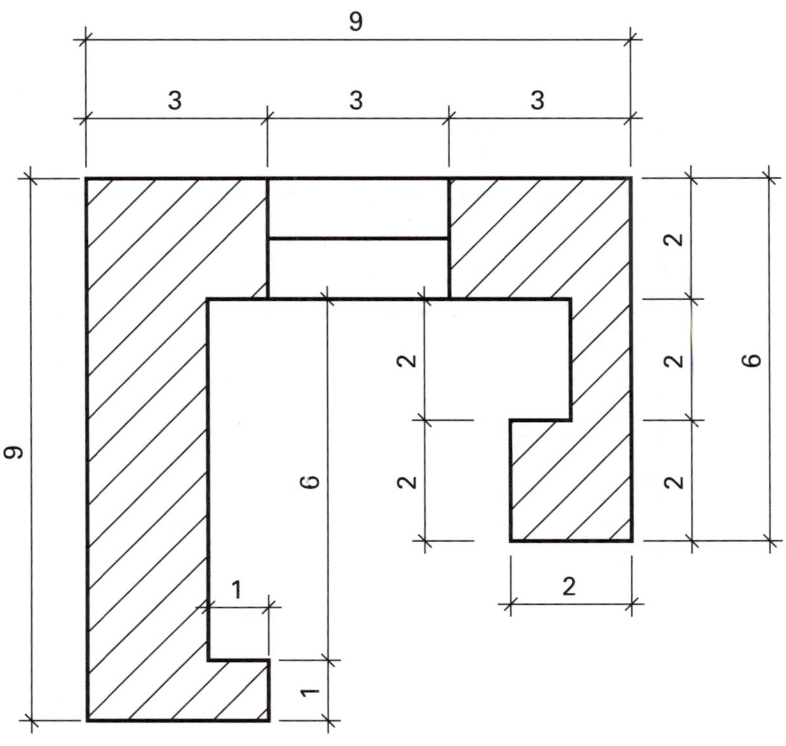

Name:

Klasse:

Maßordnung im Hochbau 4

Mauerlängen von Mauerstücken

Datum:

Fach:

In den Zeichnungen sind die Kopfzahlen (Achtelmeter) eingetragen.

Tragen Sie neben den Kopfzahlen die wirklichen Maße ein. Berücksichtigen Sie dabei die drei Fälle der Mauerlängen: Pfeilermaß, Anbaumaß und Öffnungsmaß.

3)

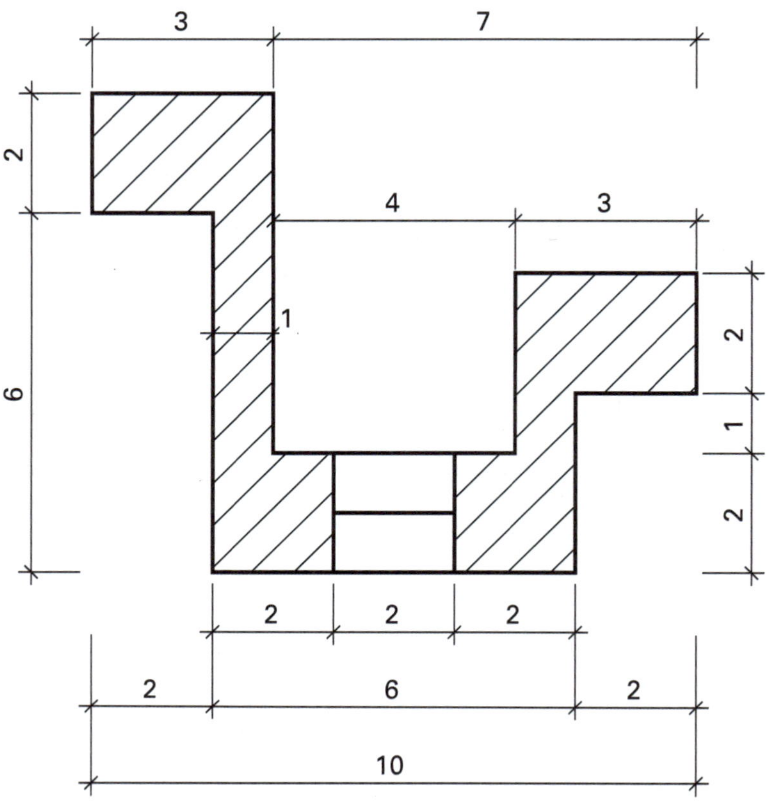

4)

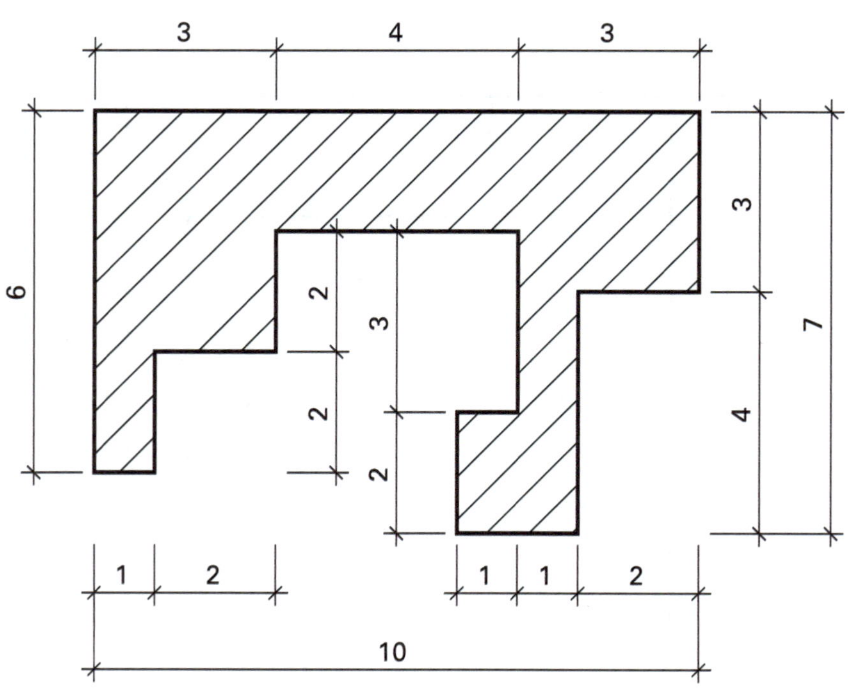

Name:

Klasse:

Maßordnung im Hochbau 5

Mauerlängen in Grundrissen

Datum:

Fach:

In den Zeichnungen sind die Kopfzahlen (Achtelmeter) eingetragen.

Tragen Sie unter den Kopfzahlen die wirklichen Maße ein. Berücksichtigen Sie dabei die drei Fälle der Mauerlängen: Pfeilermaß, Anbaumaß und Öffnungsmaß.

1)

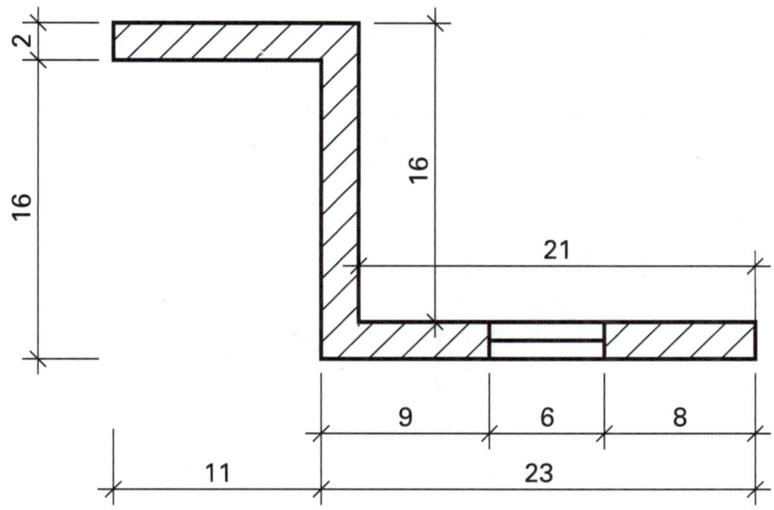

2)

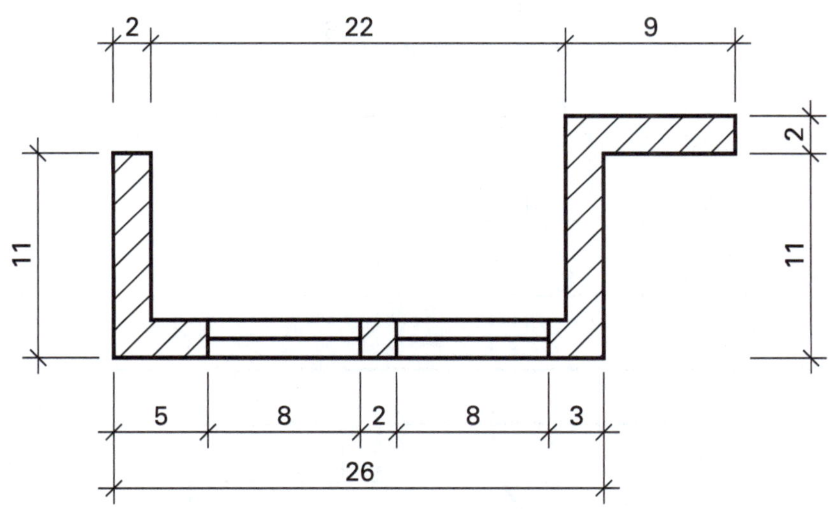

3)

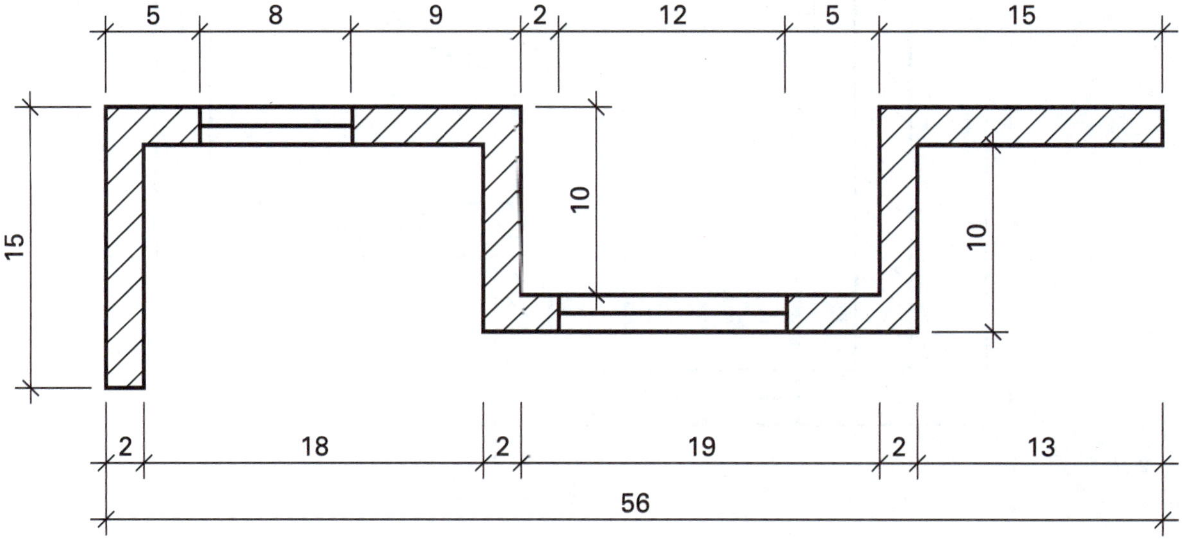

Name:

Klasse:

Maßordnung im Hochbau 5

Mauerlängen in Grundrissen

Datum:

Fach:

In den Zeichnungen sind die Kopfzahlen (Achtelmeter) eingetragen.

Tragen Sie neben den Kopfzahlen die wirklichen Maße ein. Berücksichtigen Sie dabei die drei Fälle der Mauerlängen: Pfeilermaß, Anbaumaß und Öffnungsmaß.

4)

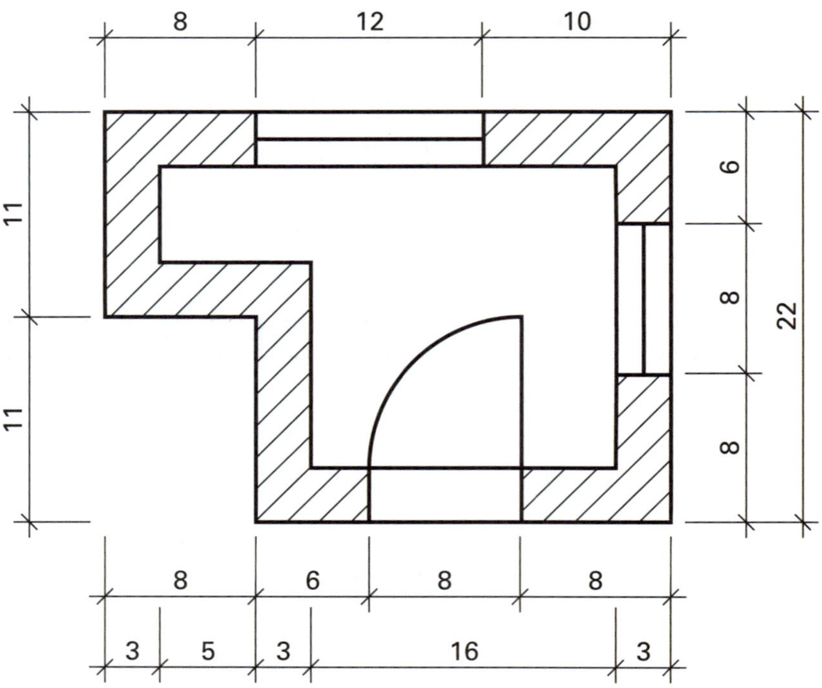

5)

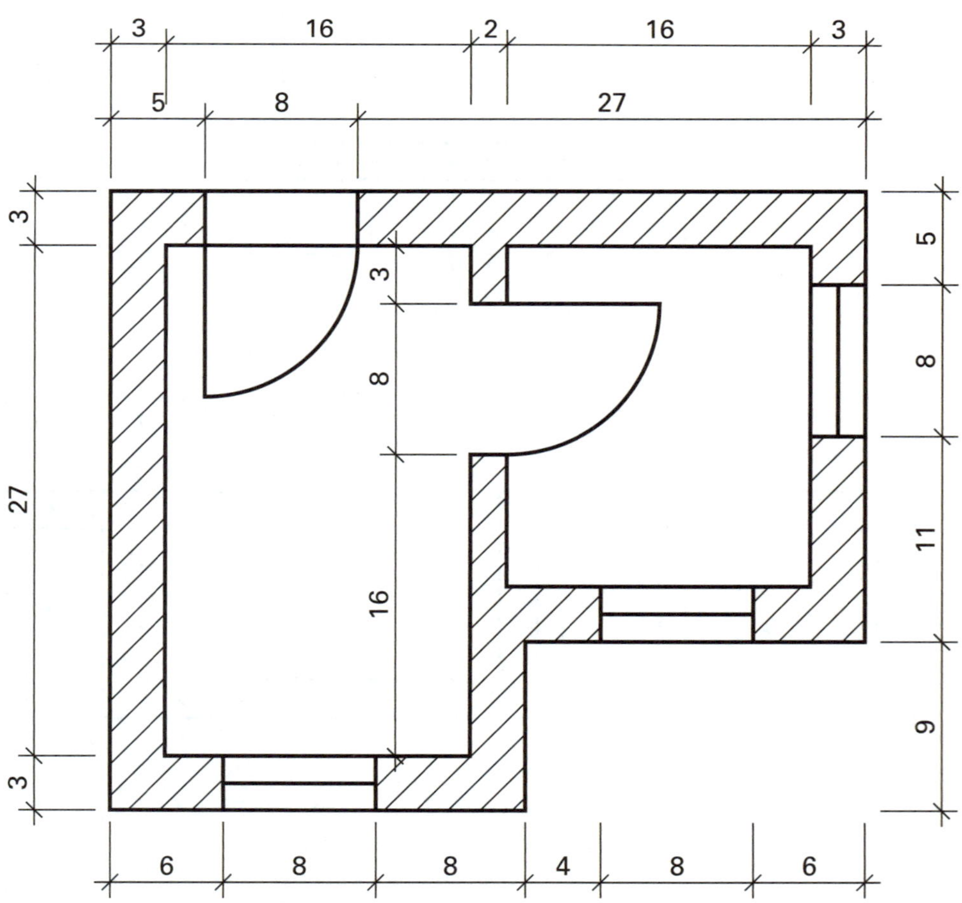

Name:

Klasse:

Maßordnung im Hochbau 6

Mauerlängen in Grundrissen

Datum:

Fach:

Die Grundrisse der Garagen sind mit Kopfzahlen (Achtelmetern) bemaßt.

Berechnen Sie die Mauerlängen und tragen Sie die Längen unter die Kopfzahlen in die Zeichnung ein.

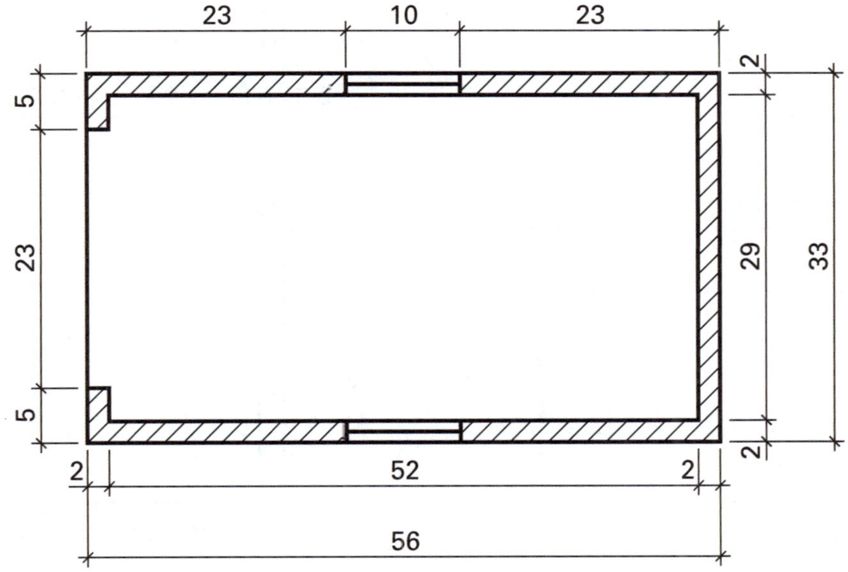

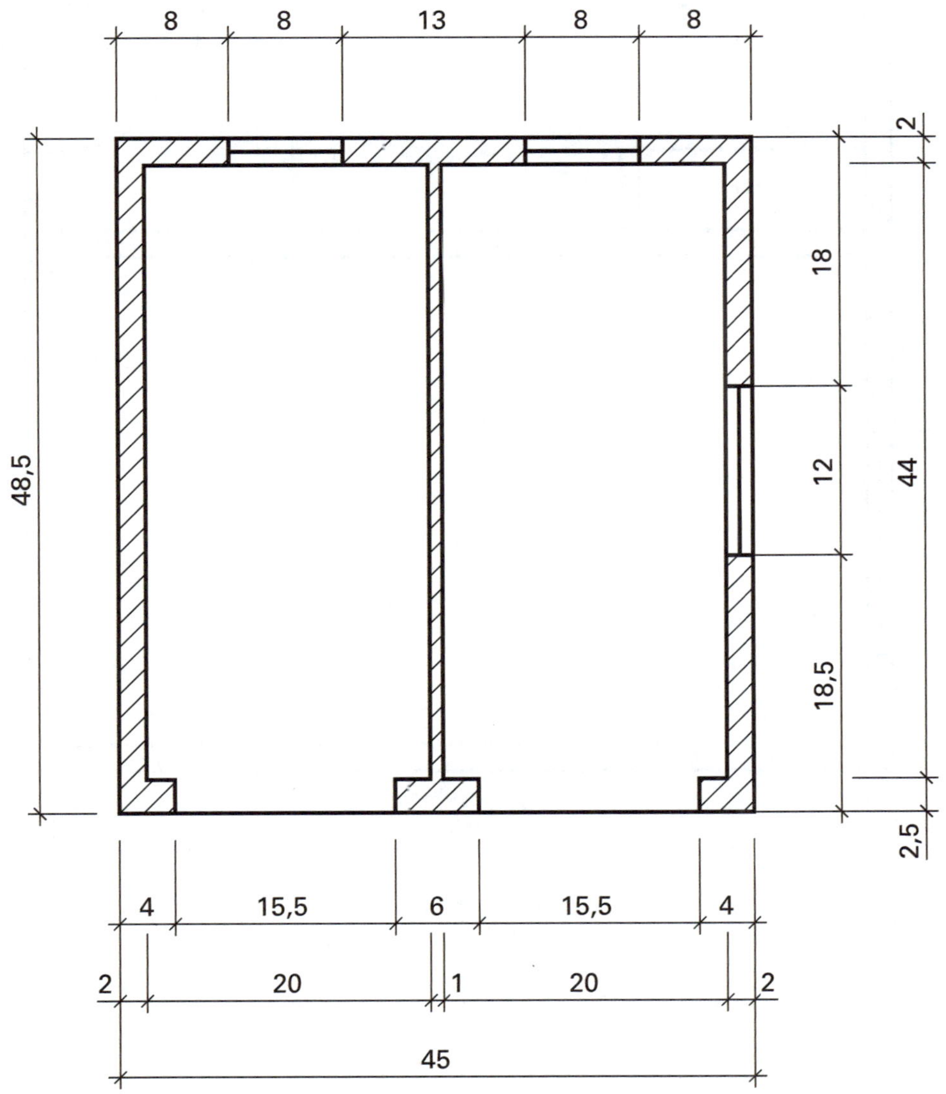

Name:

Klasse:

Maßordnung im Hochbau 6

Mauerlängen in Grundrissen

Datum:

Fach:

Der Grundriss eines Gebäudes ist mit Kopfzahlen (Achtelmetern) bemaßt.

Berechnen Sie die Mauerlängen und tragen Sie die Längen unter die Kopfzahlen in die Zeichnung ein.

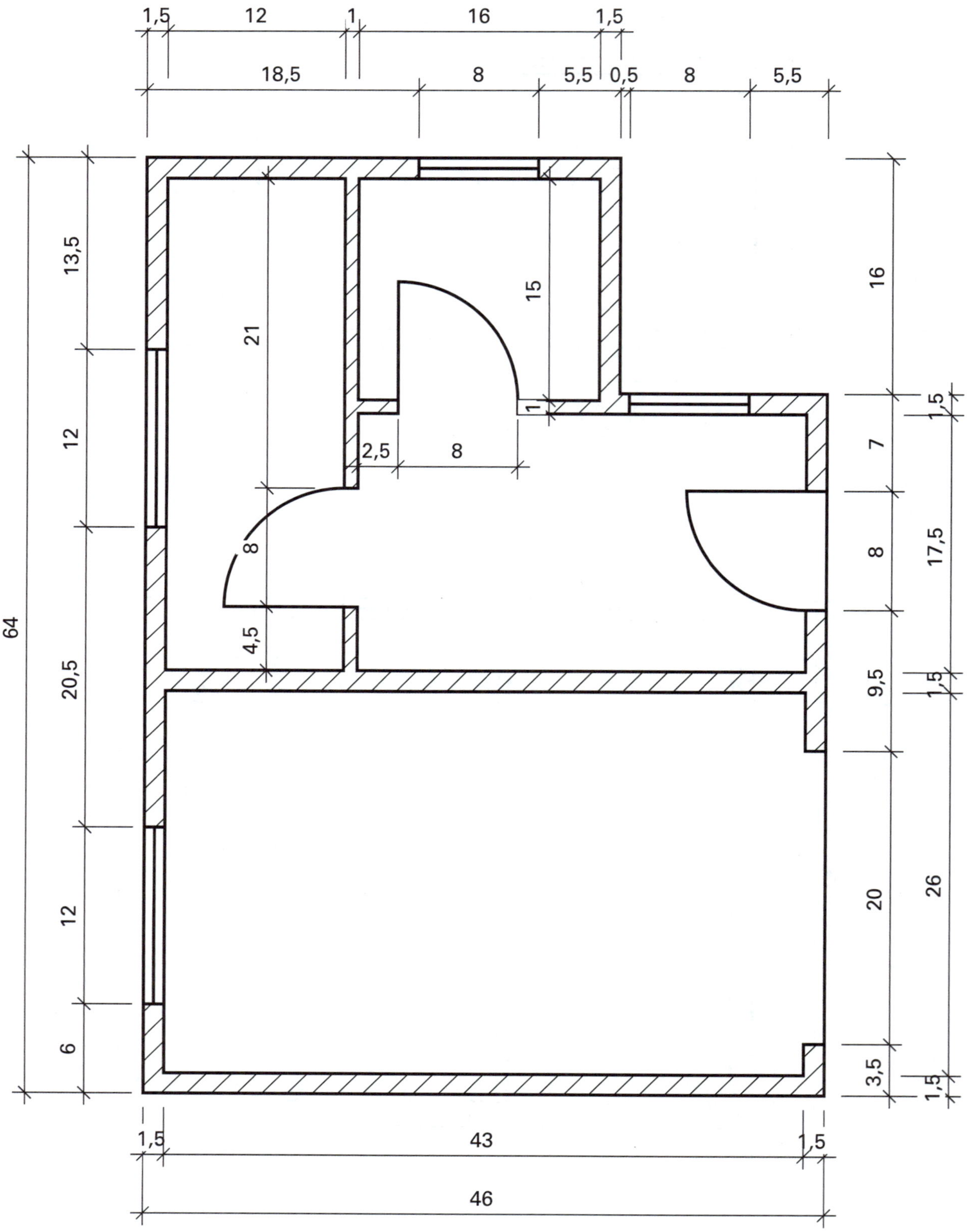

Name:

Klasse:

Maßordnung im Hochbau 7

Planung nach Maßordnung

Datum:

Fach:

Die dargestellte Garage mit Abstellraum soll geplant werden.
Die Außenmaße sind 7,99/3,99 m, die Wanddicken sind außen 24 cm und innen 11,5 cm.

Alle anderen Maße sind von Ihnen selbst zu planen. Beachten Sie dabei die Maßordnung im Mauerwerksbau.

Tragen Sie alle Maße in den vorbereiteten Grundriss ein.

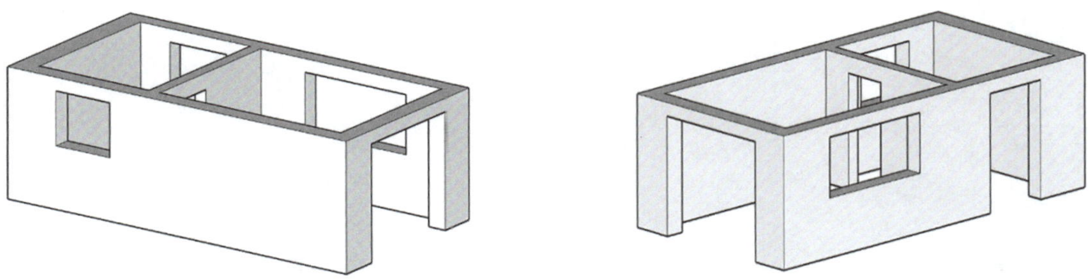

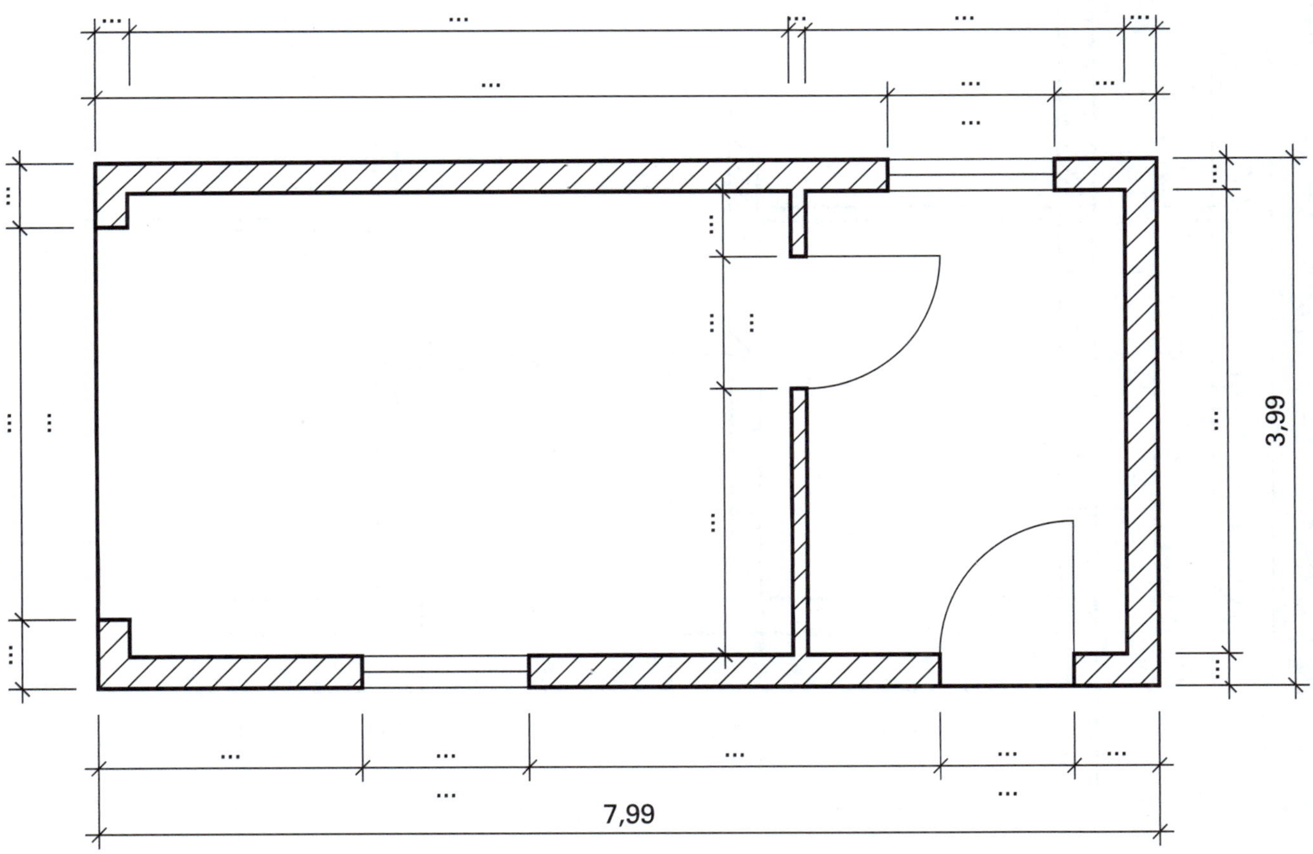

Maßordnung im Hochbau 7

Planung nach Maßordnung

Das dargestellte Wohngebäude soll geplant werden.

Alle fehlenden Maße sind von Ihnen selbst zu planen.

Beachten Sie dabei die Maßordnung im Hochbau.

Tragen Sie alle Maße in den vorbereiteten Grundriss ein.

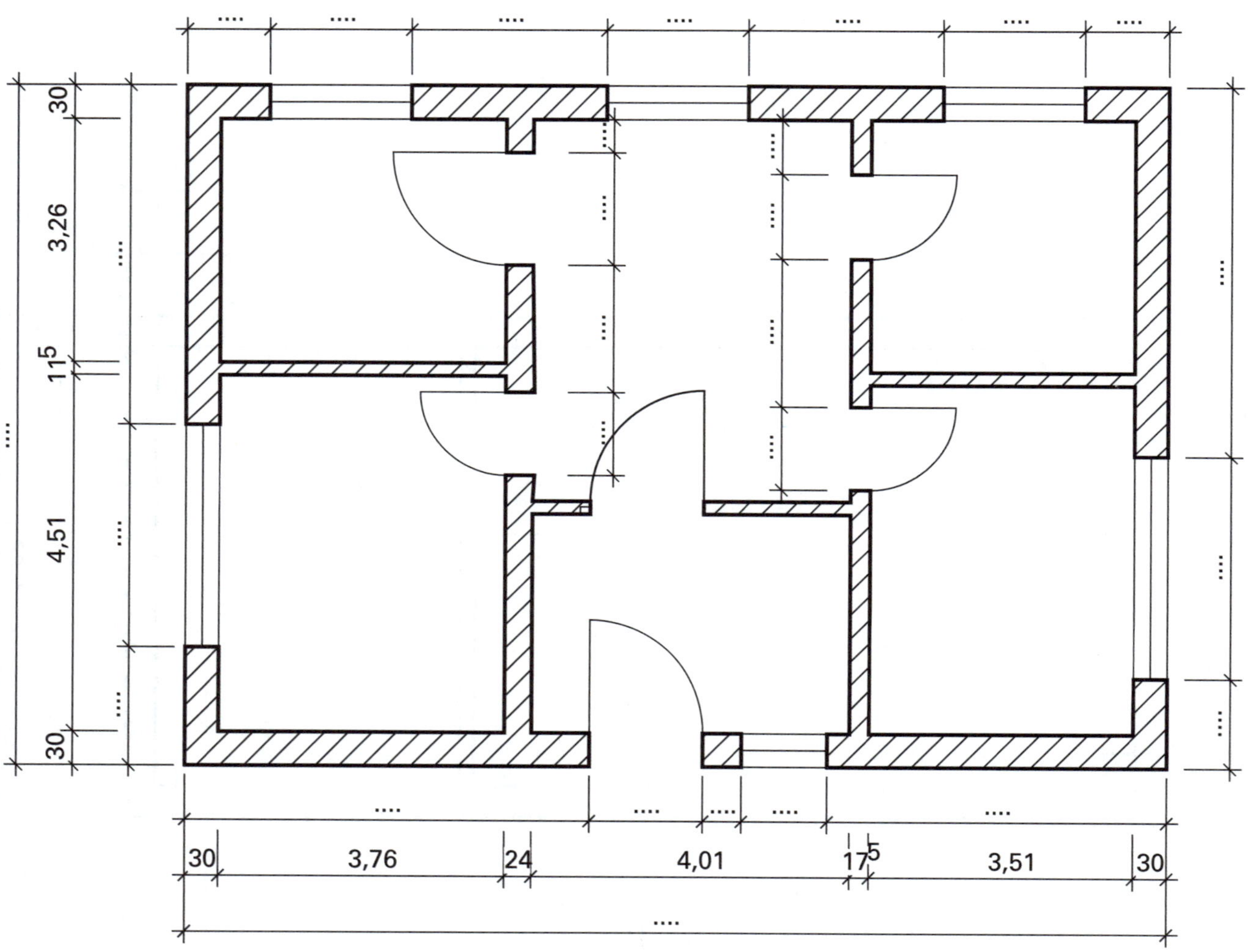

Name:

Klasse:

Maßordnung im Hochbau 8

Berechnung der Mauerhöhen

Datum:

Fach:

Tragen Sie die Maße in die Tabelle ein (Maße in cm)

	DF	NF	2 – 6 DF	Blockformat
Höhe einer Schicht				
Anzahl der Schichten auf 25 cm Höhe				
Anzahl der Schichten auf 1,00 m Höhe				

Berechnen Sie die Mauerhöhen und tragen Sie die Maße in die Zeichnung ein.

Mauerhöhe = ... **x** ....

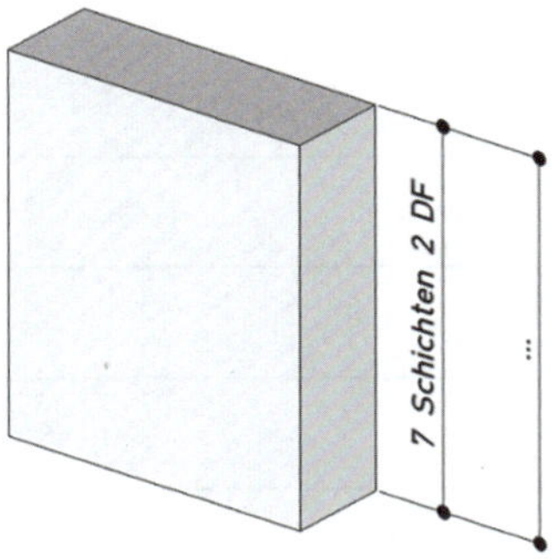

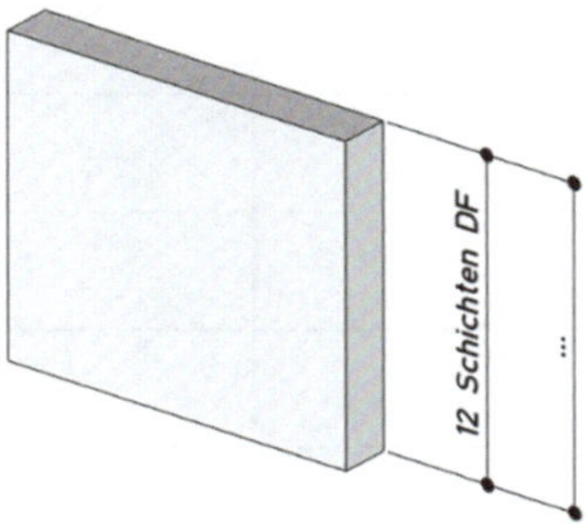

Berechnen Sie die Schichtenzahl und tragen Sie die Zahl in die Zeichnung ein.

Schichtenzahl = ______________________________

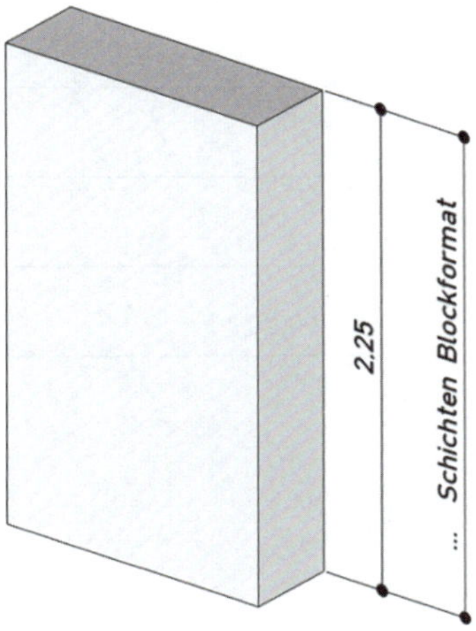

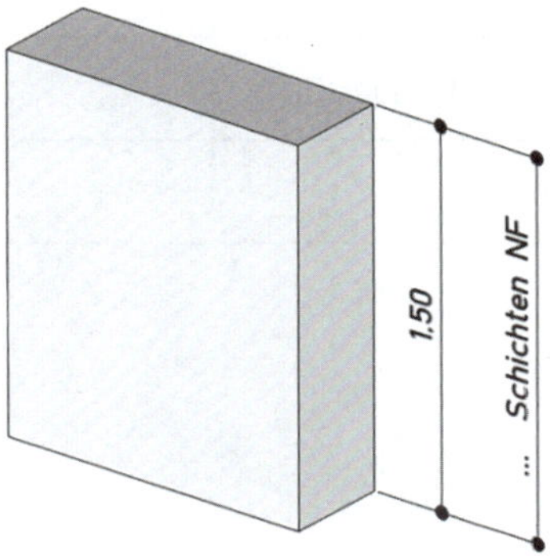

Name:

Klasse:

Maßordnung im Hochbau 8

Berechnung der Mauerhöhen

Datum:

Fach:

1) Wie hoch sind die Mauern? (Maße in m)

Anzahl der Schichten	**Wandhöhe**
20 Schichten NF	
25 Schichten DF	
12 Schichten 8 DF Block	
17 Schichten 4 DF	
28 Schichten DF	
9 Schichten 16 DF Block	
16 Schichten 2 DF	
36 Schichten NF	
24 Schichten 3 DF	
7 Schichten 14 DF Block	

2) Aus wie vielen Schichten werden die Wände gemauert?

Wandhöhe	**Anzahl der Schichten**
Wandhöhe 2,25 m mit 3 DF	
Wandhöhe 3,75 m mit 20 DF	
Wandhöhe 1,125 m mit DF	
Wandhöhe 2,50 m mit NF	
Wandhöhe 3,25 m mit 6 DF	
Wandhöhe 2,125 m mit 2 DF	
Wandhöhe 4,50 m mit 12 DF	
Wandhöhe 1,75 m mit NF	
Wandhöhe 2,75 m mit 8 DF Bauplatte	
Wandhöhe 0,75 m mit DF	

Name:

Klasse:

Stein- und Mörtelbedarf 2

Regeln zur Berechnung

Datum:

Fach:

Folgende Regeln sollen gelten:

1) Die Menge des Mauerwerks wird je nach Aufgabe in m^2 oder m^3 gerechnet.
2) Das Abtrennen der Wände erfolgt nach folgenden Regeln:
   - Bei gleichen Steinen und Wanddicken wird beliebig abtrennen.
   - Bei verschiedenen Wanddicken geht die dickere Wand durch.
   - Bei verschiedenen Steinarten und Wanddicken werden die Wände nach Wanddicke und Steinart abgetrennt und sortiert.
3) Die Wände, Fenster, Türen und Stürze werden nummeriert.
4) Die Rechnung beginnt immer mit der dicksten Wand.
5) Alle Öffnungen werden abgezogen.
6) Stürze oder Balken aus Ortbeton werden abgezogen.
7) Fertigstürze werden nicht abgezogen.

Bemerkung: Für die Berechnung des Stein- und Mörtelbedarfs sind die Vorgaben der VOB nicht sinnvoll und werden daher nicht angewendet!

Beispiel:

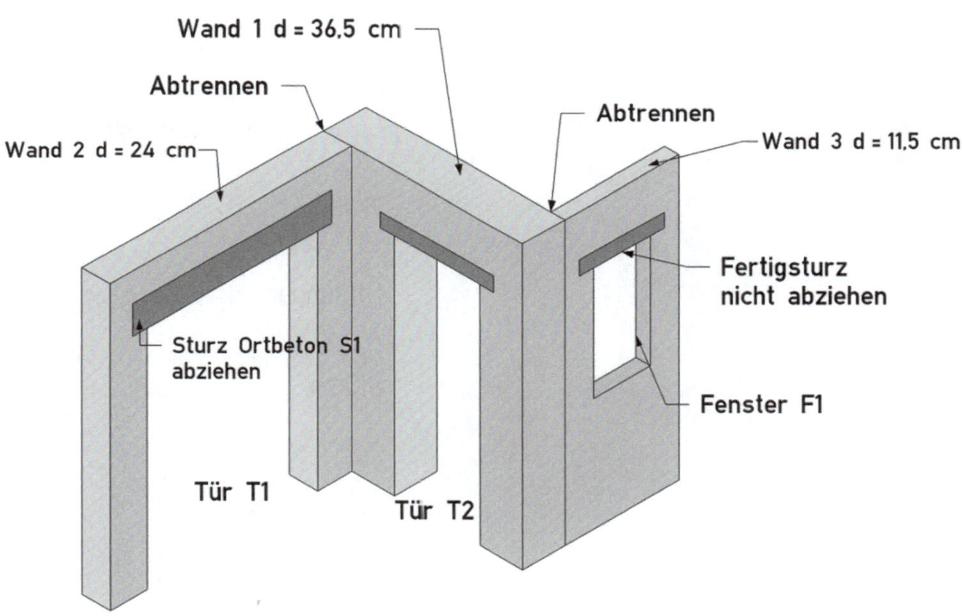

Zu berechnen sind die Bauteile:

- Wände: W1 d = 36,5 cm, W2 d = 24 cm, W3 d = 11,5 cm
- Öffnungen: F1, T1, T2
- Sturz Ortbeton S1

Name:

Klasse:

Stein- und Mörtelbedarf 2

Regeln zur Berechnung

Datum:

Fach:

Trennen Sie die Wände entsprechend der Regeln ab und nummerieren Sie die Bauteile.

1)

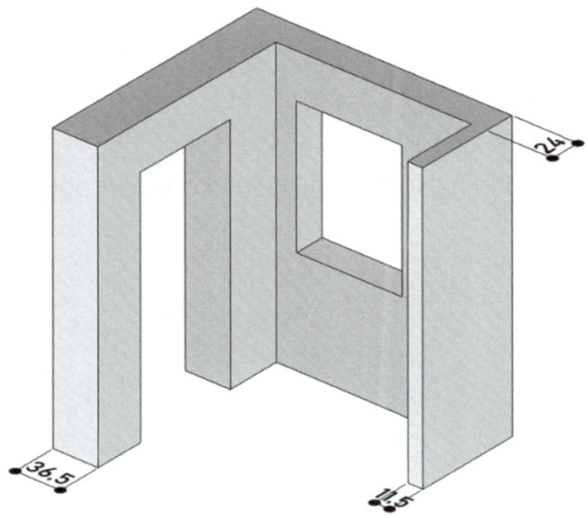

Zu berechnen sind die Bauteile:

Wände: ....

Öffnungen: ....

Stürze: ....

2)

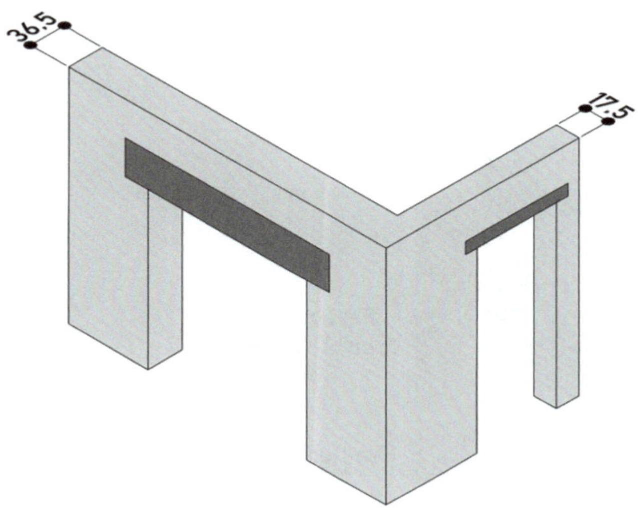

Zu berechnen sind die Bauteile:

Wände: ....

Öffnungen: ....

Stürze: ....

3)

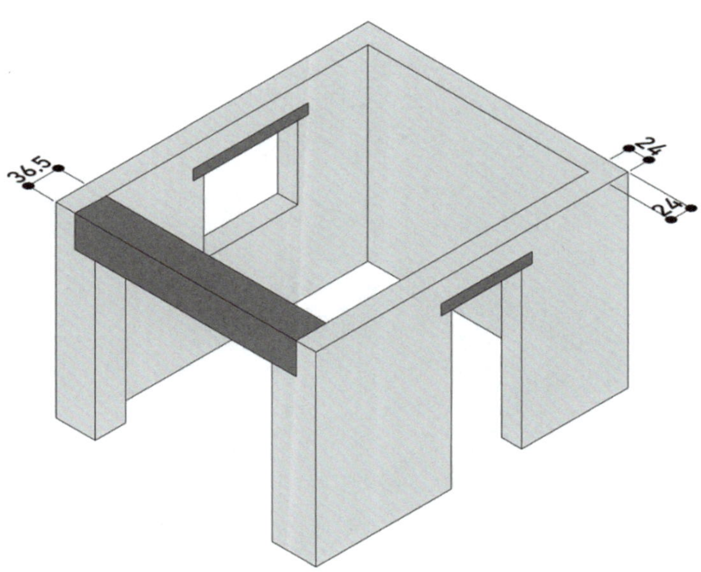

Zu berechnen sind die Bauteile:

Wände: ....

Öffnungen: ....

Stütze: ....

Name:	Stein- und Mörtelbedarf 4	Datum:
Klasse:	Wände und Öffnungen	Fach:

Stein- und Mörtelbedarf 4

Wände und Öffnungen

Wand 1: Berechnen Sie den Stein- und Mörtelbedarf mit Hilfe der Tabelle. Steine: NF

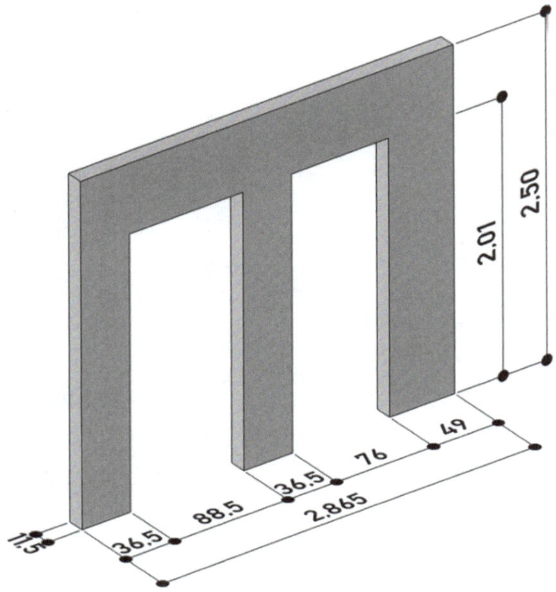

Lösung:

Benötigtes Material:

Steine NF .... Stück

Mörtel .... Liter

Verwenden Sie nur die grauen Felder!
Rechnen Sie in m²!

Wand Pos.-Nr.	Wand-dicke cm	Steinart/ Format	Abzüge Fenster, Türen, Stahlbeton-teile	L	B	H	Menge m^2/m^3	Steine je m^2/m^3 Tabelle	Mörtel je m^2/m^3 Tabelle	Anzahl Steine	Menge Mörtel in Liter

Name:		Datum:
Klasse:		Fach:

Stein- und Mörtelbedarf 4

Wände und Öffnungen

Wand 2: Berechnen Sie den Stein- und Mörtelbedarf mit Hilfe der Tabelle. Steine: 2 DF

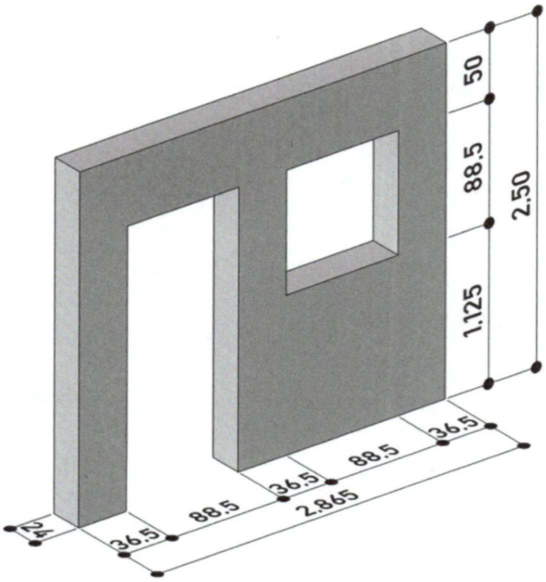

Lösung:

Benötigtes Material:

Steine 2 DF .... Stück

Mörtel .... Liter

Verwenden Sie nur die grauen Felder!
Rechnen Sie in m²!

Wand Pos.-Nr.	Wand-dicke cm	Steinart/ Format	Abzüge Fenster, Türen, Stahlbeton-teile	L	B	H	Menge m^2/m^3	Steine je m^2/m^3 Tabelle	Mörtel je m^2/m^3 Tabelle	Anzahl Steine	Menge Mörtel in Liter

Name:

Klasse:

Stein- und Mörtelbedarf 5

Wandecken

Datum:

Fach:

Wandecke 1: Berechnen Sie den Stein- und Mörtelbedarf mit Hilfe der Tabelle. Steine: 2 DF
Türen 1,01/2,01m, Fenster 88,5/88,5

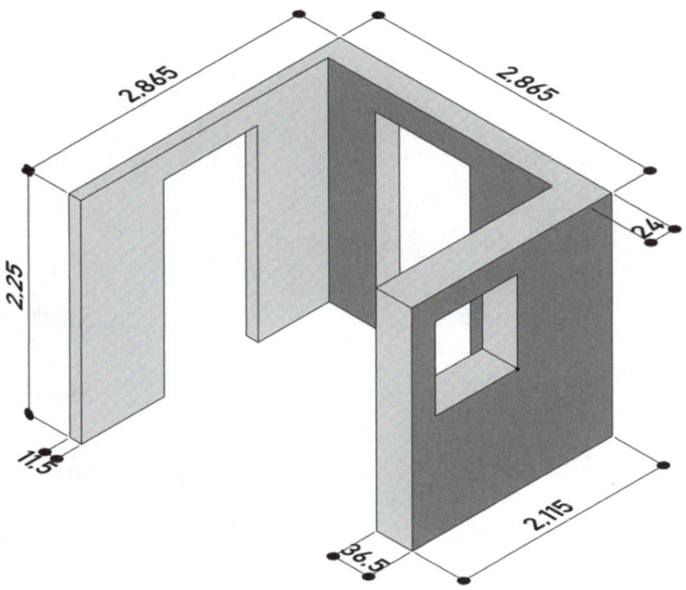

Lösung:

Benötigtes Material:

Steine 2 DF .... Stück

Mörtel .... Liter

Verwenden Sie nur die grauen Felder!
Rechnen Sie in m²!

Wand Pos.-Nr.	Wand-dicke cm	Steinart/ Format	Abzüge Fenster, Türen, Stahlbeton-teile	L	B	H	Menge m^2/m^3	Steine je m^2/m^3 Tabelle	Mörtel je m^2/m^3 Tabelle	Anzahl Steine	Menge Mörtel in Liter

Name:

Klasse:

Stein- und Mörtelbedarf 5

Wandecken

Datum:

Fach:

Wandecke 2: Berechnen Sie den Stein- und Mörtelbedarf mit Hilfe der Tabelle.
36,5er-Wand: 6 DF Normalmörtel (NM)
24er-Wand: 4 DF NM

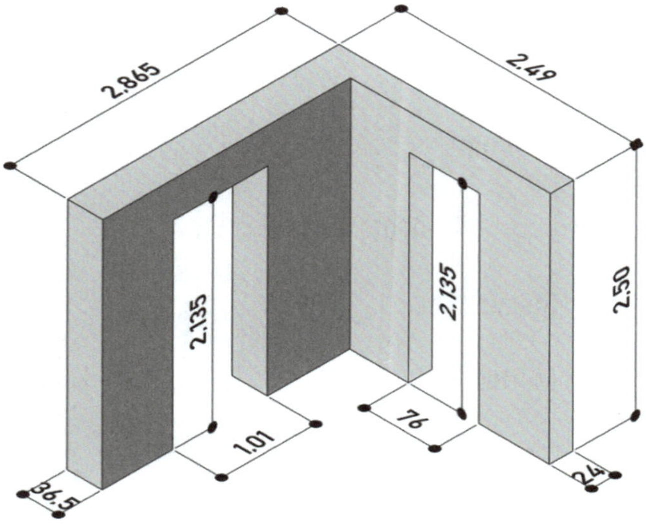

Lösung:

Benötigtes Material:

Steine 6 DF .... Stück

Steine 4 DF .... Stück

Mörtel .... Liter

Verwenden Sie nur die grauen Felder!
Rechnen Sie in m³!

Wand Pos.-Nr.	Wand-dicke cm	Steinart/ Format	Abzüge Fenster, Türen, Stahlbeton-teile	L	B	H	Menge m^2/m^3	Steine je m^2/m^3 Tabelle	Mörtel je m^2/m^3 Tabelle	Anzahl Steine	Menge Mörtel in Liter

Name:	Stein- und Mörtelbedarf 6	Datum:
Klasse:	Gartenhäuser	Fach:

Stein- und Mörtelbedarf 6

Gartenhäuser

Gartenhaus 1: Berechnen Sie den Stein- und Mörtelbedarf mit Hilfe der Tabelle.
Alle Wände 24 cm
Steine: 16 DF Block P, N + F

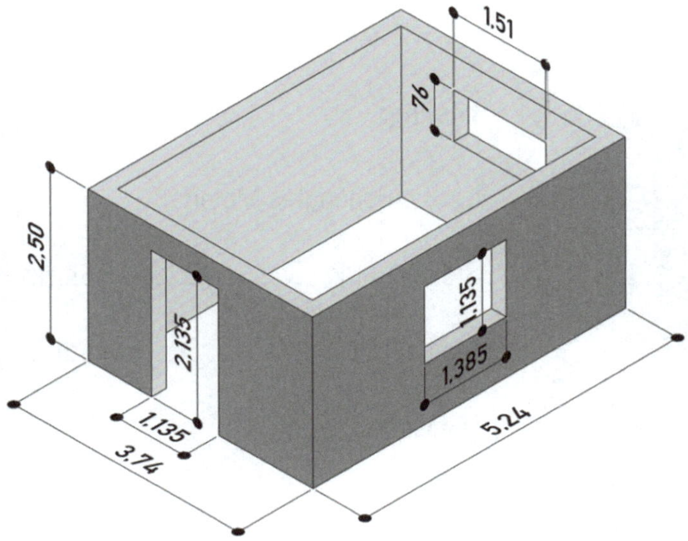

Lösung:

Benötigtes Material:

Steine 16 DF .... Stück

DB-Mörtel .... Liter

Rechnen Sie in m³!

Wand Pos.-Nr.	Wand-dicke cm	Steinart/ Format	Abzüge Fenster, Türen, Stahlbeton-teile	L	B	H	Menge m^2/m^3	Steine je m^2/m^3 Tabelle	Mörtel je m^2/m^3 Tabelle	Anzahl Steine	Menge Mörtel in Liter

Name:

Klasse:

Stein- und Mörtelbedarf 6

Gartenhäuser

Datum:

Fach:

Gartenhaus 2: Berechnen Sie den Stein- und Mörtelbedarf mit Hilfe der Tabelle.
17,5er-Außenwände: 12 DF P, N + F
11,5er-Wand: 8 DF Bauplatte P, N + F

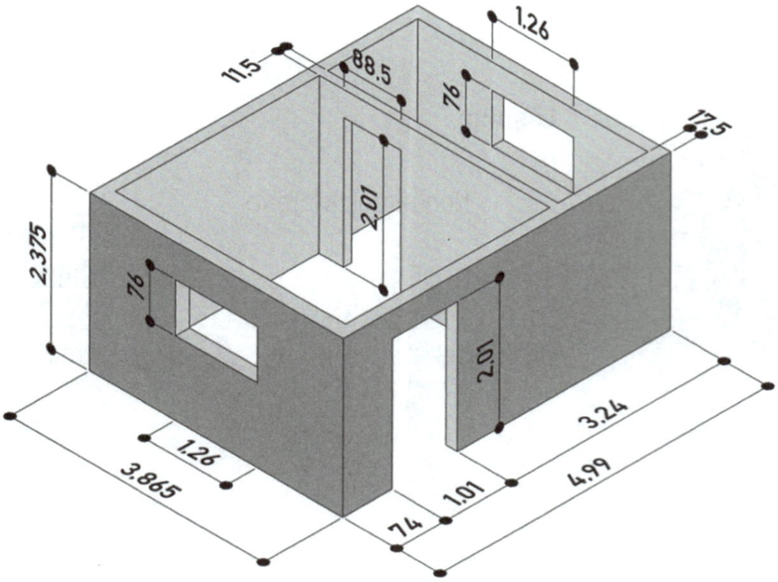

Lösung:

Benötigtes Material:

Steine 12 DF .... Stück

Steine 8 DF .... Stück

DB-Mörtel .... Liter

Rechnen Sie in m²!

Wand Pos.-Nr.	Wand-dicke cm	Steinart/ Format	Abzüge Fenster, Türen, Stahlbeton-teile	L	B	H	Menge m^2/m^3	Steine je m^2/m^3 Tabelle	Mörtel je m^2/m^3 Tabelle	Anzahl Steine	Menge Mörtel in Liter

Name:

Klasse:

Formelblatt

Maßumwandlungen

Datum:

Fach:

Länge: von Stufe zu Stufe Umrechnungszahl 10
Kommaverschiebung 1 Stelle

Fläche: von Stufe zu Stufe Umrechnungszahl 100
Kommaverschiebung 2 Stellen

Volumen: von Stufe zu Stufe Umrechnungszahl 1000
Kommaverschiebung 3 Stellen

Maßtreppe

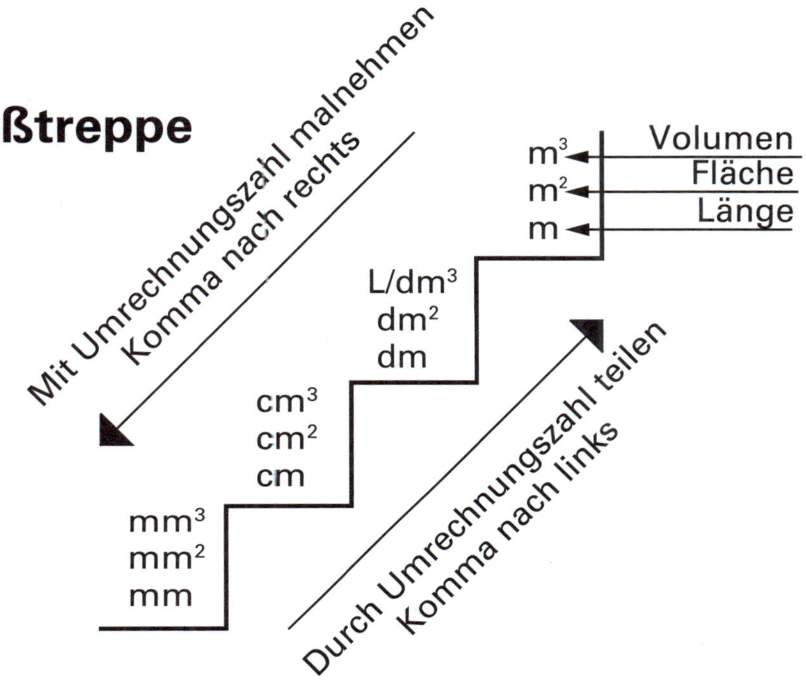

Maßtabelle

Maßumwandlung mit Tabelle: → Komma nach rechts, ← Komma nach links
Die Zahlen sind die Kommastellen.

Längen	nach m	nach dm	nach cm	nach mm
von m	-	1 →	2 →	3 →
von dm	1 ←	-	1 →	2 →
von cm	2 ←	1 ←	-	1 →
von mm	3 ←	2 ←	1 ←	-

Flächen	nach m^2	nach dm^2	nach cm^2	nach mm^2
von m^2	-	2 →	4 →	6 →
von dm^2	2 ←	-	2 →	4 →
von cm^2	4 ←	2 ←	-	2 →
von mm^2	6 ←	4 ←	2 ←	-

Volumen	nach m^3	nach L/dm^3	nach cm^3	nach mm^3
von m^3	-	3 →	6 →	9 →
von L/dm^3	3 ←	-	3 →	6 →
von cm^3	6 ←	3 ←	-	3 →
von mm^3	9 ←	6 ←	3 ←	-

Name:

Klasse:

Maßumwandlungen 1

Datum:

Fach:

Rechnen Sie die Maße um.

Verwenden Sie wahlweise die Maßtreppe oder die Maßtabelle.

Maß	Maßeinheit alt	Maßeinheit neu	Stufen	Stellen	Komma	neues Maß	Maßeinheit neu
11,25	m	cm	2	2	→	1125	cm
17490	mm	m	3	3	←	17,490	m
5,77	dm^2	m^2	1	2	←	0.0577	m^2
1,23	Liter	mm^3	2	6	→	1230000	mm^3
0,80	m^3	cm^3					
2500	mm	m					
23020	cm^2	m^2					
35900	mm^3	dm^3					
0,0035	m^2	cm^2					
0,000024	m^3	mm^3					
0,025	m	cm					
46705	mm	m					
0,044	m^3	Liter					
28,23	Liter	dm^3					
126	mm	dm					
90505	cm^2	m^2					
3345	mm^3	cm^3					
45	m^3	Liter					
800150	mm^2	m^2					
625000	mm^3	dm^3					
0,0064	m^3	dm^3					
872	cm	mm					
12,4	dm	m					
45,98	dm	mm					
11,1	Liter	mm^3					
82500	mm	m					
23,71	dm	m					
0,000012	m^3	cm^3					
0,000083	m^2	mm^2					
4567000	mm^3	m^3					

Name:

Klasse:

Maßumwandlungen 1

Datum:

Fach:

Rechnen Sie die Maße jeweils um und ermitteln Sie das Gesamtmaß.

Längen

1) 24,5 cm + 12,78 dm + 7400 mm = ? m

.... = ... m

2) 2,45 m + 248 cm + 9820 mm = ? dm

.... = ... dm

3) 3,99 dm + 789 mm + 0,0036 m = ? cm

.... = ... cm

4) 0,0045 m + 23,1 cm + 0,66 dm = ? mm

.... = ... m

Flächen

5) 0,34 m^2 + 95,2 dm^2 + 340500 mm^2 = ? cm^2

.... = ... cm^2

6) 462 dm^2 + 23000 cm^2 + 500310 mm^2 = ? m^2

.... = ... m^2

7) 0,0045 m^2 + 23,1 cm^2 + 3,89 dm^2 = ? mm^2

.... = ... mm^2

Volumen

8) 0,23 m^3 + 45600 mm^3 + 11050 cm^3 = ? Liter

.... = ... Liter

9) 11000 cm^3 + 56 Liter + 7900000 mm^3 = ? m^3

.... = ... m^3

10) 11000 mm^3 + 0,78 Liter + 19000 mm^3 = ? cm^3

.... = ... cm^3

Name:

Klasse:

Maßumwandlungen 2

Kopiervorlage

Datum:

Fach:

Rechnen Sie die Maße um.

Verwenden Sie wahlweise die Maßtreppe oder die Maßtabelle.

Maß	Maßeinheit alt	Maßeinheit neu	Stufen	Stellen	Komma	neues Maß	Maßeinheit neu

Name:

Klasse:

Maßumwandlungen 2

Kopiervorlage

Datum:

Fach:

Rechnen Sie die Maße jeweils um und ermitteln Sie das Gesamtmaß.

Längen

1) .... cm + ... dm + ... mm = ? m

.... = ... m

2) .... m + ... cm + ... mm = ? dm

.... = ... dm

3) .... dm + ... mm + ... m = ? cm

.... = ... cm

4) .... m + ... cm + ... dm = ? mm

.... = ... m

Flächen

5) .... m^2 + ... dm^2 + ... mm^2 = ? cm^2

.... = ... cm^2

6) .... dm^2 + ... cm^2 + ... mm^2 = ? m^2

.... = ... m^2

7) .... m^2 + ... cm^2 + ... dm^2 = ? mm^2

.... = ... mm^2

Volumen

8) .... m^3 + ... mm^3 + ... cm^3 = ? Liter

.... = ... Liter

9) .... cm^3 + ... Liter + ... mm^3 = ? m^3

.... = ... m^3

10) .... mm^3 + ... Liter + ... mm^3 = ? cm^3

.... = ... cm^3

Name:

Klasse:

Linienübung 1

Datum:

Fach:

Dargestellt sind zwei Bauteile, die Maße sind in mm angegeben.

Zeichnen Sie mit dem HB-Stift die Kanten der Bauteile in das vorgegebene Raster ein. Beachten Sie das Beispiel für Bauteil 1.

1

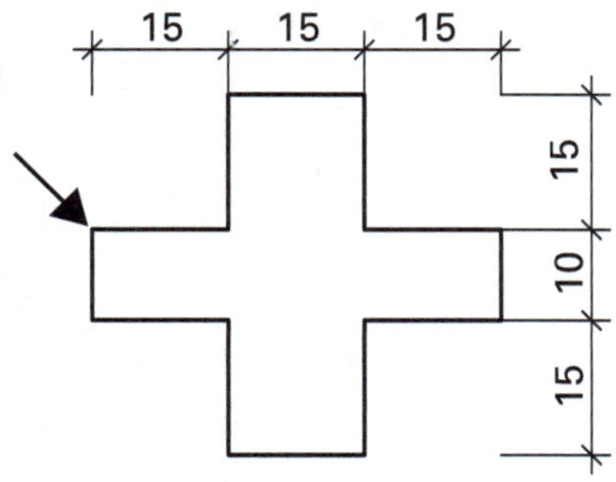

Beispiel:

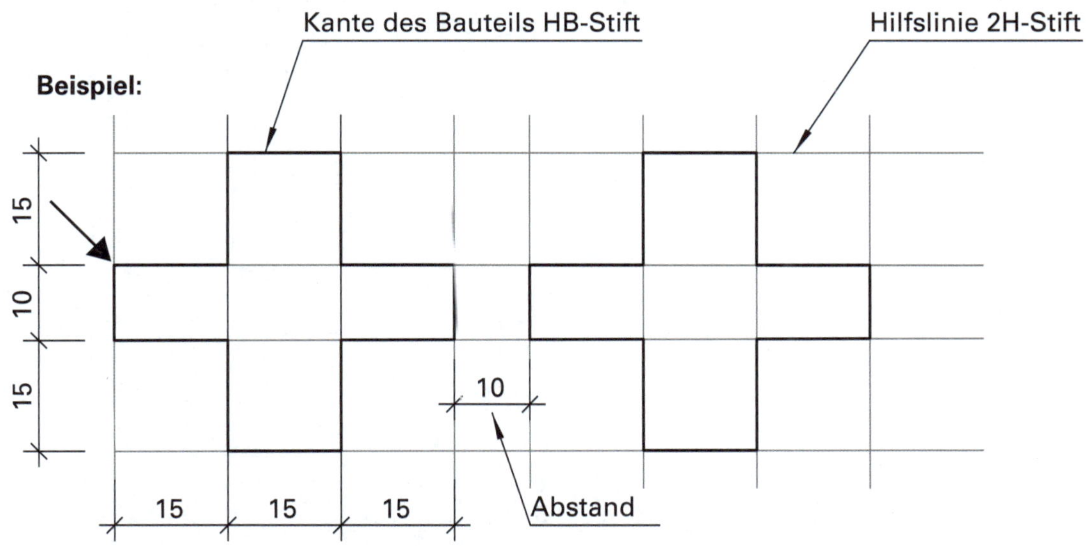

2

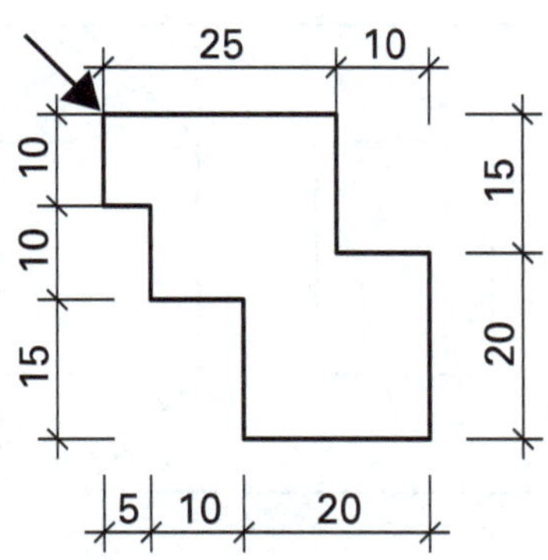

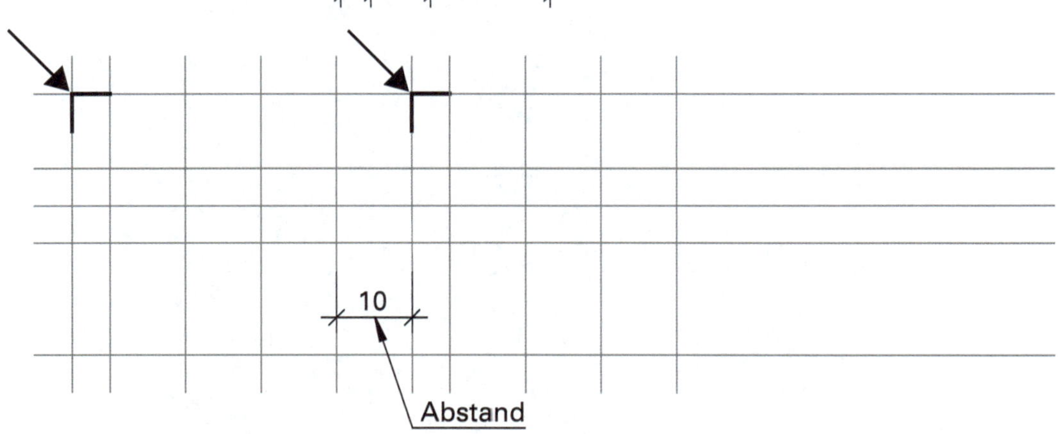

Name:

Klasse:

Linienübung 1

Datum:

Fach:

Zeichnen Sie mit dünnen Linien (2H-Stift) das Raster und zeichnen Sie dann die Bauteile zweimal mit breiter Linie (HB-Stift) in das Raster ein. Lassen Sie zwischen den Bauteilen 10 mm Abstand.

3

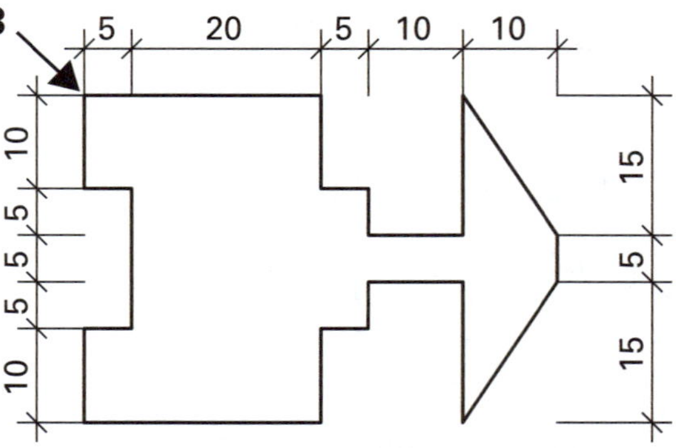

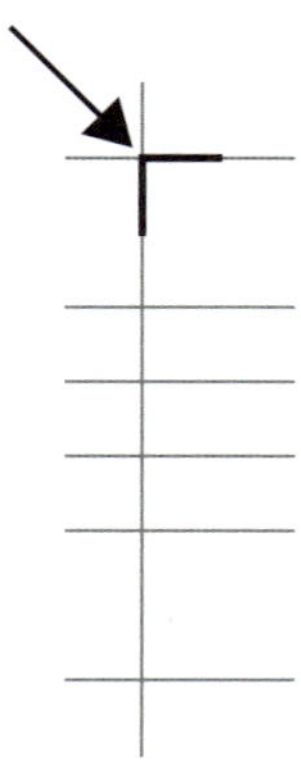

4

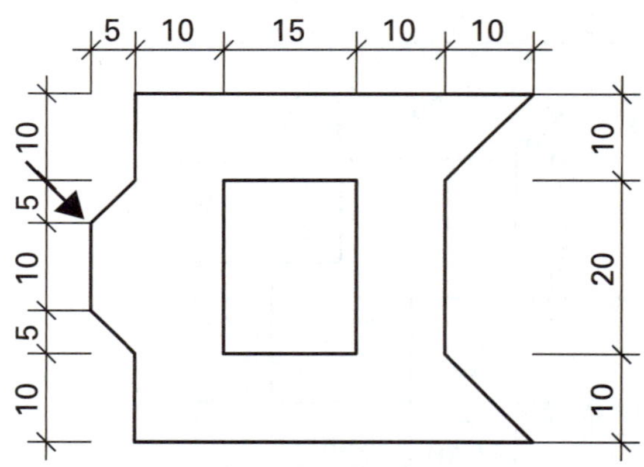

Name:

Klasse:

Linienübung 2

Datum:

Fach:

Zeichnen Sie mit dünnen Linien (2H-Stift) das Raster und zeichnen Sie dann die Bauteile zweimal mit breiter Linie (HB-Stift) in das Raster ein. Lassen Sie zwischen den Bauteilen 10 mm Abstand.

1

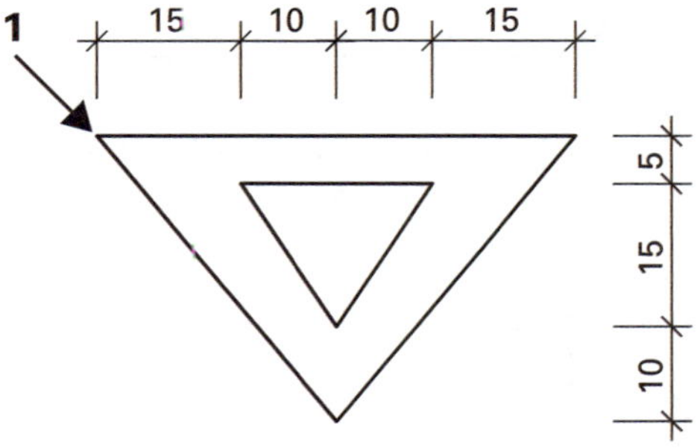

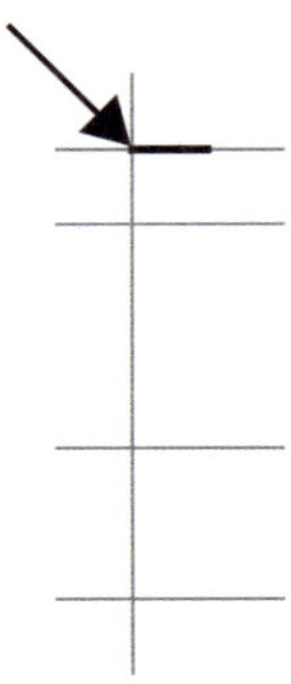

2

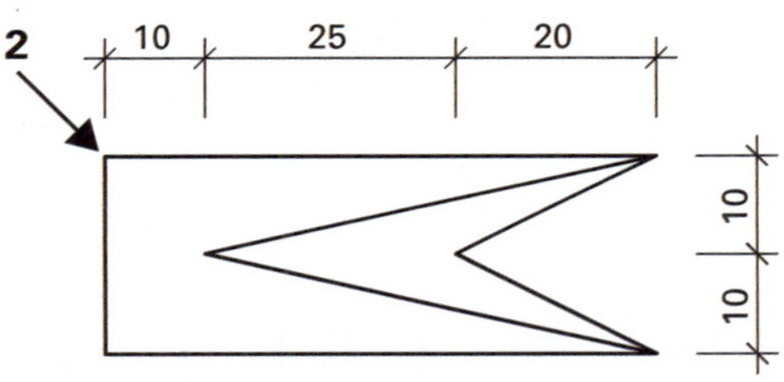

Name:

Klasse:

Linienübung 2

Datum:

Fach:

Zeichnen Sie mit dünnen Linien (2H-Stift) das Raster und zeichnen Sie dann die Bauteile zweimal mit breiter Linie (HB-Stift) in das Raster ein. Lassen Sie zwischen den Bauteilen 10 mm Abstand.

3

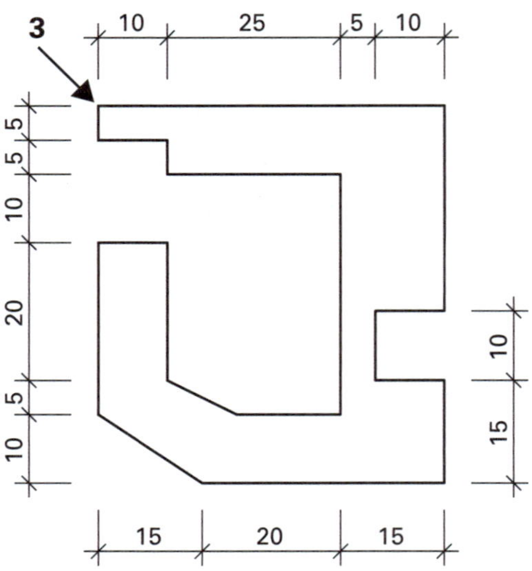

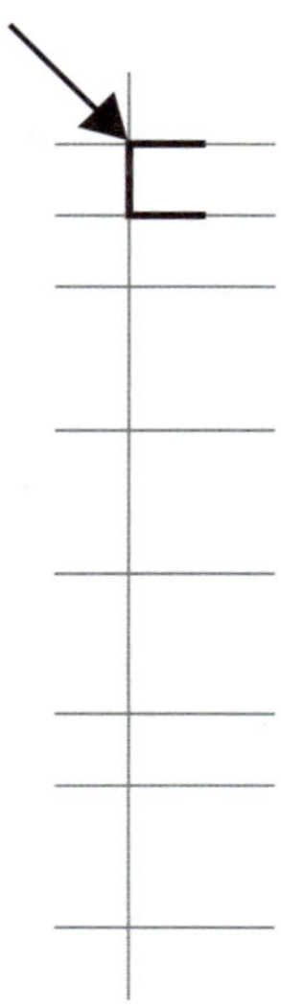

4

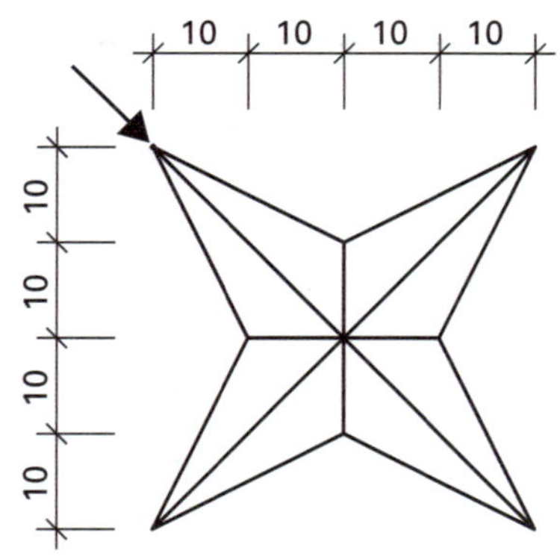

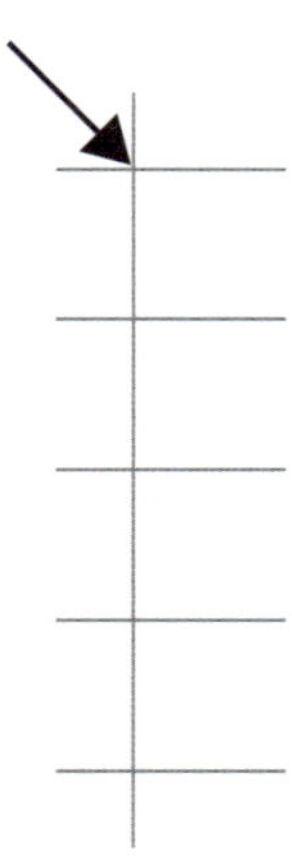

Name:

Klasse:

Linienübung 3

Datum:

Fach:

Das Bauteil 1 ist in mm bemaßt.

Zeichnen Sie das Bauteil 1 zweimal in die vorgegebenen Achsen.

1

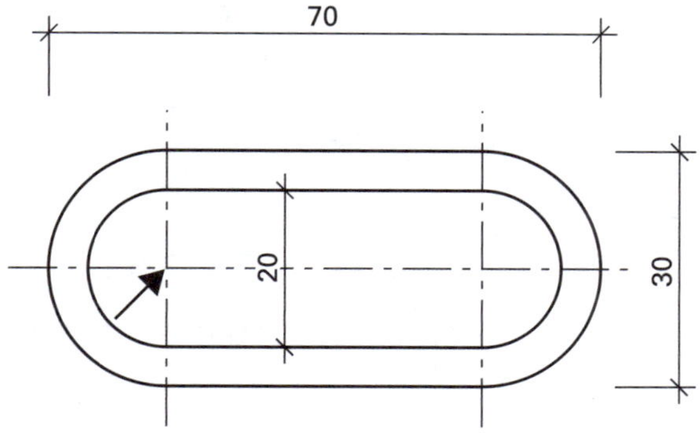

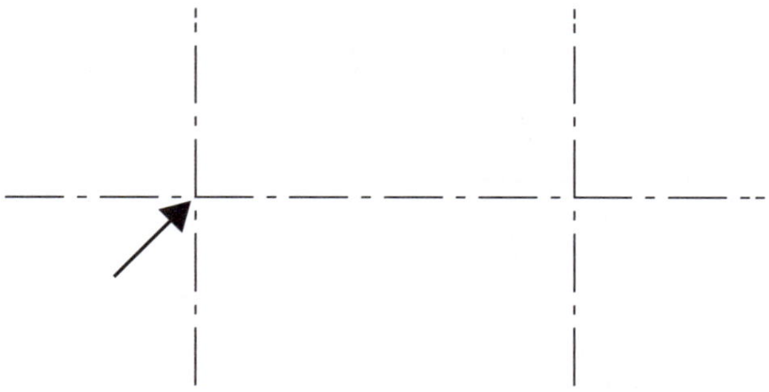

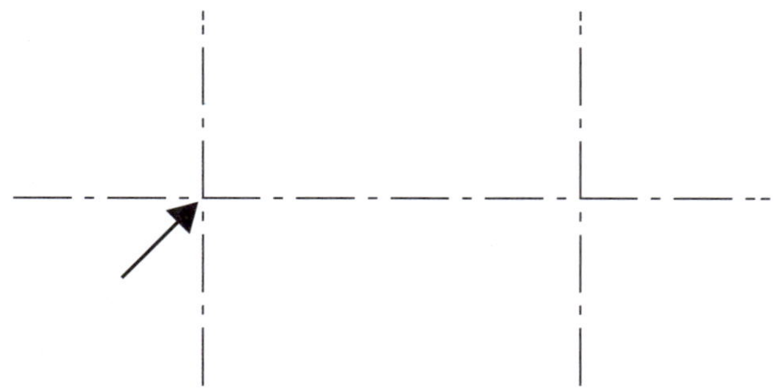

Das Bauteil 2 ist in mm bemaßt. Zeichnen Sie das Bauteil 2 in die vorgegebenen Achsen.

2

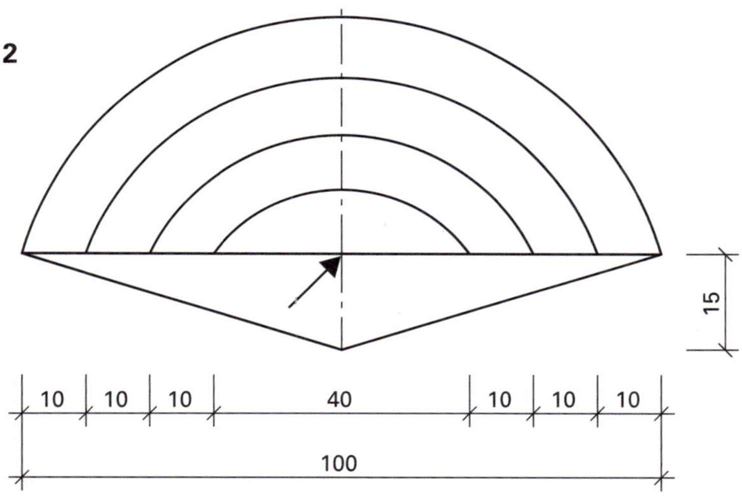

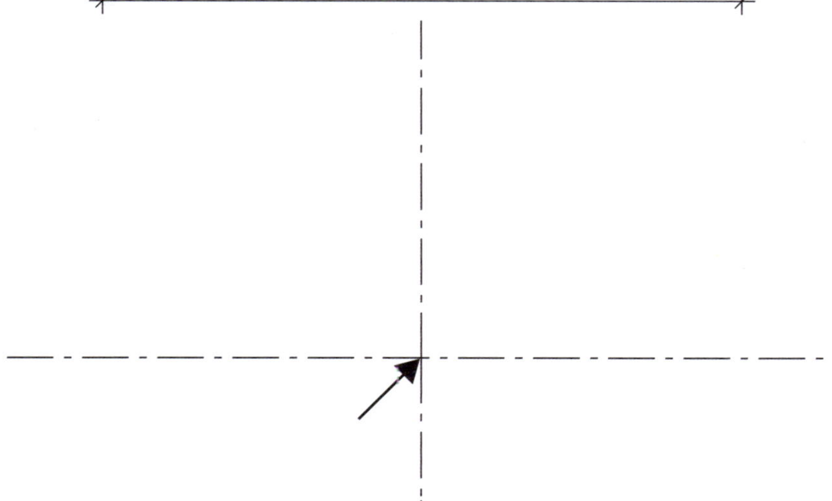

Linienübung 3

Das Bauteil 3 ist in mm bemaßt.

Zeichnen Sie das Bauteil 3 in die vorgegebenen Achsen.

3

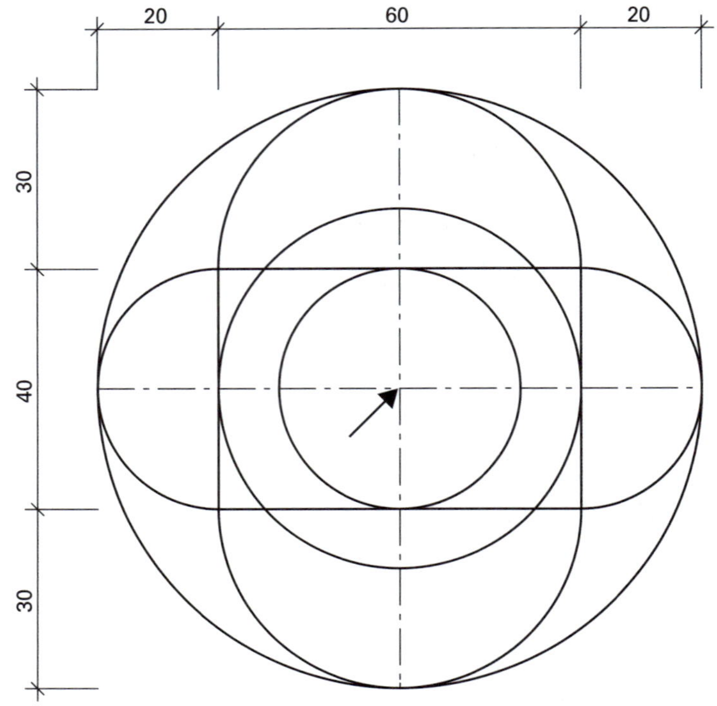

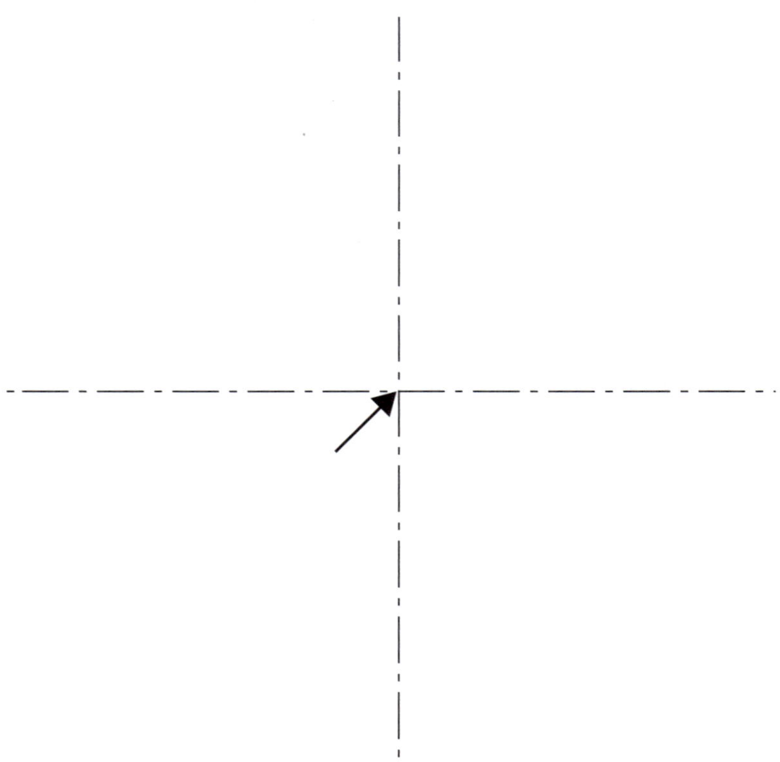

Name:

Klasse:

Bauteile im Maßstab 1

Datum:

Fach:

Zeichnen Sie die Wand im Maßstab 1:50 ohne Bemaßung.

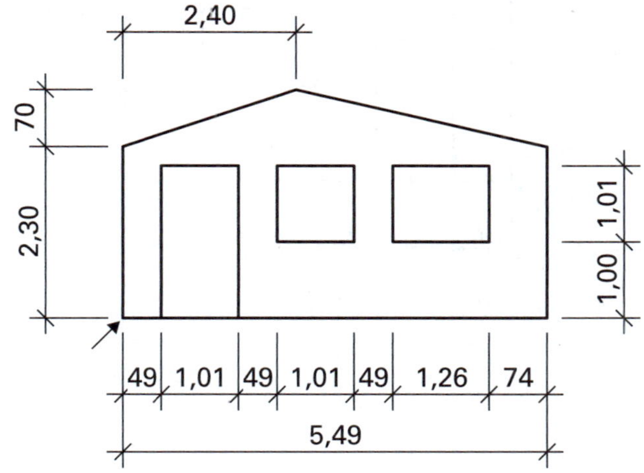

Name:

Klasse:

Bauteile im Maßstab 1

Datum:

Fach:

Zeichnen Sie die Wand im Maßstab 1:50 ohne Bemaßung.

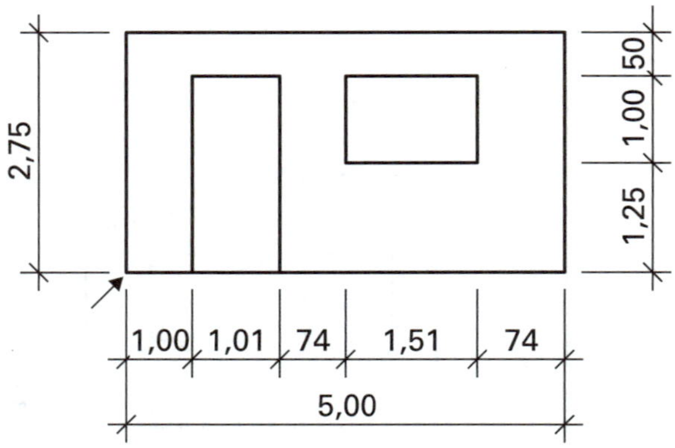

Name:

Klasse:

Bauteile im Maßstab 2

Datum:

Fach:

Zeichnen Sie das Betonfertigteil im Maßstab 1:10 ohne Bemaßung.

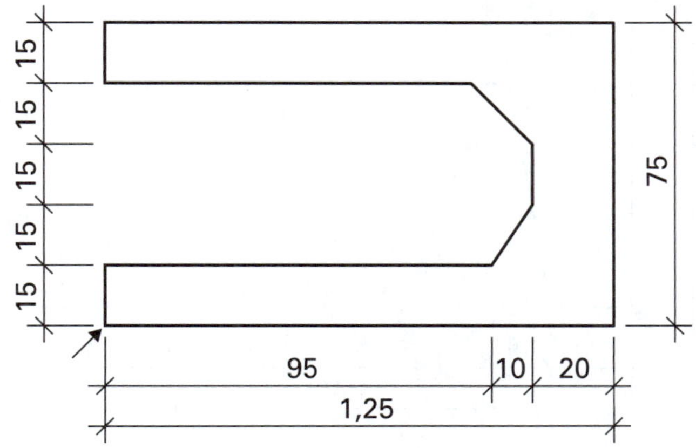

Name:

Klasse:

Bauteile im Maßstab 2

Datum:

Fach:

Zeichnen Sie das Betonfertigteil im Maßstab 1:10 ohne Bemaßung.

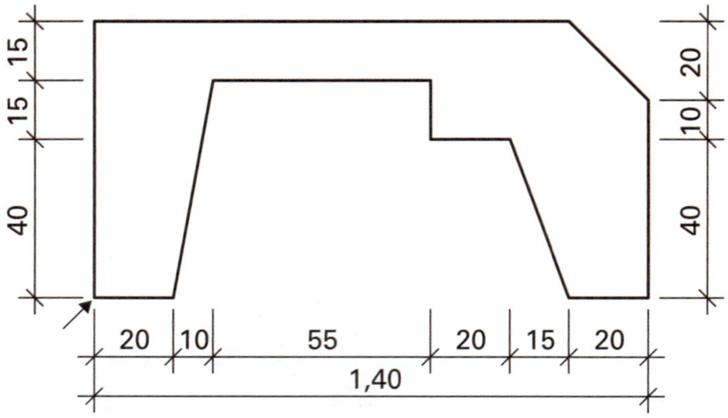

Name:

Klasse:

Bauteile im Maßstab 3

Datum:

Fach:

Zeichnen Sie die Fassade im Maßstab 1:100 ohne Bemaßung.

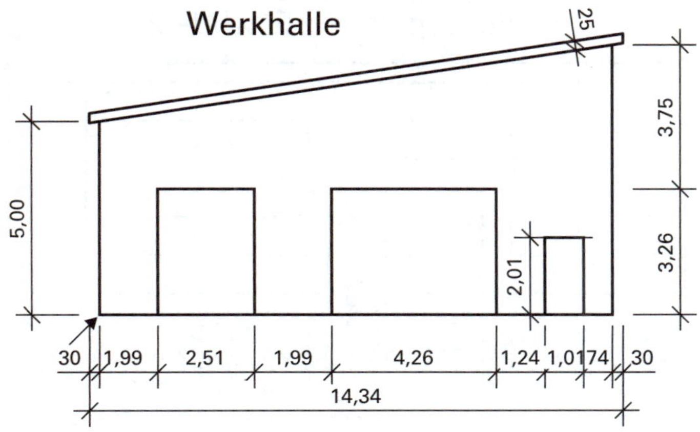

Name:

Klasse:

Bauteile im Maßstab 3

Datum:

Fach:

Zeichnen Sie die Fassade im Maßstab 1:100 ohne Bemaßung.

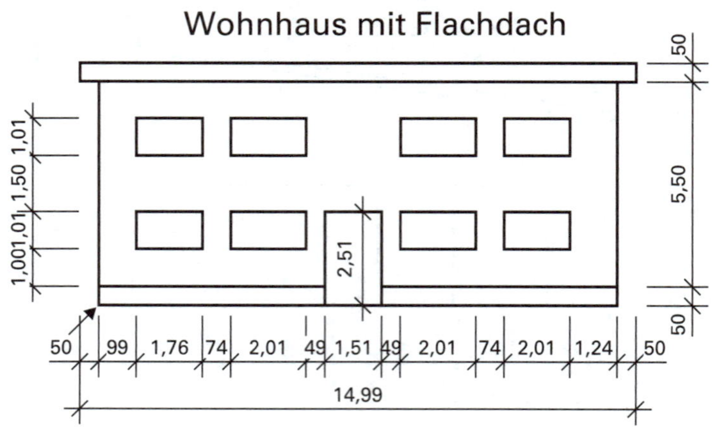

Name:

Klasse:

Bauteile im Maßstab 4

Datum:

Fach:

Zeichnen Sie die Bodenplatte im Maßstab 1:100 ohne Bemaßung.

Bodenplatte mit Aussparungen

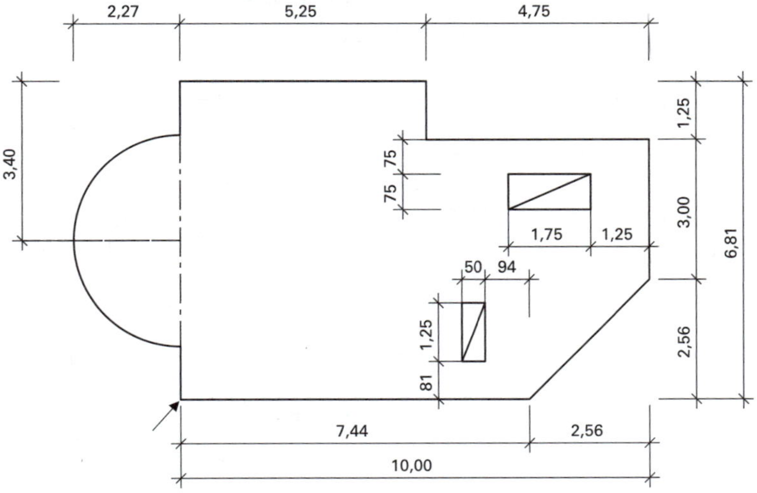

Bauteile im Maßstab 4

Zeichnen Sie die Bodenplatte im Maßstab 1:100 ohne Bemaßung.

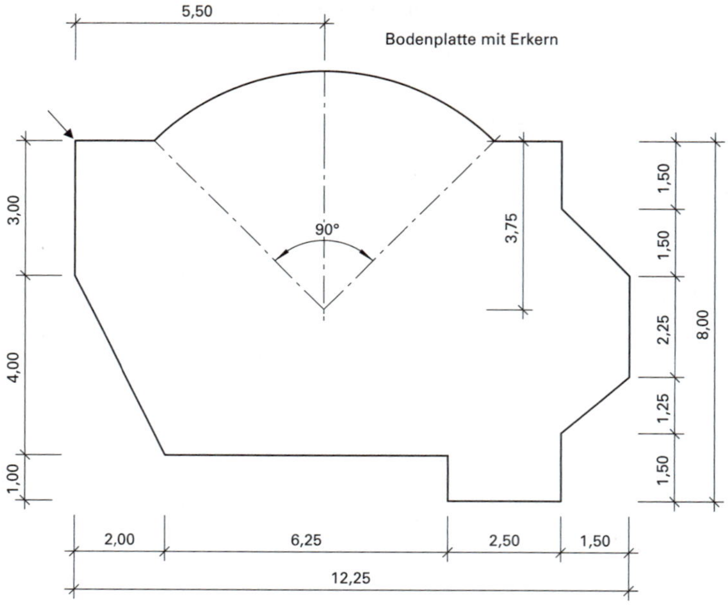

Name:

Klasse:

Bauteile mit Bemaßung 1

Datum:

Fach:

Bemaßen Sie die maßstäblich gezeichnete Wandfläche.

Wenden Sie die Bemaßungsregeln an.

Wandfläche im Maßstab 1:50

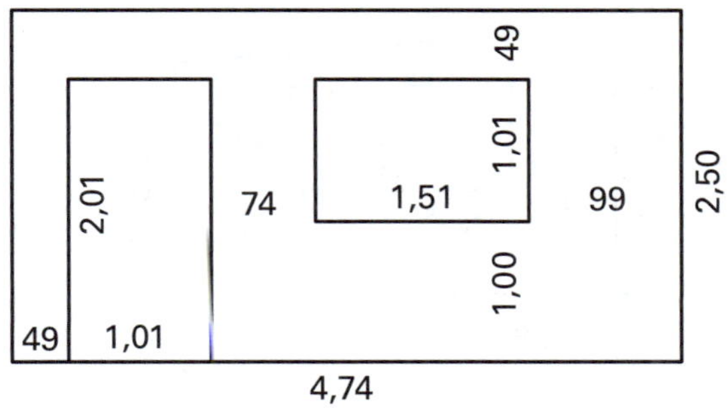

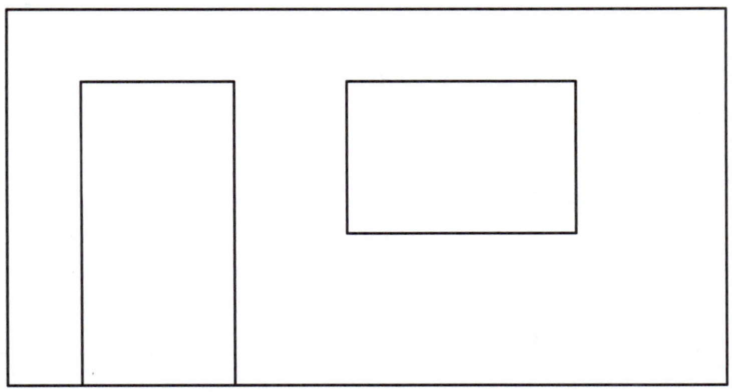

Name:

Klasse:

Bauteile mit Bemaßung 1

Datum:

Fach:

Bemaßen Sie die maßstäblich gezeichnete Wandfläche.

Wenden Sie die Bemaßungsregeln an.

Wandfläche im Maßstab 1:50

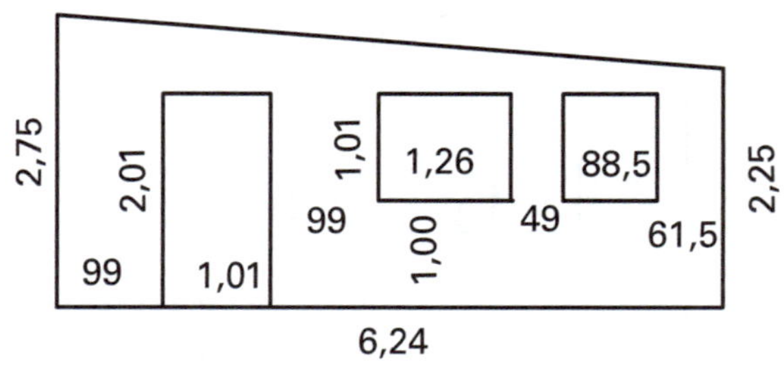

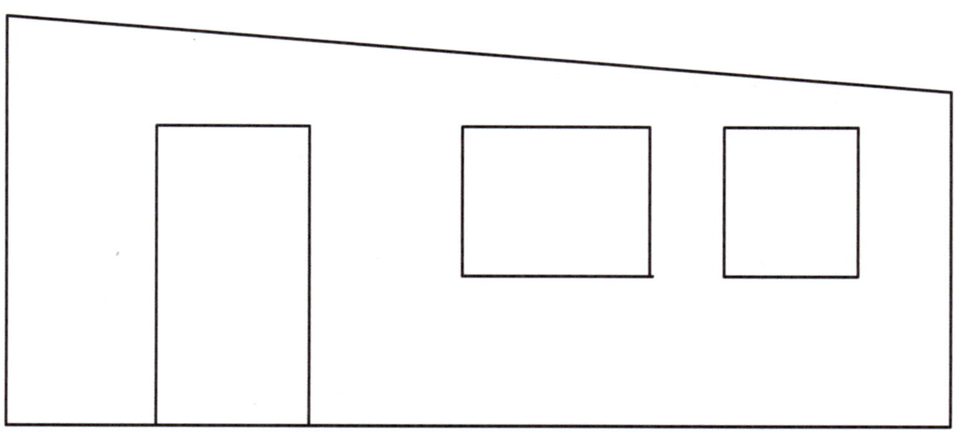

Name:

Klasse:

Bauteile mit Bemaßung 2

Datum:

Fach:

Bemaßen Sie die maßstäblich gezeichnete Deckenplatte.

Wenden Sie die Bemaßungsregeln an.

Deckenplatte im Maßstab 1:100

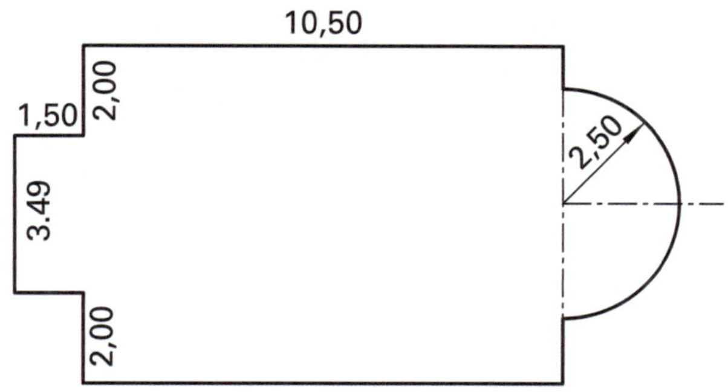

Name:

Klasse:

Bauteile mit Bemaßung 2

Datum:

Fach:

Bemaßen Sie die maßstäblich gezeichnete Deckenplatte.

Wenden Sie die Bemaßungsregeln an.

Deckenplatte im Maßstab 1:100

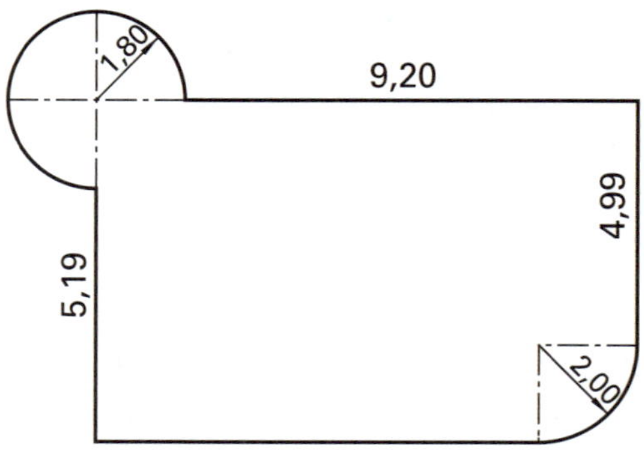

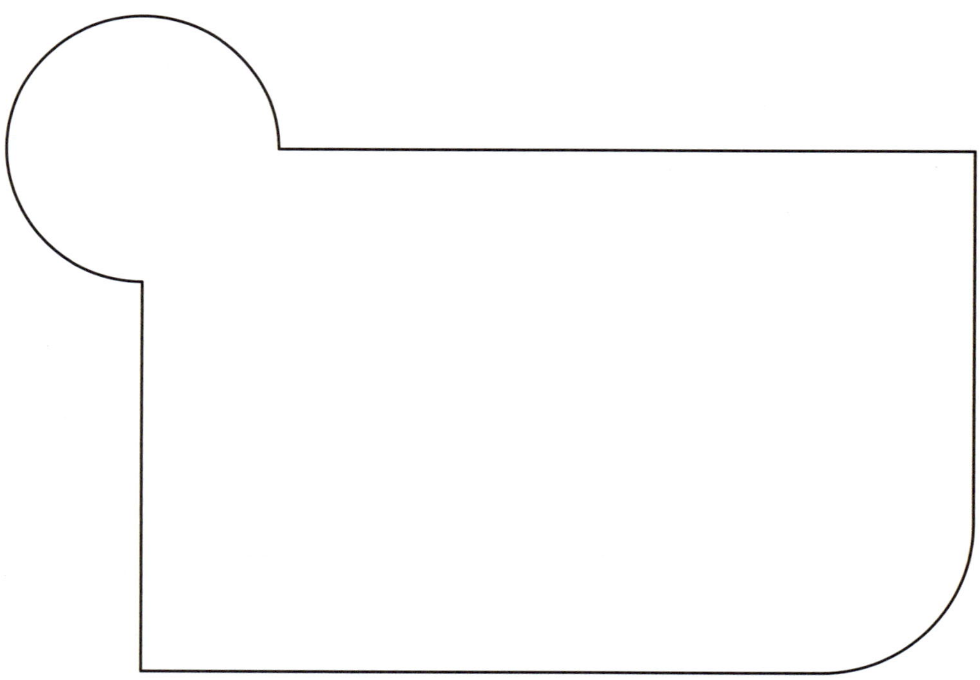

Name:

Klasse:

Bauteile mit Bemaßung 3

Datum:

Fach:

Zeichnen Sie den Hausgiebel im vorgegebenen Maßstab mit Bemaßung.

Hausgiebel im Maßstab 1:50

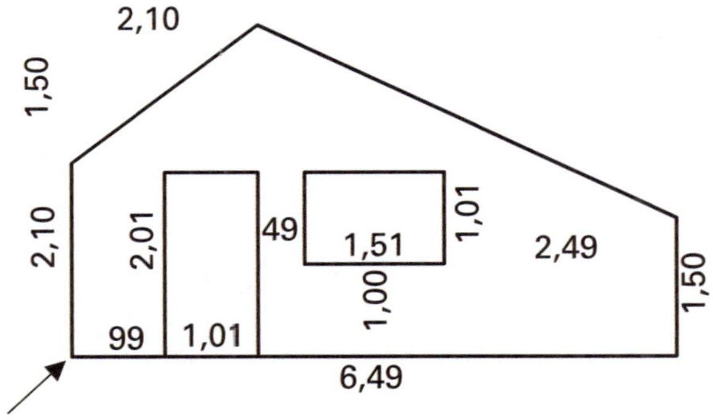

Name:

Klasse:

Bauteile mit Bemaßung 3

Datum:

Fach:

Zeichnen Sie die Platte mit Aussparung im vorgegebenen Maßstab mit Bemaßung.

Platte mit Aussparung im Maßstab 1:10

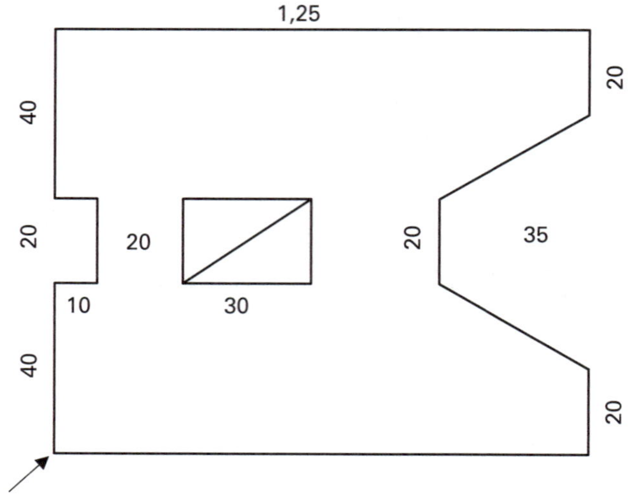

Name:

Klasse:

Bauteile mit Bemaßung 4

Datum:

Fach:

Zeichnen Sie die Hausfassade im vorgegebenen Maßstab mit Bemaßung.

Pförtnerhaus im Maßstab 1:50

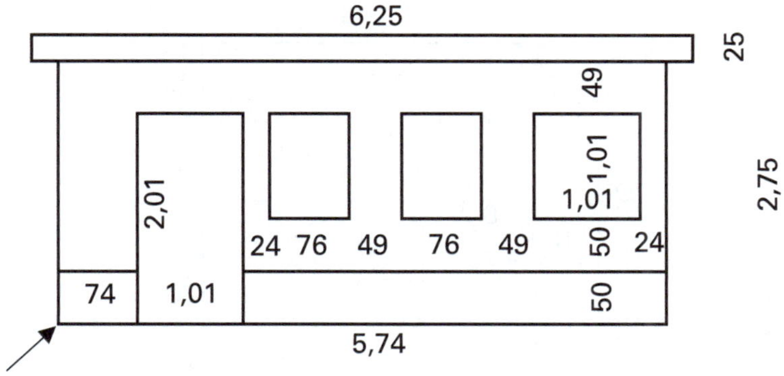

Name:

Klasse:

Bauteile mit Bemaßung 4

Datum:

Fach:

Zeichnen Sie die Stahlplatte mit Aussparungen im vorgegebenen Maßstab mit Bemaßung.

Stahlplatte mit Aussparungen im Maßstab 1:50

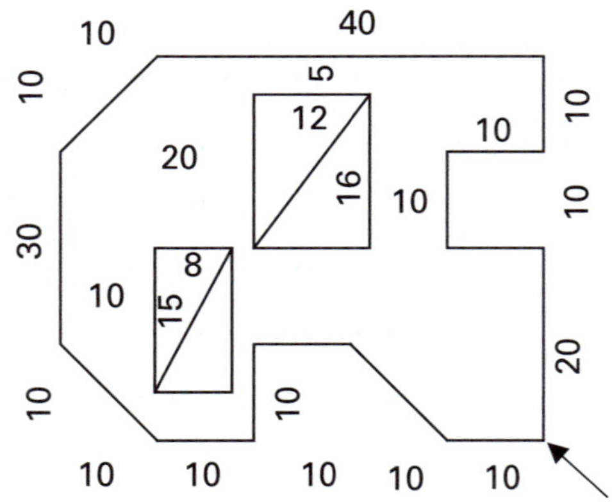

Name:

Klasse:

Bauteile mit Bemaßung 5

Datum:

Fach:

Zeichnen Sie den Lageplan im Maßstab 1:200 mit Bemaßung.

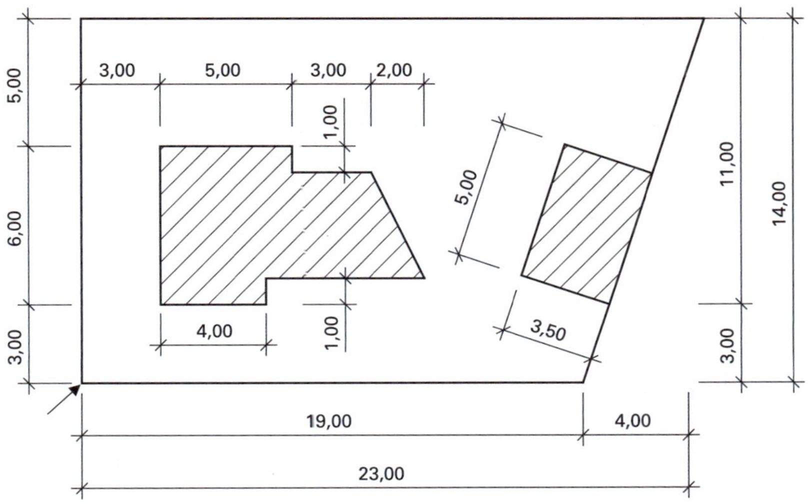

Name:

Klasse:

Bauteile mit Bemaßung 5

Datum:

Fach:

Zeichnen Sie den Lageplan im Maßstab 1:200 mit Bemaßung.

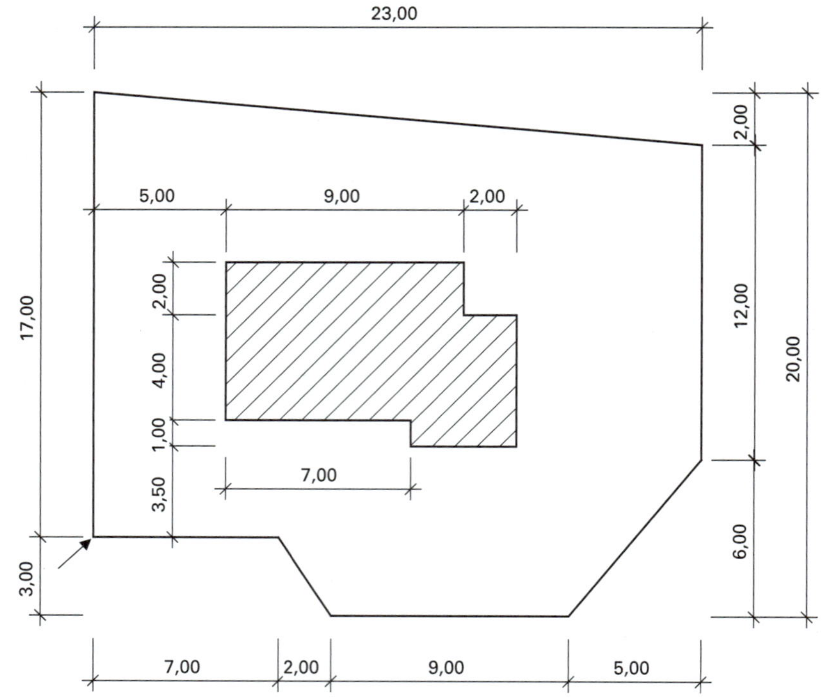

Name:

Klasse:

Bauteile mit Bemaßung 6

Datum:

Fach:

Zeichnen Sie die Giebelwand im Maßstab 1:50 mit Bemaßung auf Blatt Bauteile mit Bemaßung 6 Giebelwand.

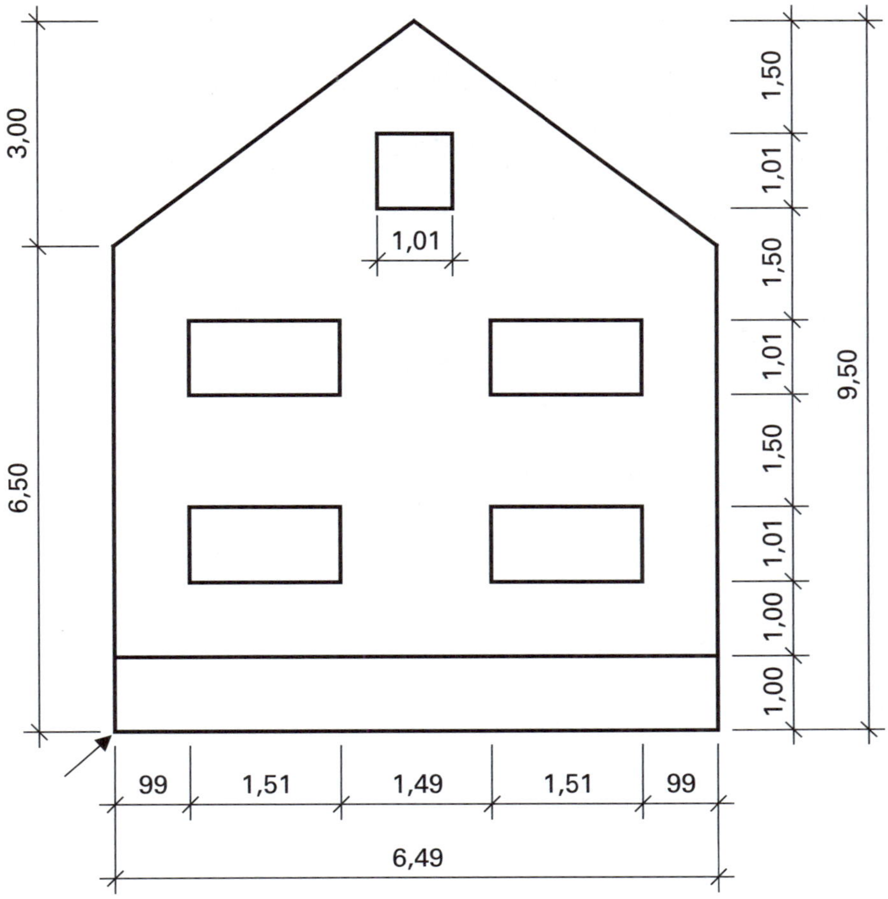

Name:

Klasse:

Bauteile mit Bemaßung 6

Datum:

Fach:

Zeichnen Sie die Maschinenfundamente im Maßstab 1:10 mit Bemaßung auf Blatt Bauteile mit Bemaßung 6 Maschinenfundamente.

1)

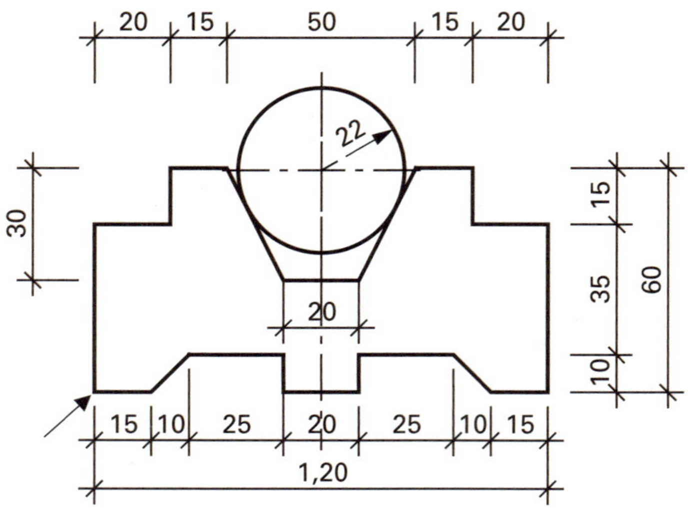

2)

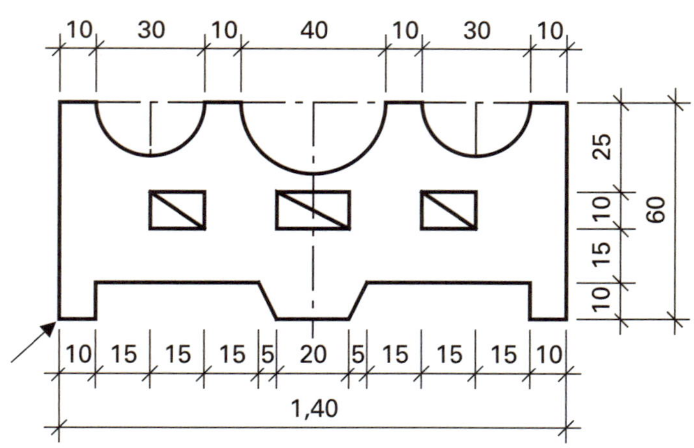

Name:

Klasse:

Bauteile mit Bemaßung 6

Lösungen

Datum:

Fach:

Zeichnen Sie die Giebelwand im Maßstab 1:50 mit Bemaßung.

Name:

Klasse:

Bauteile mit Bemaßung 6

Lösungen

Datum:

Fach:

Zeichnen Sie die Maschinenfundamente im Maßstab 1:10 mit Bemaßung.

Name:

Klasse:

Grundriss und Schnitte 1

Grundrissbemaßung

Datum:

Fach:

Beispiel: Grundrissbemaßung

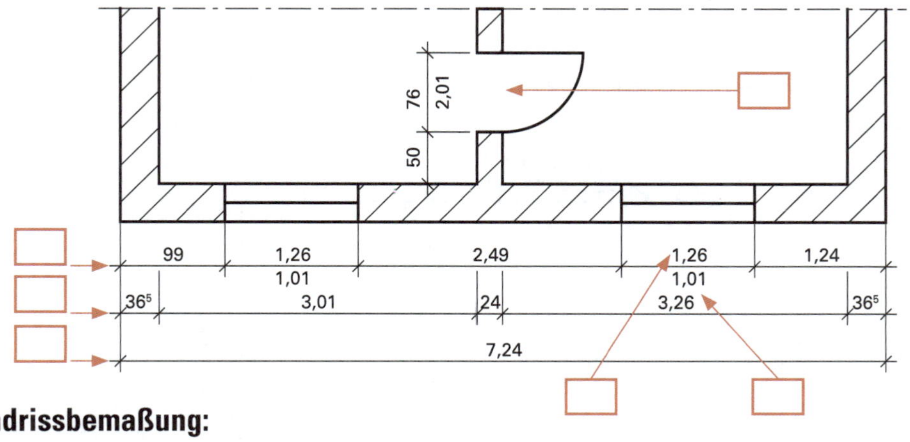

Regeln Grundrissbemaßung:

1) Maßkette 1 : Wandstück – Öffnung – Wandstück – Öffnung – Wandstück
2) Maßkette 2: Wanddicke – Rauminnenmaß – Wanddicke – Rauminnenmaß – Wanddicke
3) Maßkette 3: Gesamtmaß
4) Innentüren werden innen bemaßt.
5) Die Breiten der Öffnungen stehen auf, die Höhen der Öffnungen unter der Maßlinie.
6) Wände schraffieren mit dünner Linie (2H-Stift) unter 45 Grad, alle 5 mm.

Aufgabe: Bemaßen Sie den im Maßstab 1:50 gezeichneten Grundriss.
Außenlänge 4,74 m, Außenbreite 3,74 m, Wanddicke 24 cm, Türen 1,01 m breit und 2,01 m hoch.
Fenster 1,01 m breit und 1,01 m hoch, beide Fenster haben von der oberen Außenkante 99 cm Abstand. Die Innentür hat von der unteren Innenkante 1,50 m Abstand. Die Außentür hat von der rechten Außenecke 74 cm Abstand. Der linke Raum ist 1,76 m breit. Fehlende Maße sind zu berechnen.

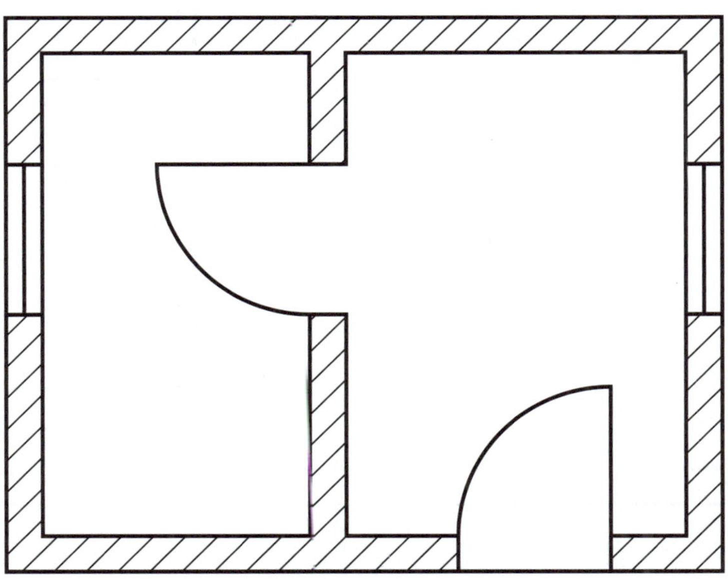

Grundriss und Schnitte 1

Grundrissbemaßung

Das Werkstattgebäude mit Rolltor ist außen 6,49 m lang und 4,74 m breit. Die Wanddicken sind außen 24 cm und innen 11,5 cm.

Bemaßen Sie den im Maßstab 1:50 gezeichneten Grundriss normgerecht.
Fehlende Maße sind zu berechnen.

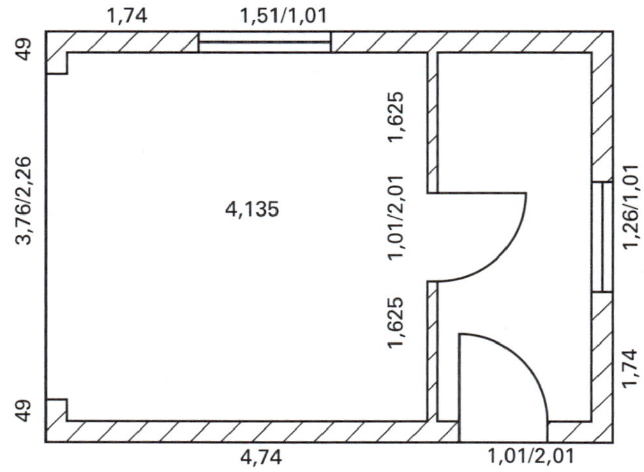

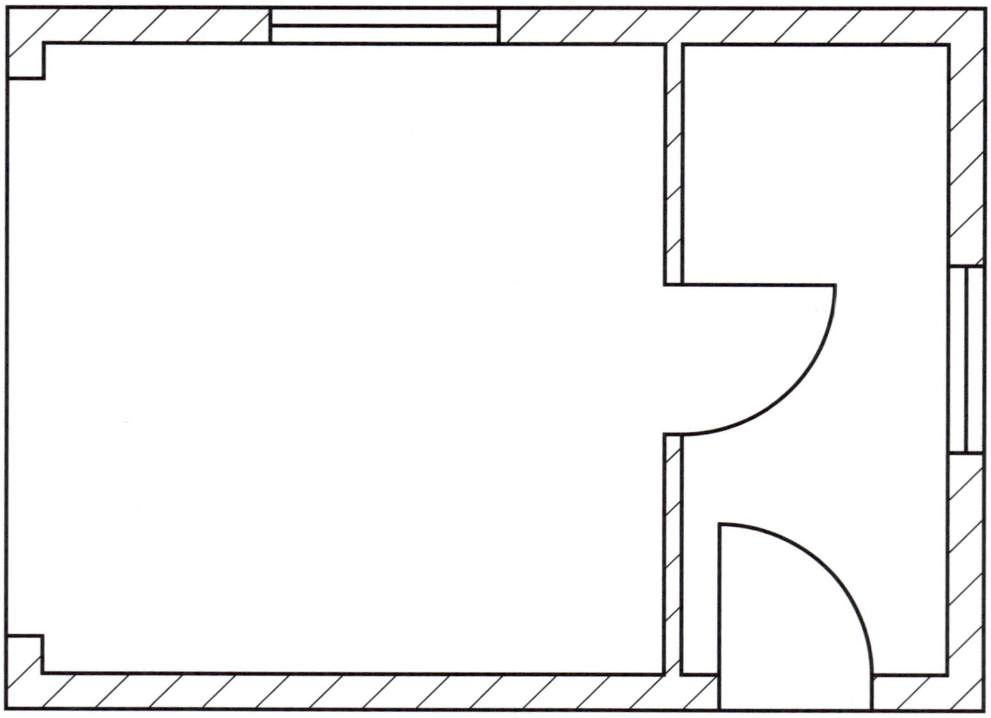

Name:

Klasse:

Grundriss und Schnitte 2

Garage

Datum:

Fach:

Zeichnen Sie den Grundriss der dargestellten Garage mit Bemaßung im M 1:50.

Maße der Garage:

Länge außen 6,115 m, Breite außen 3,74 m, Wanddicke 24 cm, Garagentor 2,51/2,135 m
Fenster 1,26/1,01 m mittig, Brüstungshöhe 1,00 m

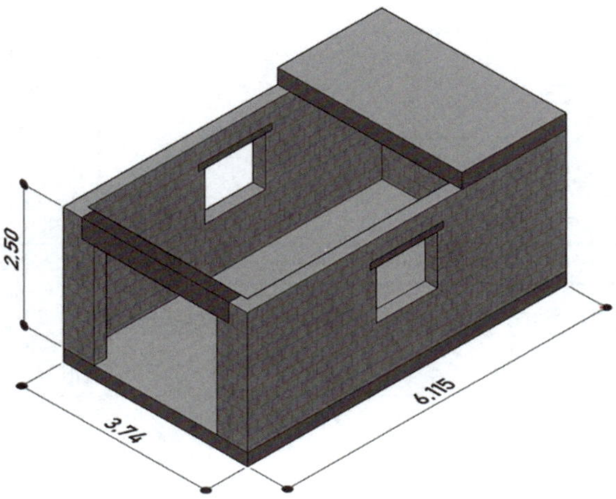

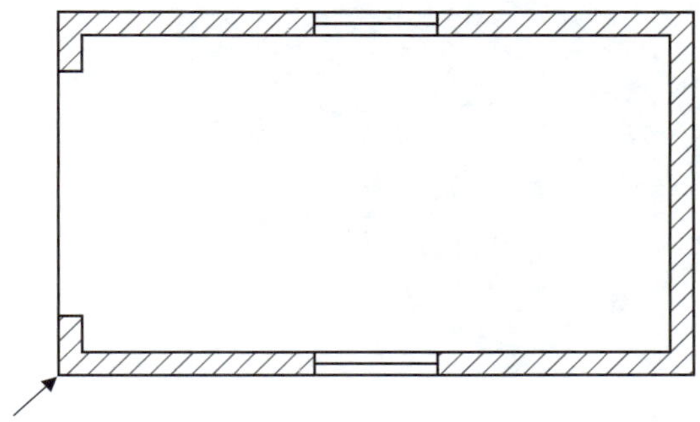

Name:

Klasse:

Grundriss und Schnitte 2

Garage

Datum:

Fach:

Zeichnen Sie den Längsschnitt der dargestellten Garage mit Bemaßung im M 1:50.

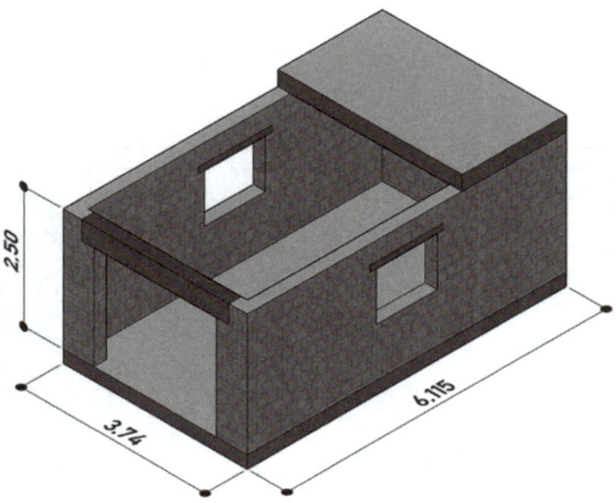

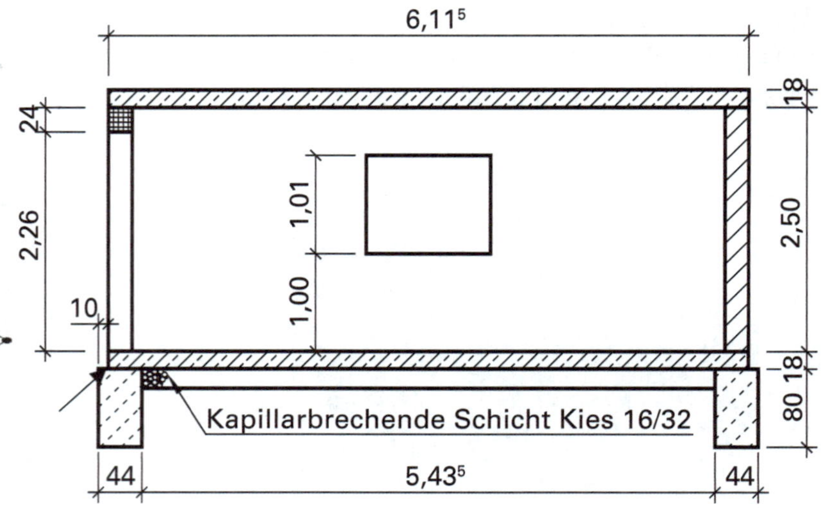

Grundriss und Schnitte 3

Garage mit Abstellraum

Familie Klein möchte eine Garage mit Abstellraum bauen. Die abgebildeten Zeichnungen wurden mit dem Bauantrag eingereicht.
Die Doppelgarage muss jedoch verkleinert werden, da für die geplante Größe keine Baugenehmigung erteilt wurde.

Planen Sie das Gebäude sinnvoll um. Neue Länge: 8,24 m, neue Breite 6,99 m

Hinweise:
- Wegen der vorhandenen Statik werden die Wanddicken nicht verändert.
- Die Größe der Öffnungen soll erhalten bleiben.

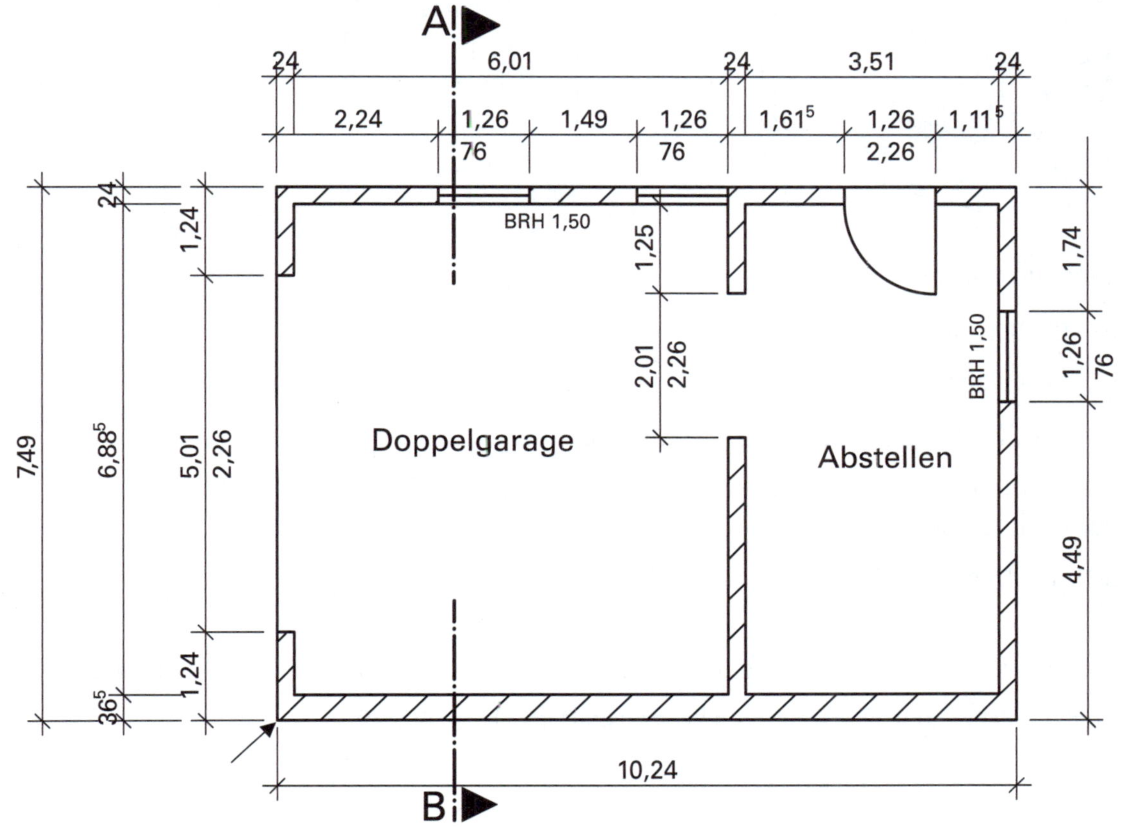

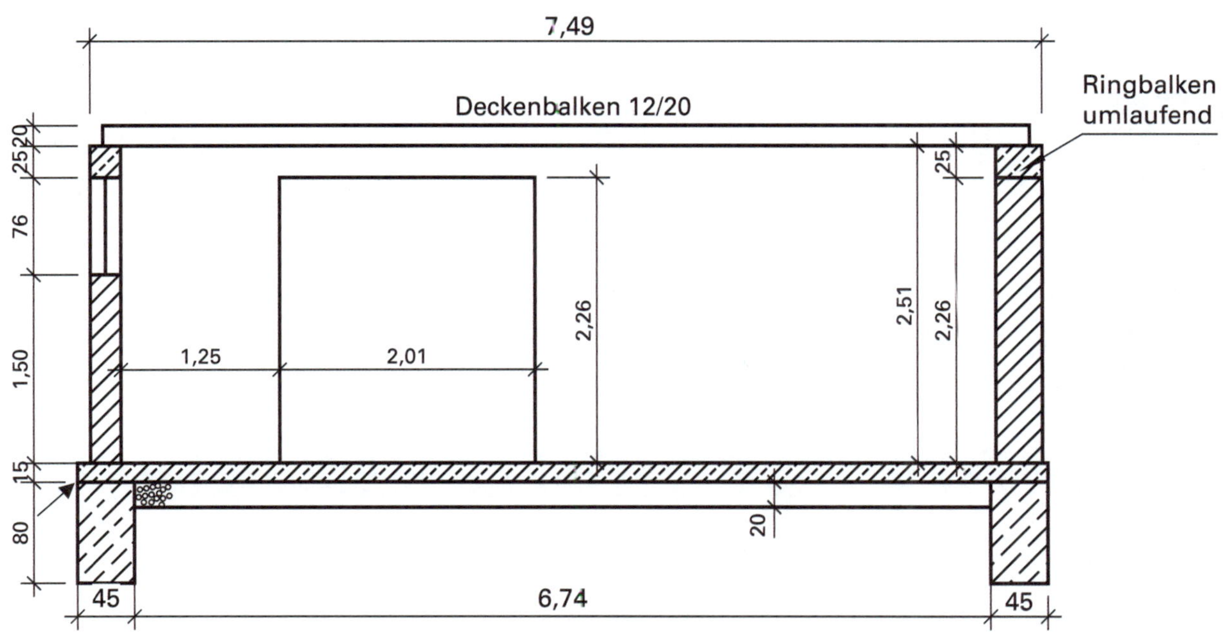

Schnitt AB ohne Dachstuhl

Name:

Klasse:

Grundriss und Schnitte 3

Garage mit Abstellraum

Datum:

Fach:

Familie Meier möchte eine Garage mit Abstellraum bauen. Das Gebäude soll der abgebildeten Zeichnung entsprechen. Sie sollen die genaue Planung erstellen.

Vorgaben der Baufamilie:

Die Außenmaße liegen wegen des vorgegebenen Baufensters fest:
Länge maximal 8,50 m, Breite maximal 4,50 m
Wanddicken: Außenwand 17,5 cm, Innenwand 11,5 cm

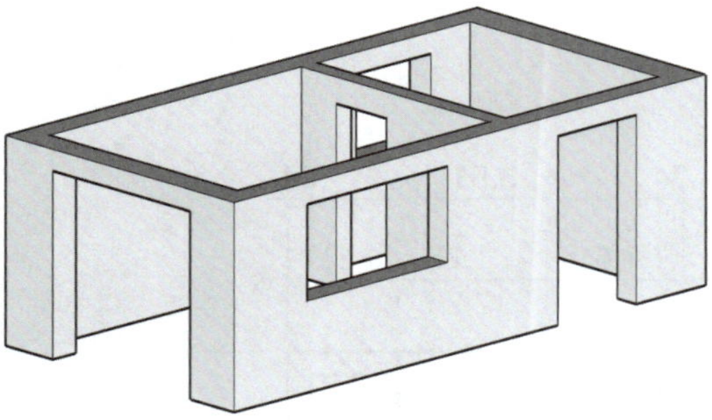

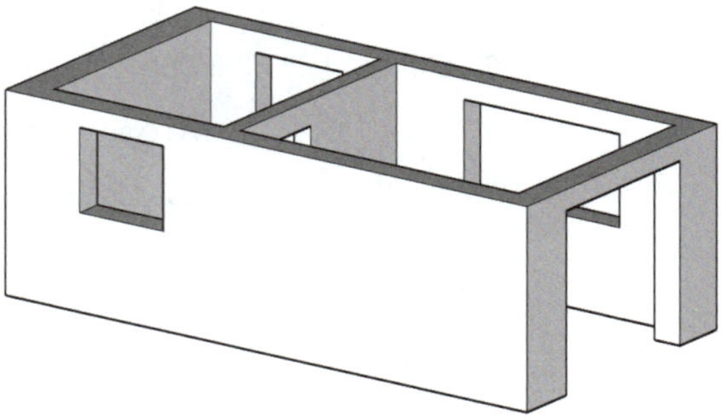

Gehen Sie schrittweise vor:

1) Festlegen der genauen Außenmaße
2) Wegen der vorgegebenen Wanddicken ergeben sich die Innenmaße.
3) Festlegen der Öffnungsgrößen und Lage der Öffnungen
4) Zeichnen des Grundrisses als Skizze auf kariertem Papier mit allen Maßen, die der Maßordnung im Mauerwerksbau entsprechen müssen
5) Festlegen von Wandhöhe, Stürzen, Dicke der Bodenplatte, Dicke der Deckenplatte, Größe der Streifenfundamente
6) Zeichnen des Längsschnitts (Schnitt geht durch Garagentor und Innentür) als Skizze auf kariertem Papier
7) Erstellen der Zeichnungen: Grundriss und Längsschnitt im Maßstab 1:50

Name:

Klasse:

Grundriss und Schnitte 4

Garage Familie Klein – Lösungen

Datum:

Fach:

Zeichnen Sie den Grundriss der Doppelgarage der Familie Klein im M 1:50 im Querformat.

Name:

Klasse:

Grundriss und Schnitte 4

Garage Familie Klein – Lösungen

Datum:

Fach:

Zeichnen Sie den Querschnitt AB der Doppelgarage der Familie Klein im M 1:50 im Querformat.

Name:

Klasse:

Grundriss und Schnitte 5

Garage Familie Meier – Lösungen

Datum:

Fach:

Zeichnen Sie den Grundriss der Garage mit Bemaßung im M 1:50 im Querformat.

Name:

Klasse:

Grundriss und Schnitte 5

Garage Familie Meier – Lösungen

Datum:

Fach:

Zeichnen Sie den Längsschnitt der Garage mit Bemaßung im M 1:50 im Querformat.

Die Markierung bezieht sich auf die Unterkante der Bodenplatte.

Name:

Klasse:

Schnittdetails 1

Datum:

Fach:

Detail 1: Deckenrand und schwimmender Estrich

Zeichnen Sie das Detail im Maßstab 1:10. Schraffieren Sie alle Baustoffe normgerecht.

Bitte beachten Sie:
Alle Sperrschichten sind in der Zeichnung 1 mm dick zu zeichnen (ohne Maßstab)!

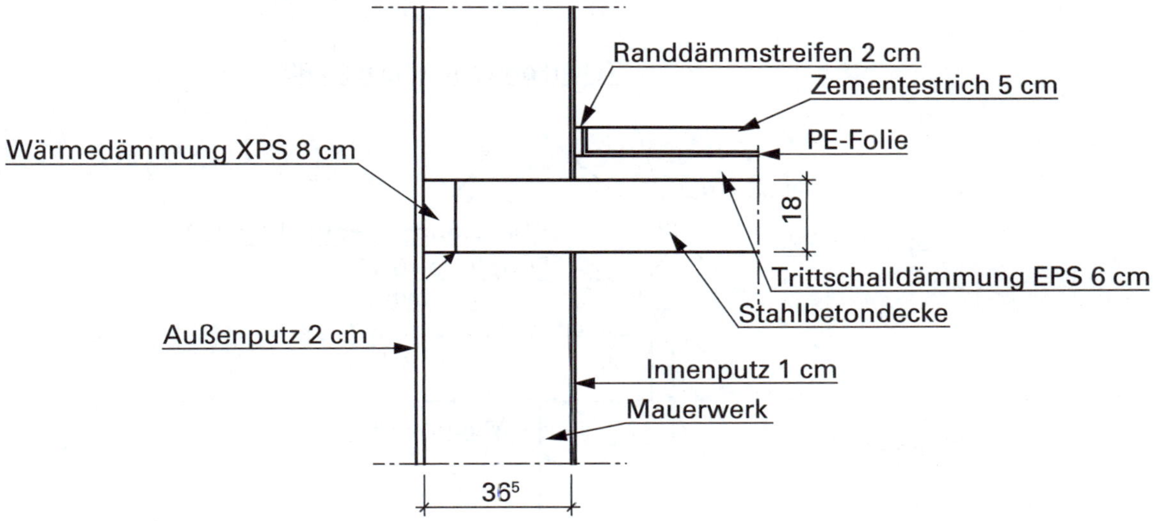

Detail 2: Pfettendach auf Stahlbetondecke

Zeichnen Sie das Detail im Maßstab 1:10. Schraffieren Sie alle Baustoffe normgerecht.

Bitte beachten Sie:
Alle Sperrschichten sind in der Zeichnung 1 mm dick zu zeichnen (ohne Maßstab)!

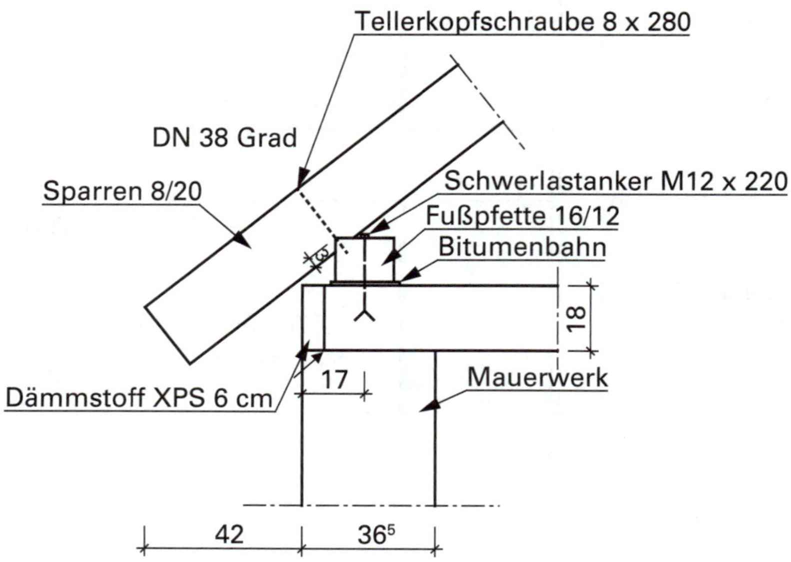

Name:

Klasse:

Schnittdetails 2

Datum:

Fach:

Detail 3: Sockeldetail Garagenaußenwand mit Sichtmauerwerk

Zeichnen Sie das Detail im Maßstab 1:10. Schraffieren Sie alle Baustoffe normgerecht.

Bitte beachten Sie:

Alle Sperrschichten sind in der Zeichnung 1 mm dick zu zeichnen (ohne Maßstab)!

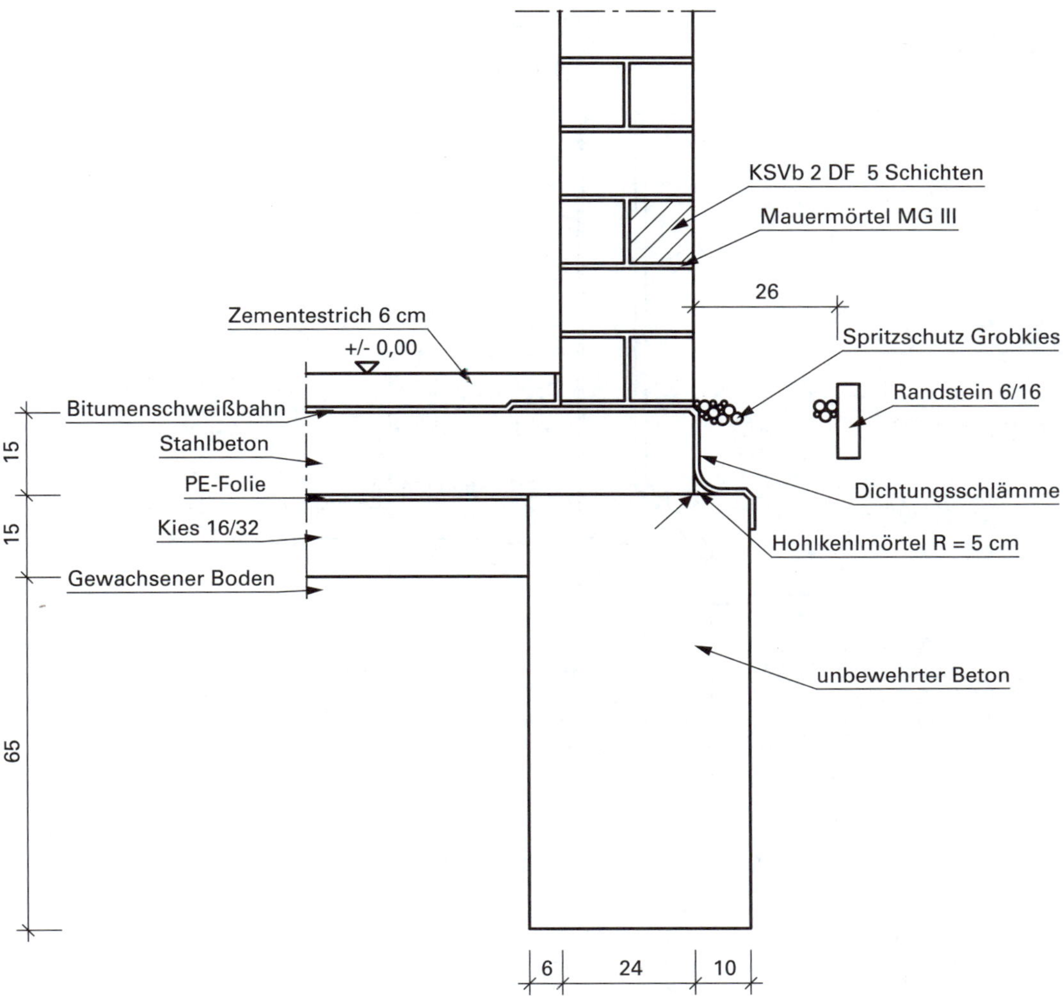

Name:

Klasse:

Schnittdetails 2

Datum:

Fach:

Detail 4: Kellerdetail mit Perimeterdämmung

Zeichnen Sie das Detail im Maßstab 1:10. Schraffieren Sie alle Baustoffe normgerecht.

Bitte beachten Sie:
Alle Sperrschichten sind in der Zeichnung 1 mm dick zu zeichnen (ohne Maßstab)!

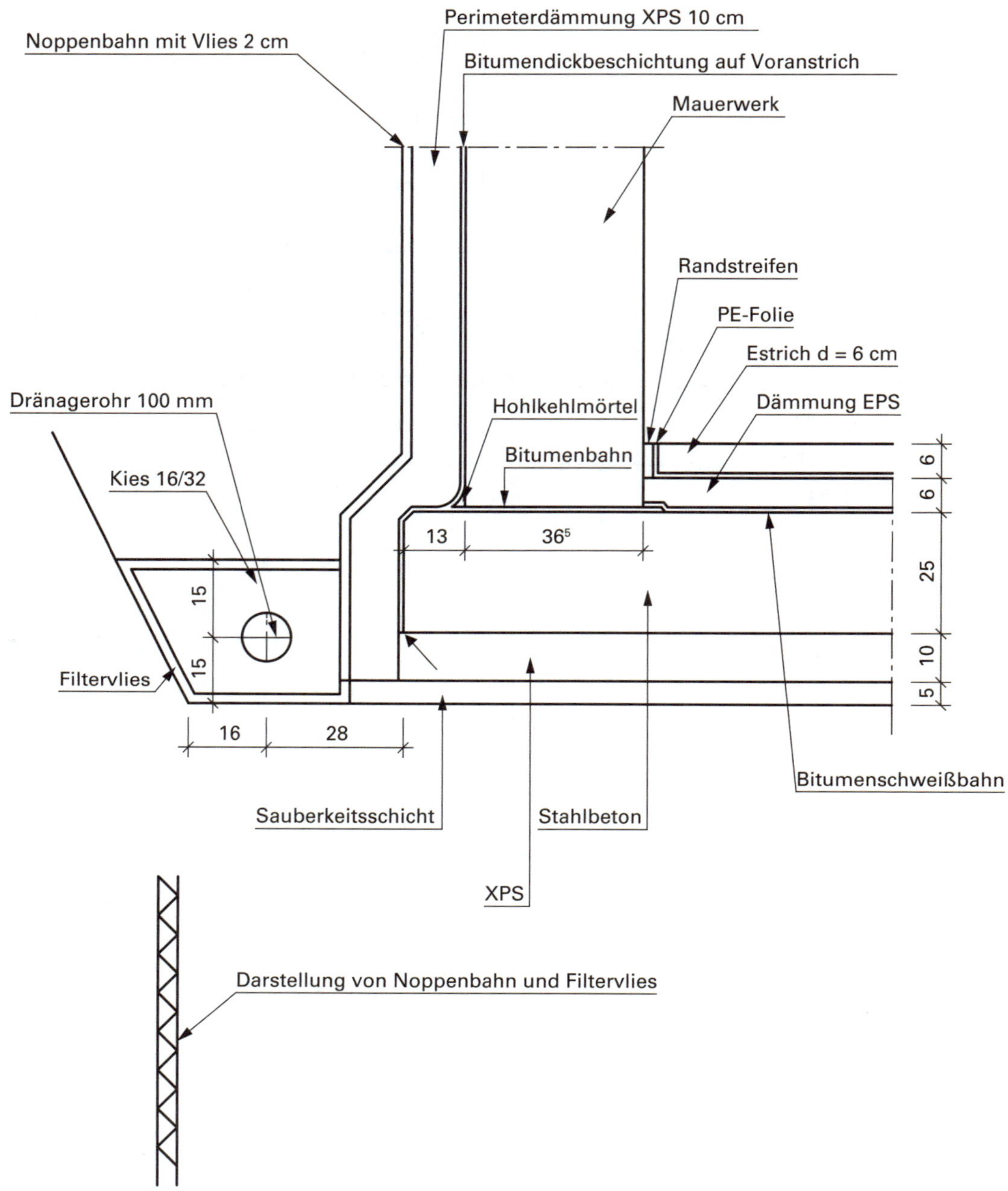

Name:

Klasse:

Schnittdetails 2

Lösungen

Datum:

Fach:

Detail 3: Sockeldetail Garagenaußenwand mit Sichtmauerwerk

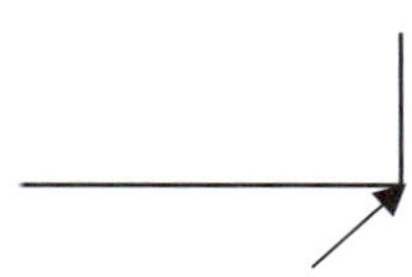

Name:

Klasse:

Schnittdetails 2

Lösungen

Datum:

Fach:

Detail 4: Kellerdetail mit Perimeterdämmung

Name:

Klasse:

Zeichnen von Baukörpern 1

Datum:

Fach:

Grundinformation zu allen Aufgaben

- Es werden die drei wichtigsten Darstellungsarten gezeichnet:
  Dreitafelprojektion
  Isometrie
  Kavalierperspektive
- Alle in diesem Buch vorgestellten Baukörper sind 4 cm breit, 4 cm hoch und 2 cm, 3 cm oder 4 cm tief.
- Alle Maße sind auf das 5-mm-Raster angepasst.
- Jeder Baukörper soll in allen drei Darstellungsarten gezeichnet werden.
- Die Maßangaben für die Dreitafelprojektion und die Isometrie sind cm.
- Die Maßangaben für die Kavalierperspektive sind in Breite und Höhe cm, für die 45-Grad-Linien sind die Maßangaben Kästchen diagonal. Das entspricht einem Kürzungsfaktor von 0,7.
- Durch diese Vorgaben kann immer auf den Hilfslinien bzw. Hilfspunkten gezeichnet werden, was das Zeichnen stark erleichtert.
- Die Aufgaben können mit Geodreieck, aber auch freihand gezeichnet werden.
- Es wird immer die unten abgebildete Aufgabenstellung verwendet.

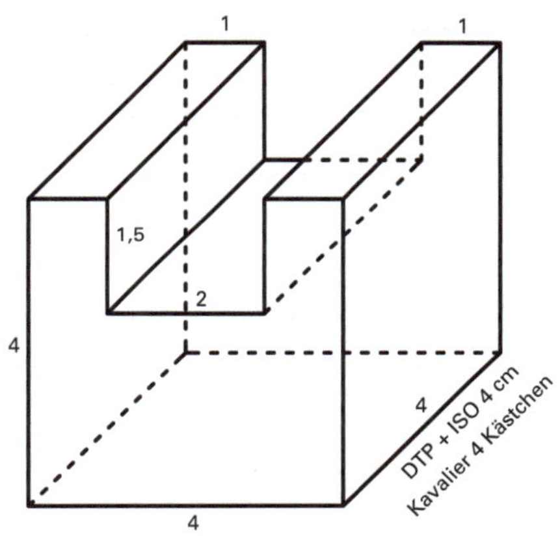

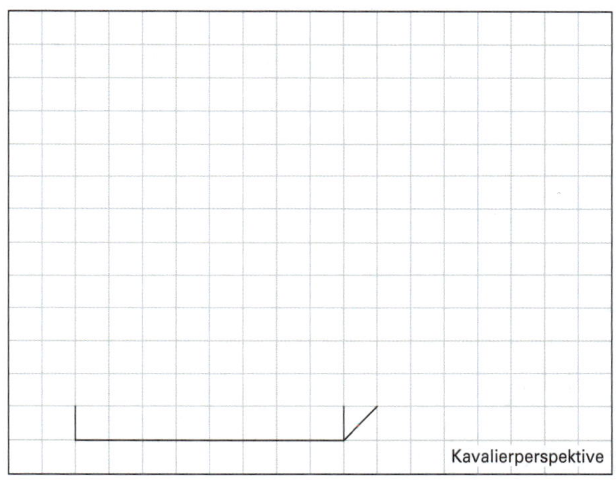

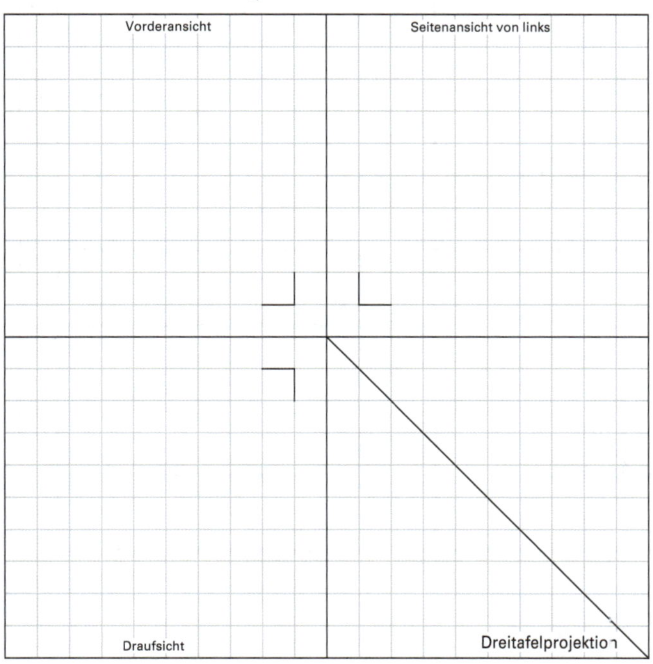

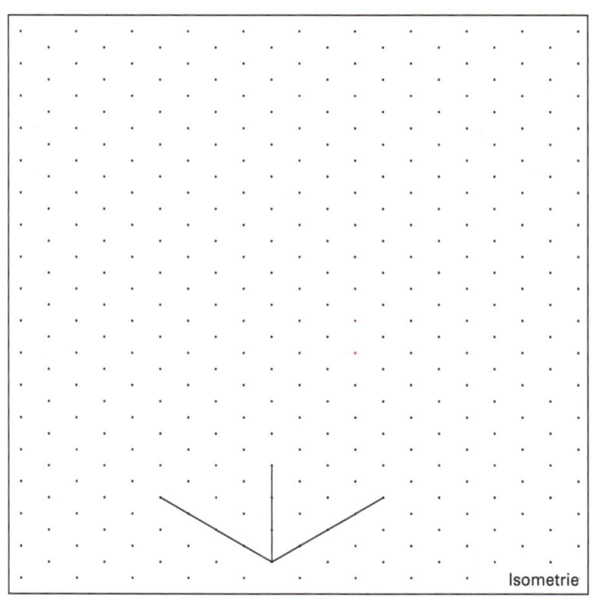

Beispiellösung auf der Rückseite!

Name:

Klasse:

Zeichnen von Baukörpern 1

Datum:

Fach:

Zeichnen Sie den Baukörper in Dreitafelprojektion, Isometrie und Kavalierperspektive.

Beispiellösung:

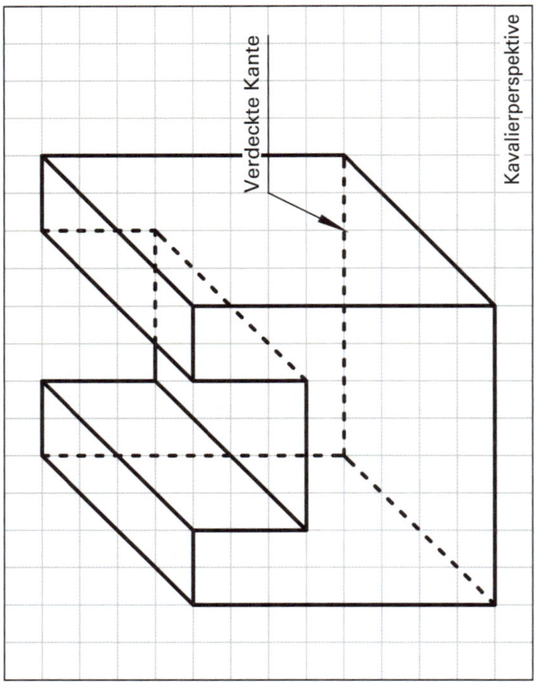

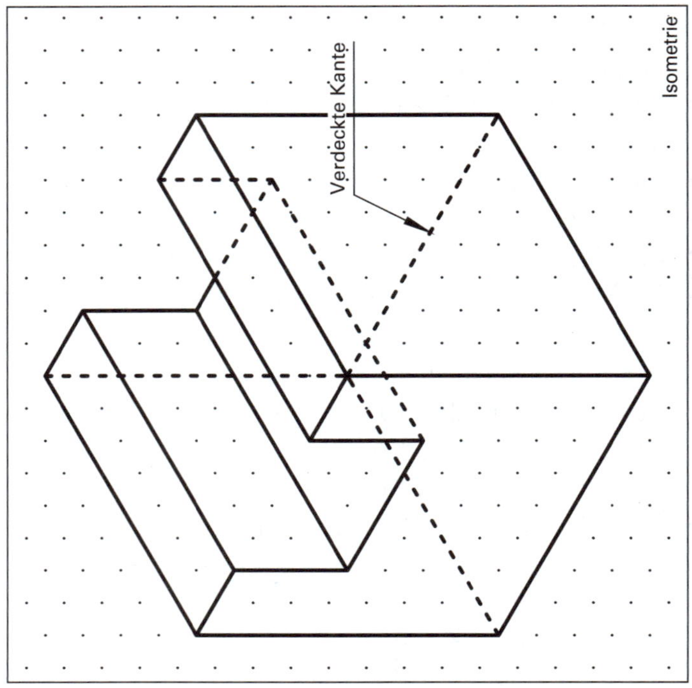

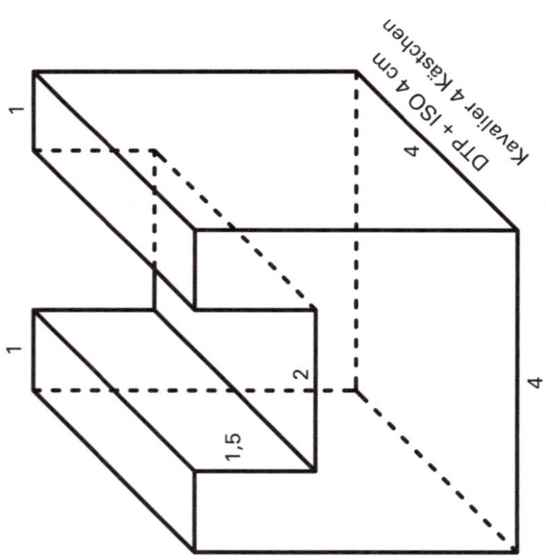

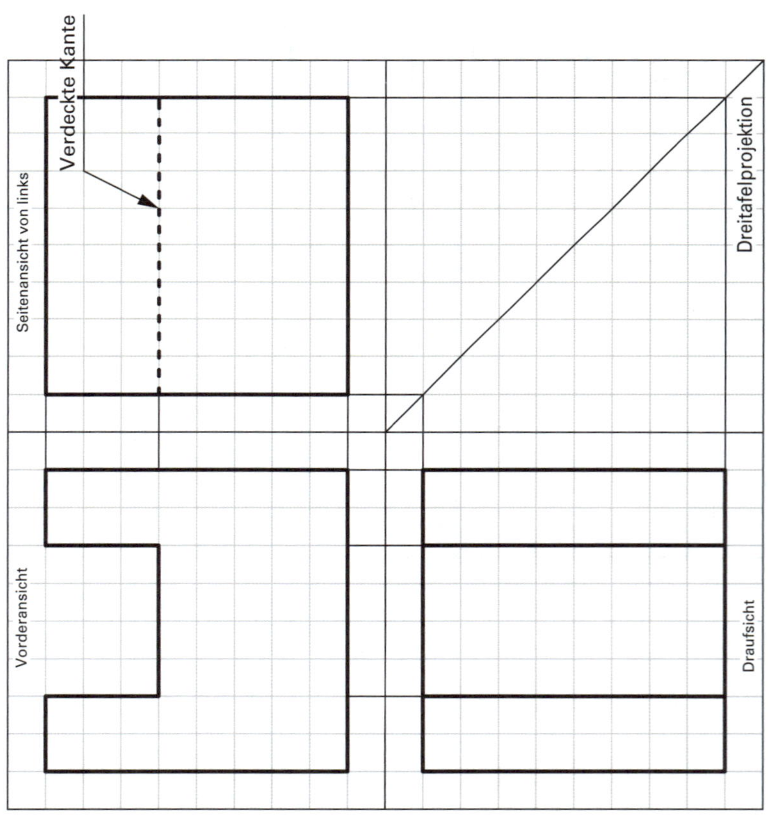

Name:

Klasse:

Zeichnen von Baukörpern 2

Datum:

Fach:

Zeichnen Sie den Baukörper in Dreitafelprojektion, Isometrie und Kavalierperspektive.

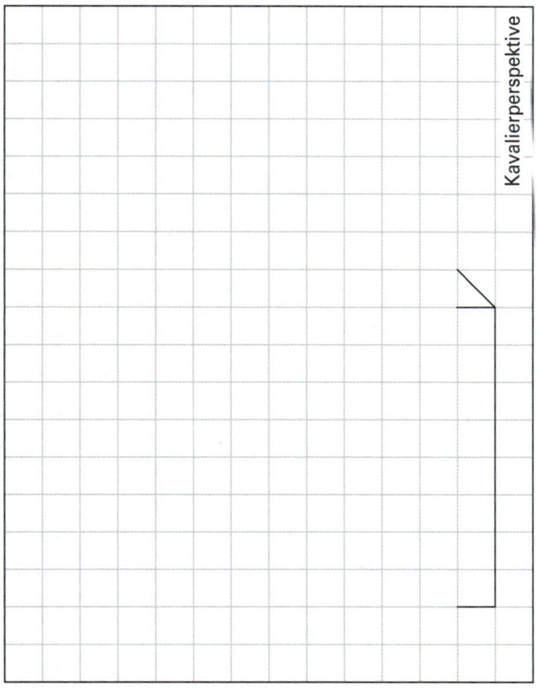

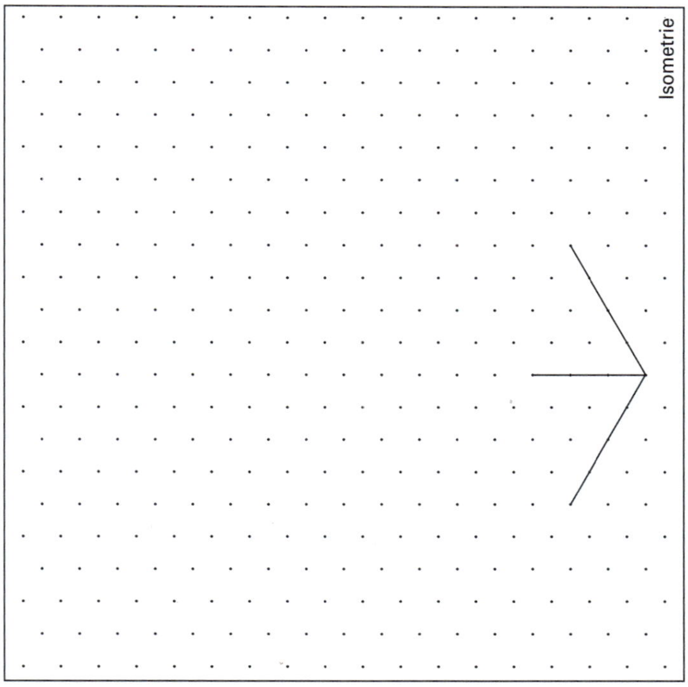

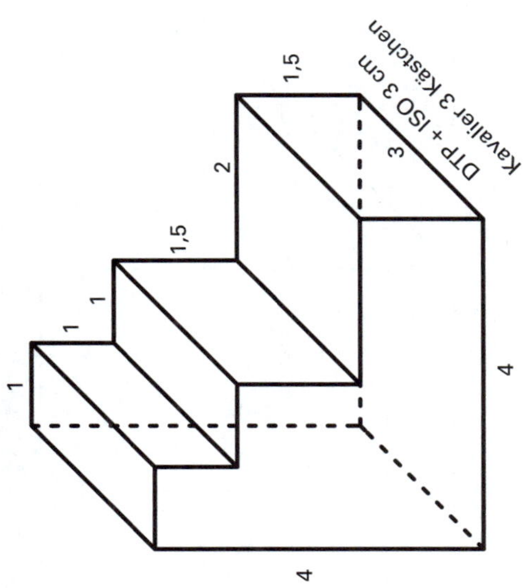

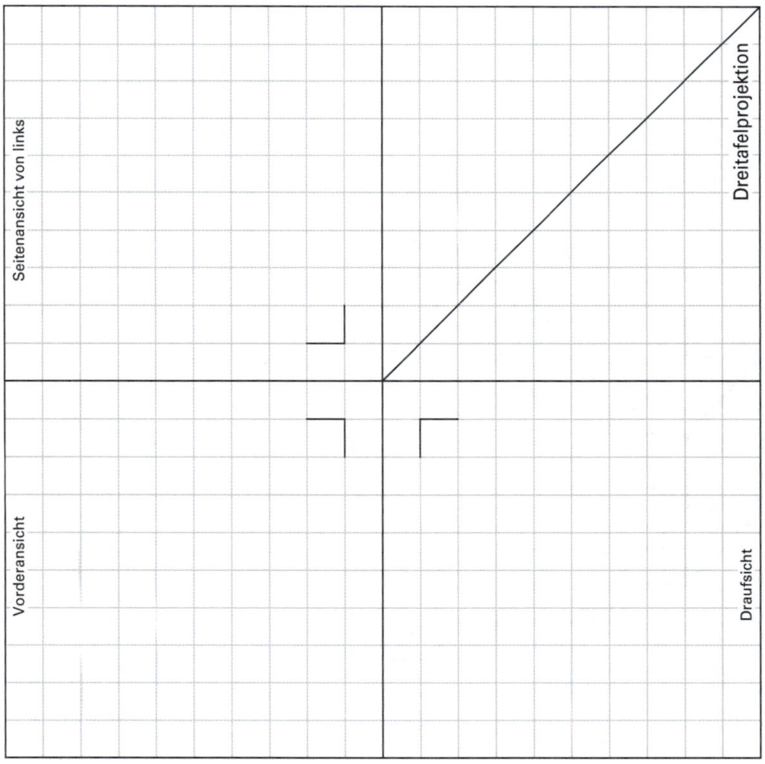

Name:

Klasse:

Zeichnen von Baukörpern 2

Datum:

Fach:

Zeichnen Sie den Baukörper in Dreitafelprojektion, Isometrie und Kavalierperspektive.

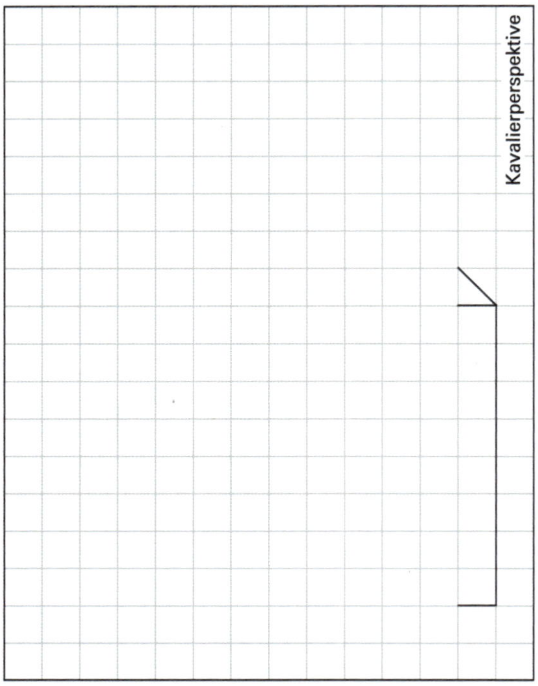

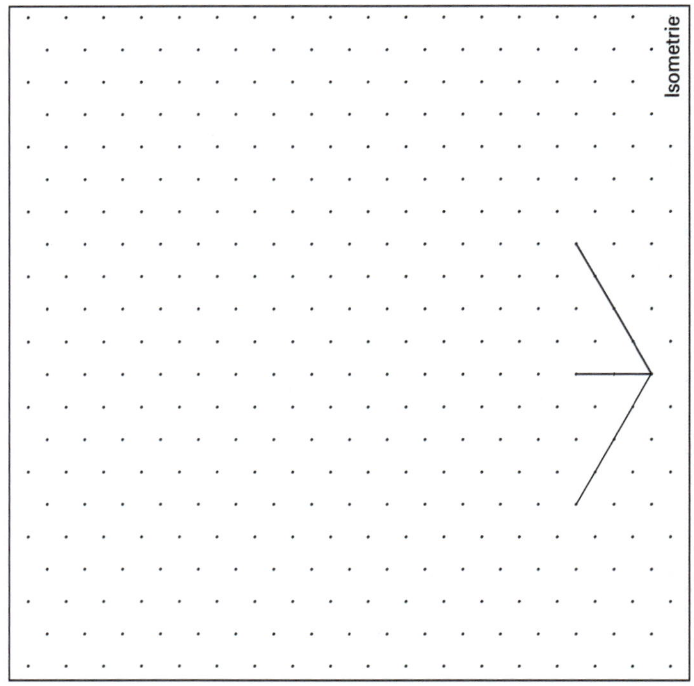

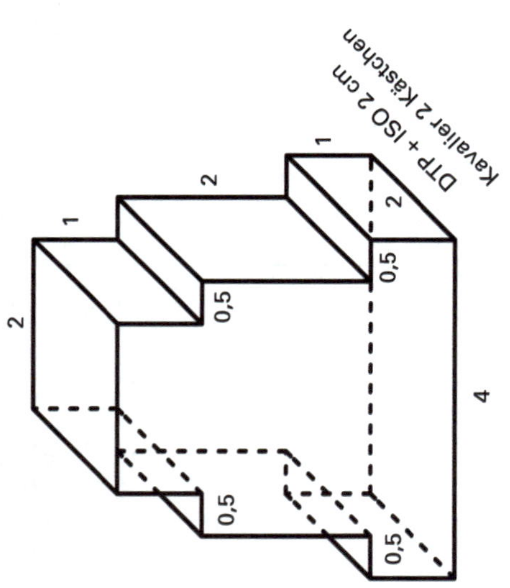

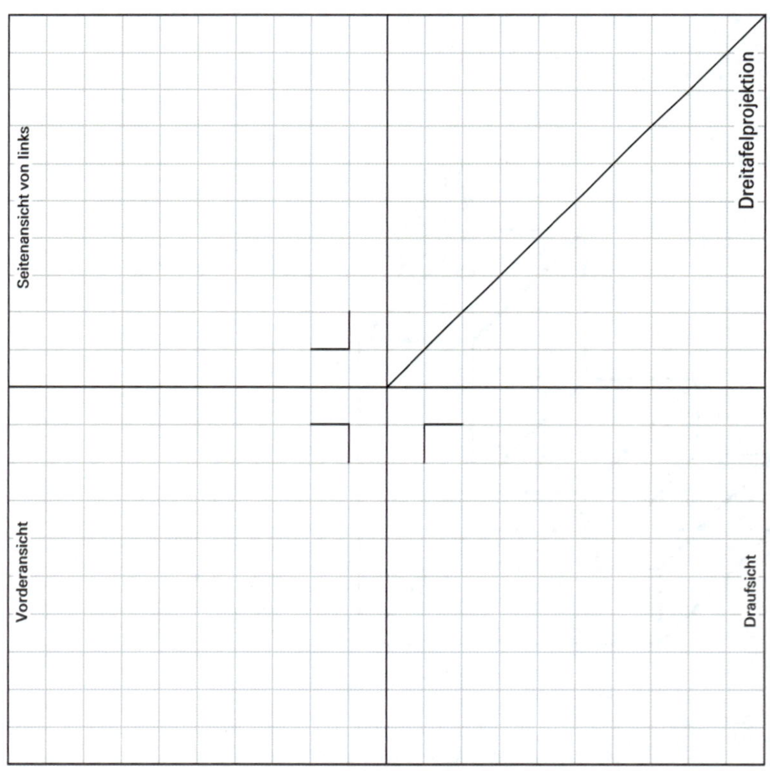

Name:

Klasse:

Zeichnen von Baukörpern 3

Datum:

Fach:

Zeichnen Sie den Baukörper in Dreitafelprojektion, Isometrie und Kavalierperspektive.

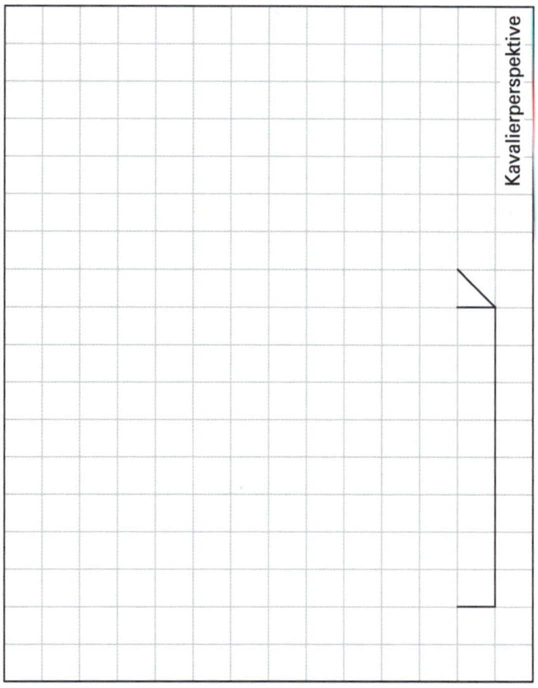

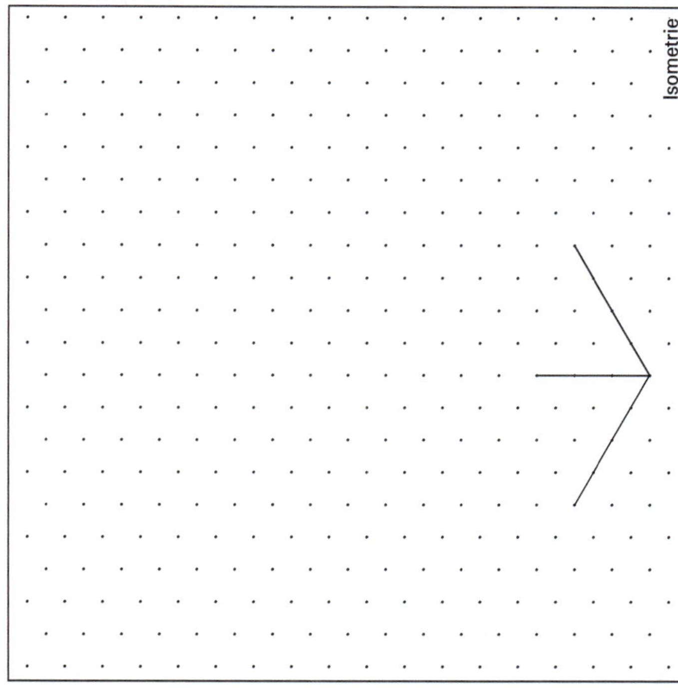

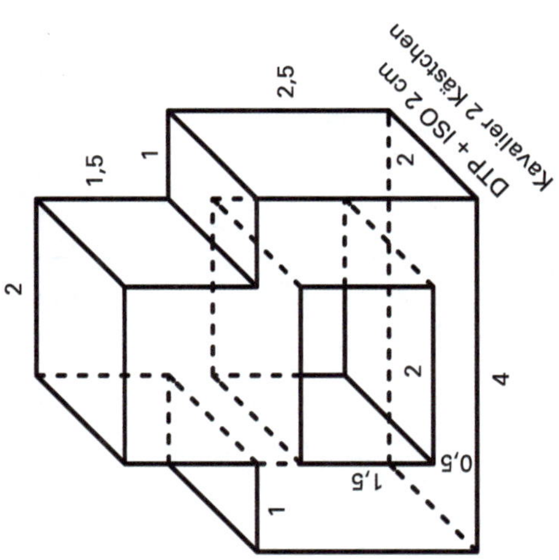

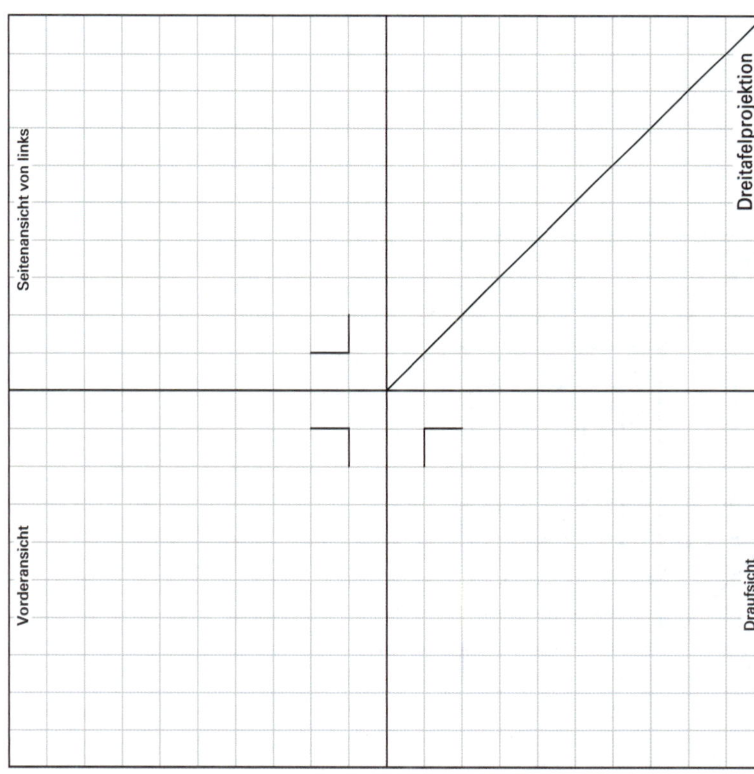

Name:

Klasse:

Zeichnen von Baukörpern 3

Datum:

Fach:

Zeichnen Sie den Baukörper in Dreitafelprojektion, Isometrie und Kavalierperspektive.

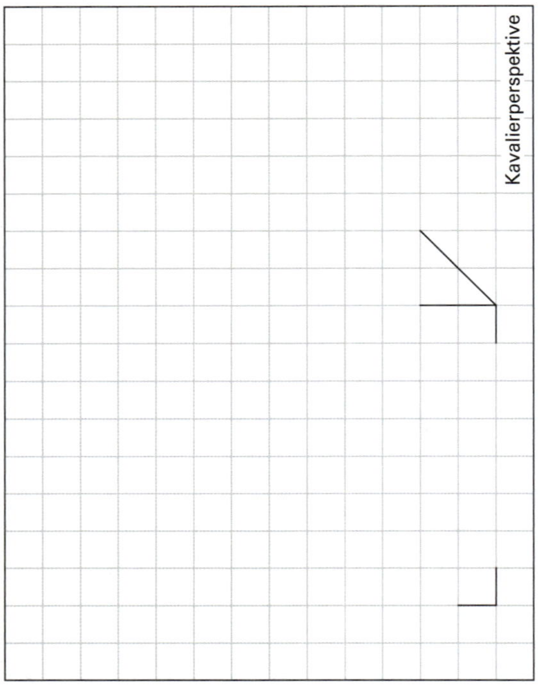

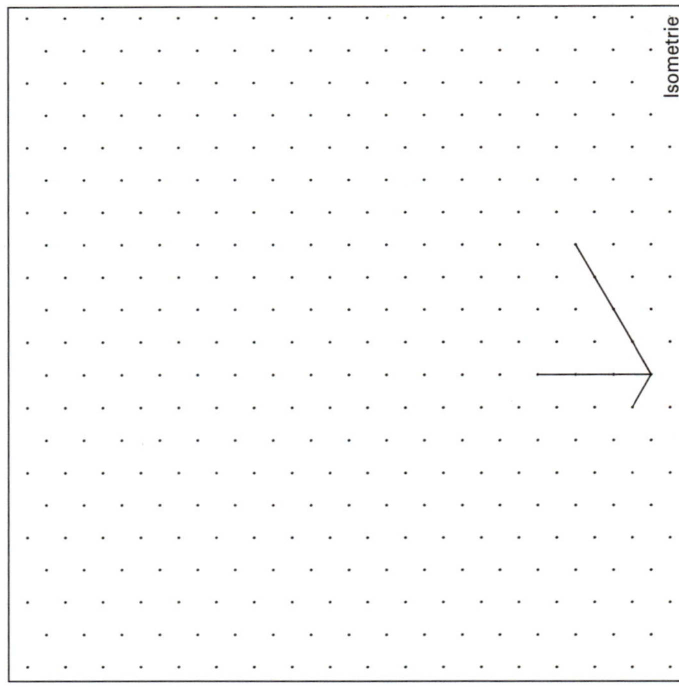

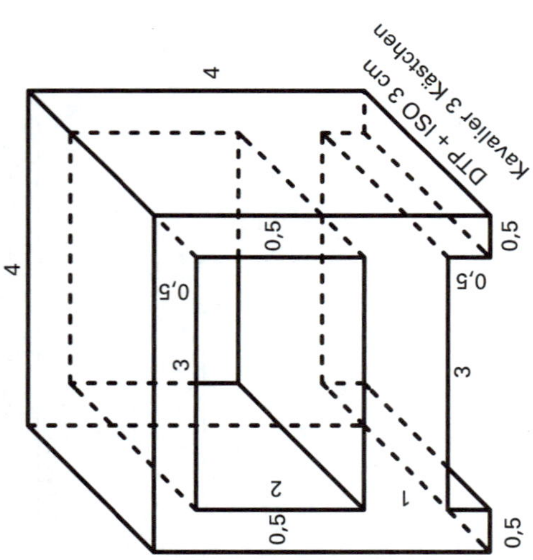

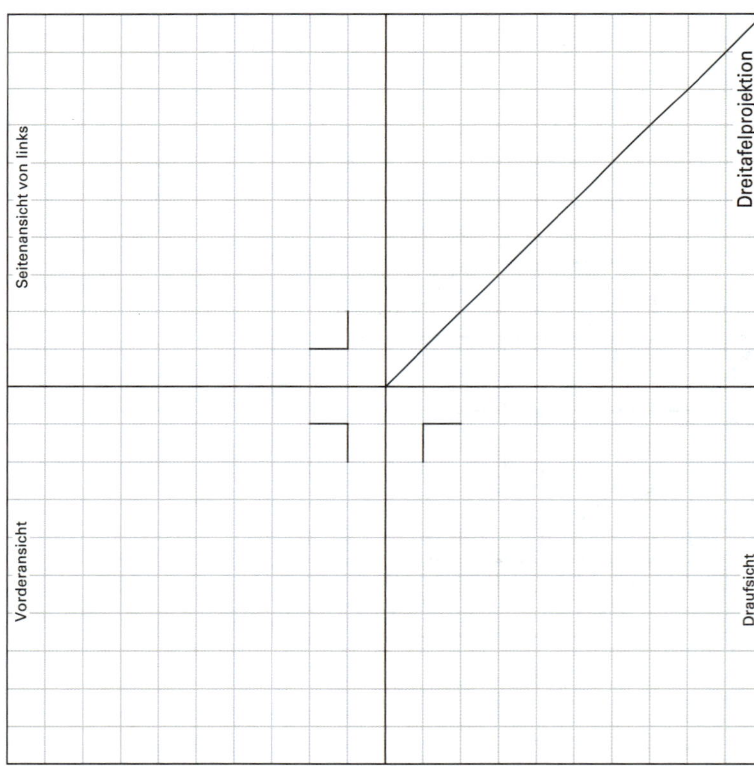

Name:

Klasse:

Zeichnen von Baukörpern 4

Datum:

Fach:

Zeichnen Sie den Baukörper in Dreitafelprojektion, Isometrie und Kavalierperspektive.

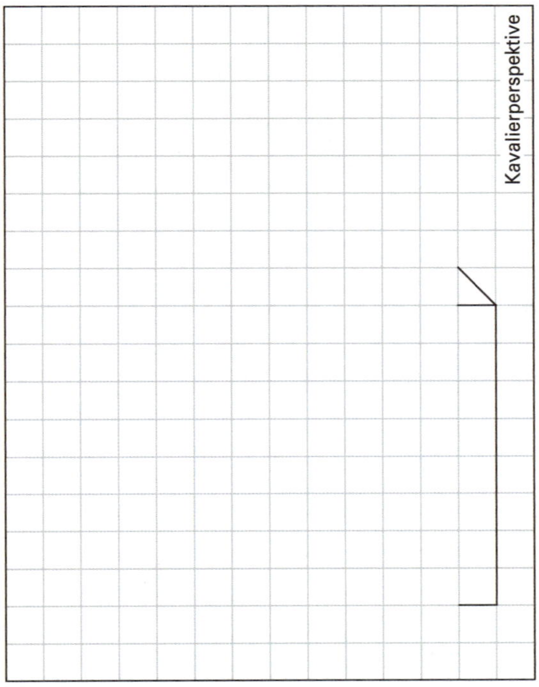

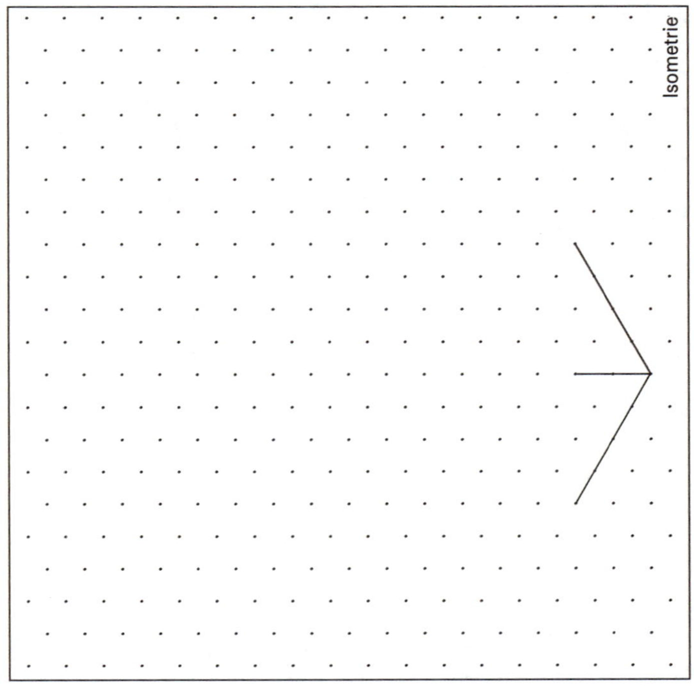

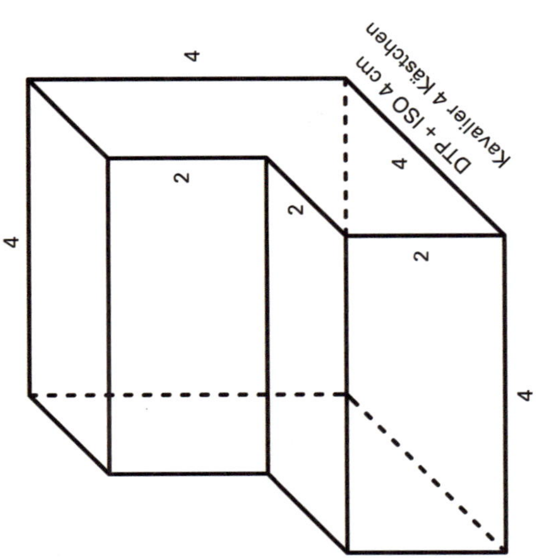

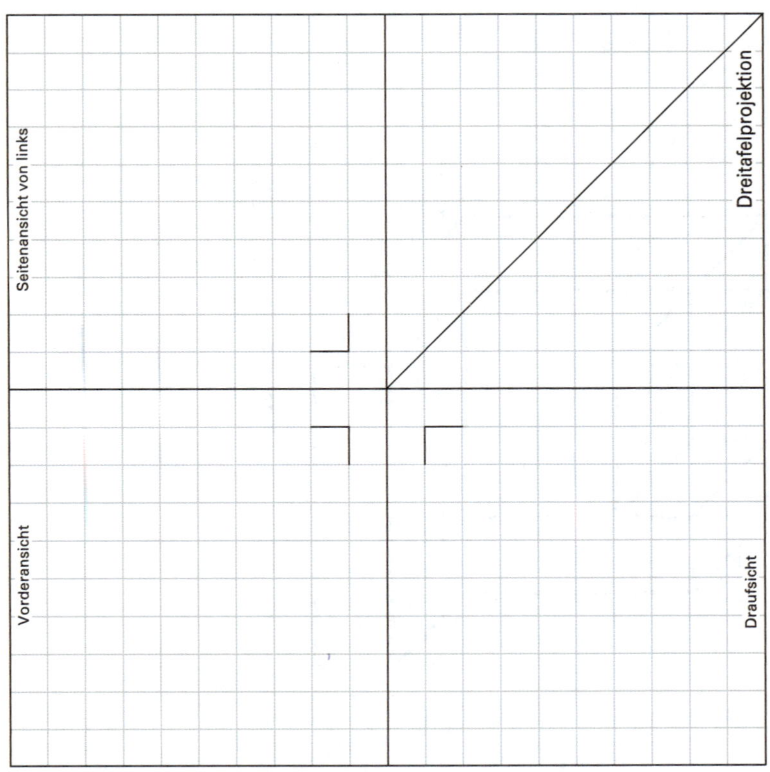

Name:

Klasse:

Zeichnen von Baukörpern 4

Datum:

Fach:

Zeichnen Sie den Baukörper in Dreitafelprojektion, Isometrie und Kavalierperspektive.

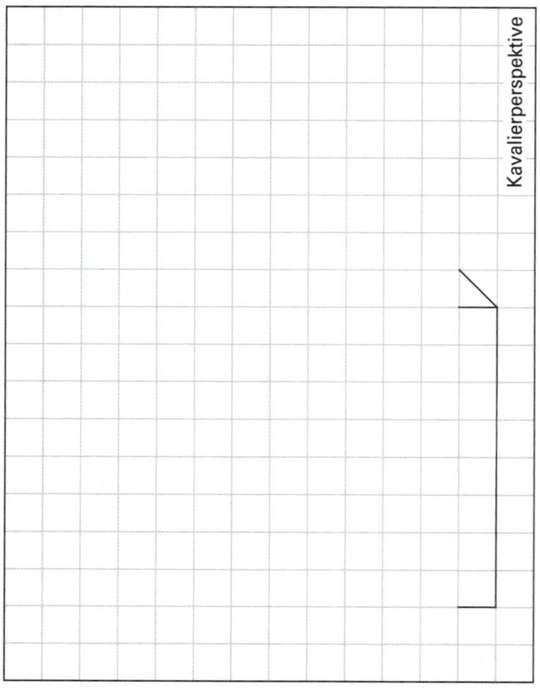

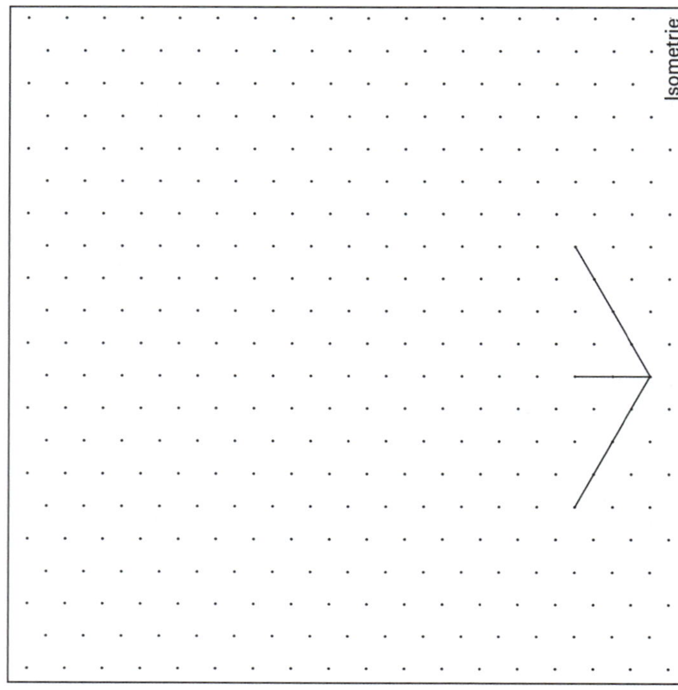

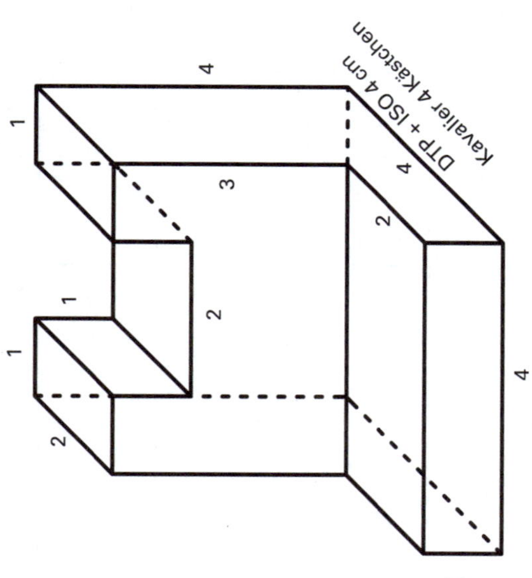

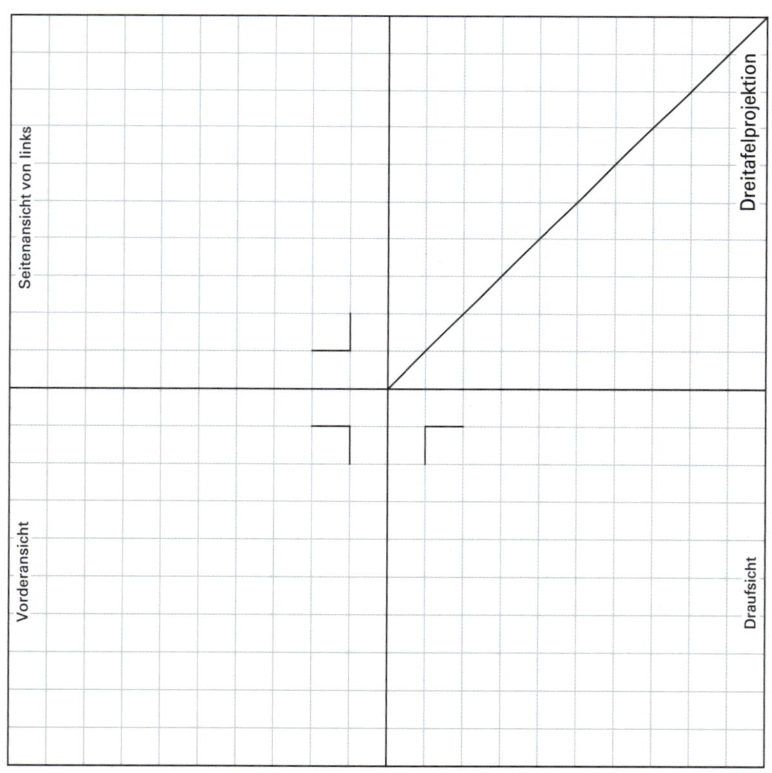

Name:

Klasse:

Zeichnen von Baukörpern 5

Datum:

Fach:

Zeichnen Sie den Baukörper in Dreitafelprojektion, Isometrie und Kavalierperspektive.

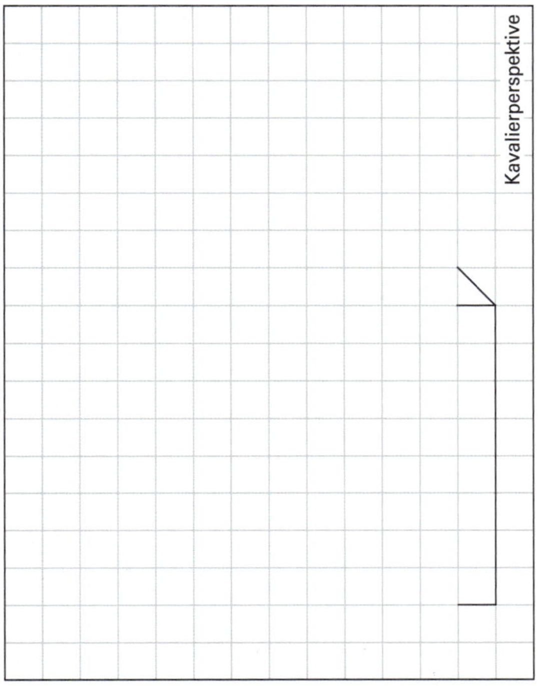

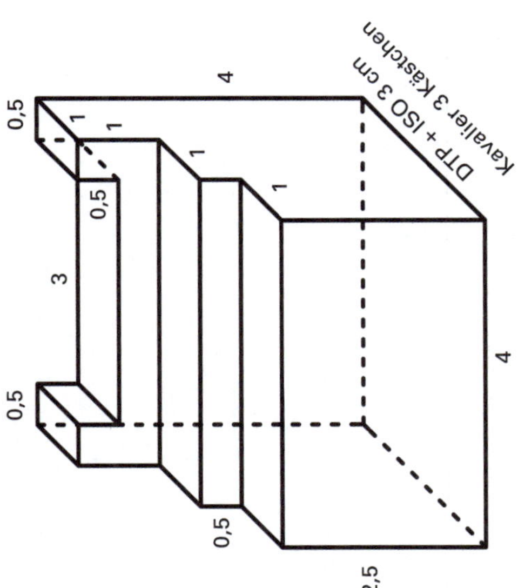

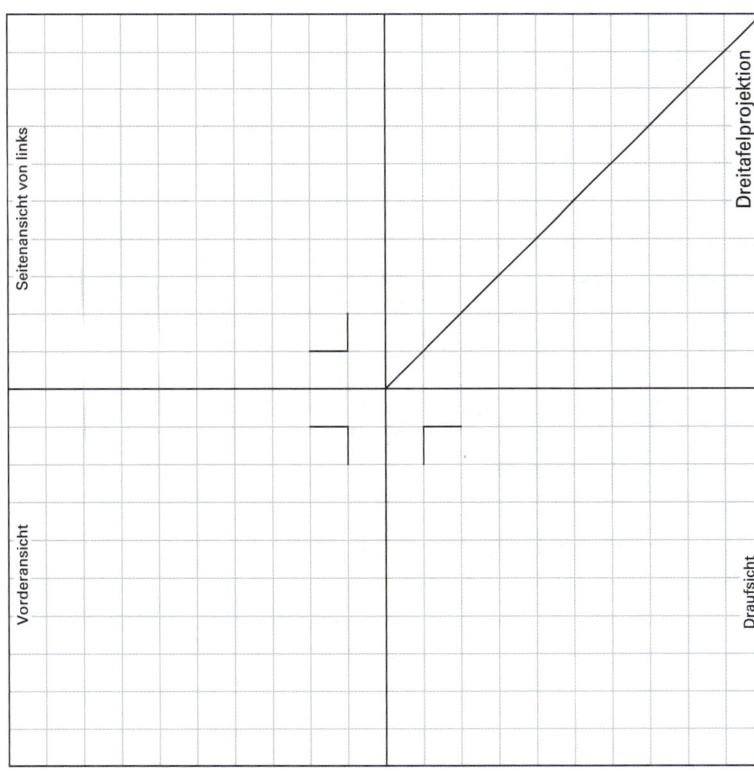

Name:

Klasse:

Zeichnen von Baukörpern 5

Datum:

Fach:

Zeichnen Sie den Baukörper in Dreitafelprojektion, Isometrie und Kavalierperspektive.

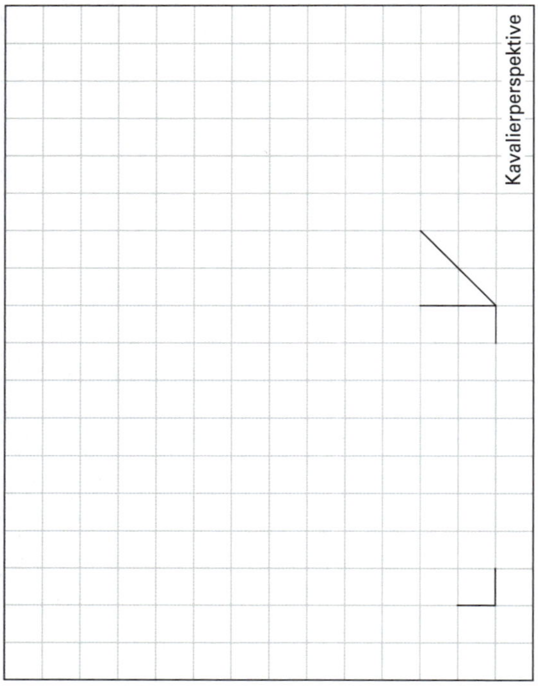

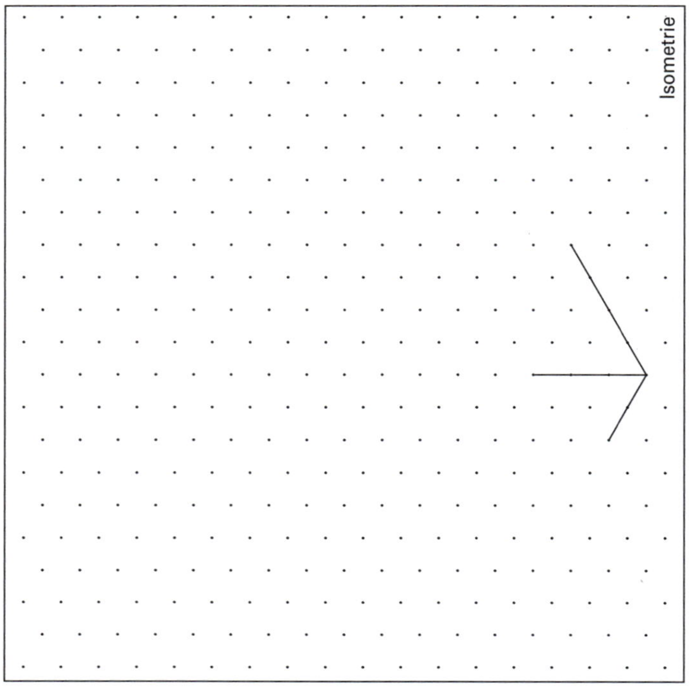

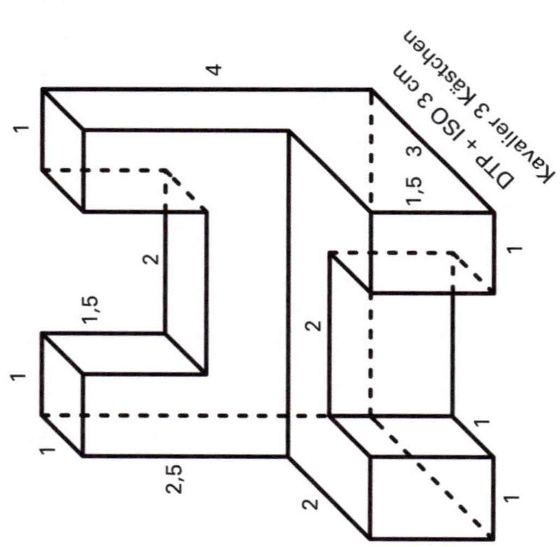

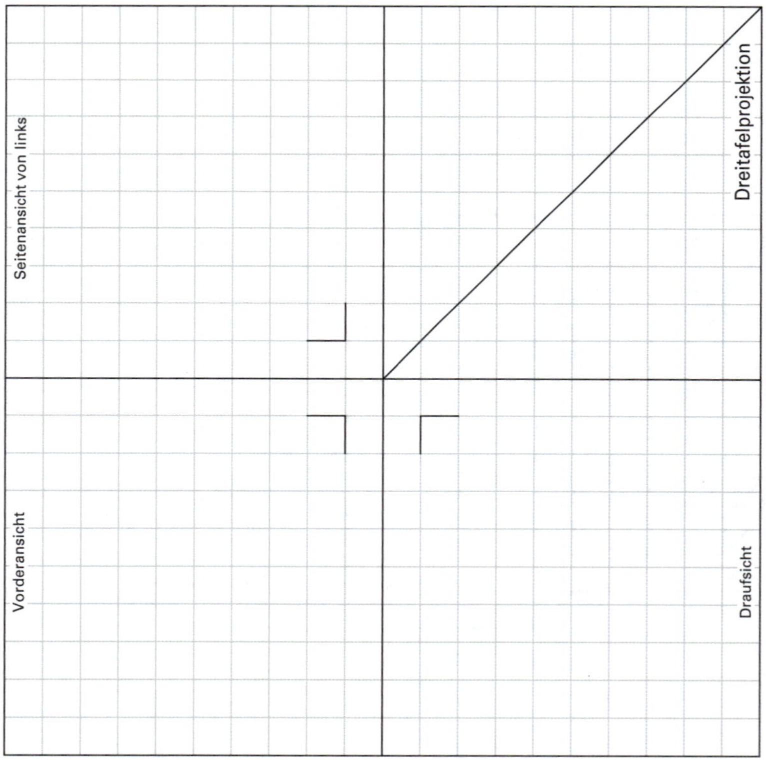

Name:

Klasse:

Zeichnen von Baukörpern 6

Datum:

Fach:

Zeichnen Sie den Baukörper in Dreitafelprojektion, Isometrie und Kavalierperspektive.

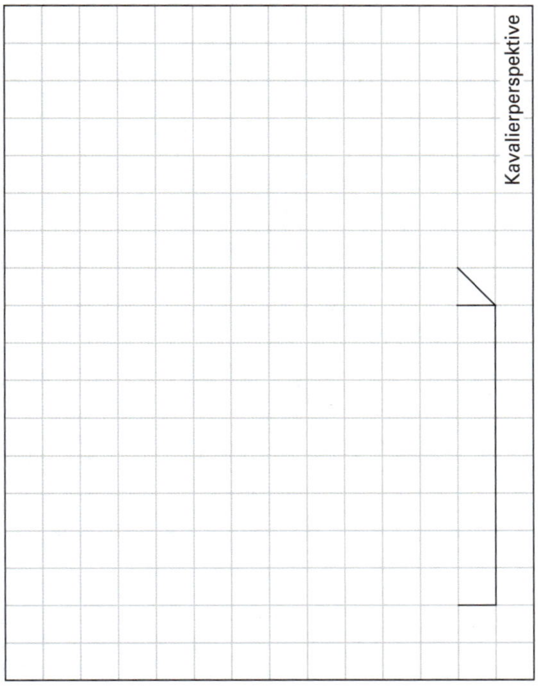

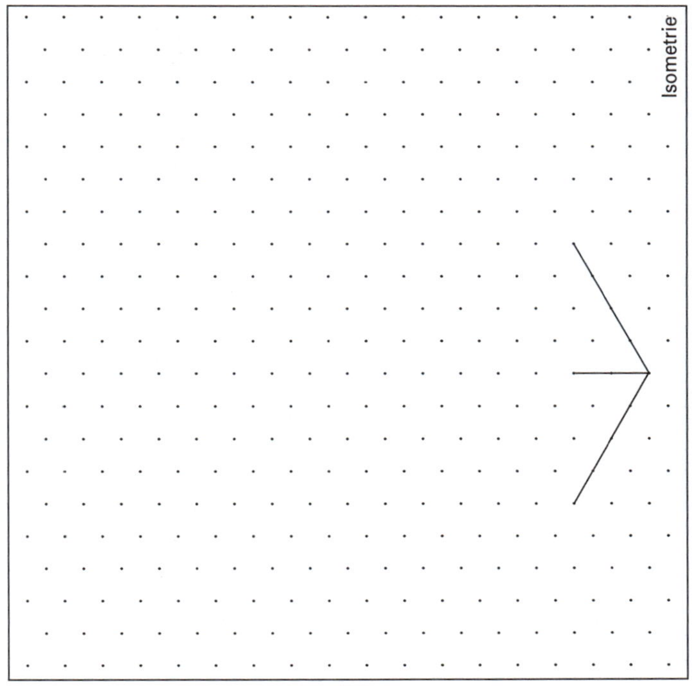

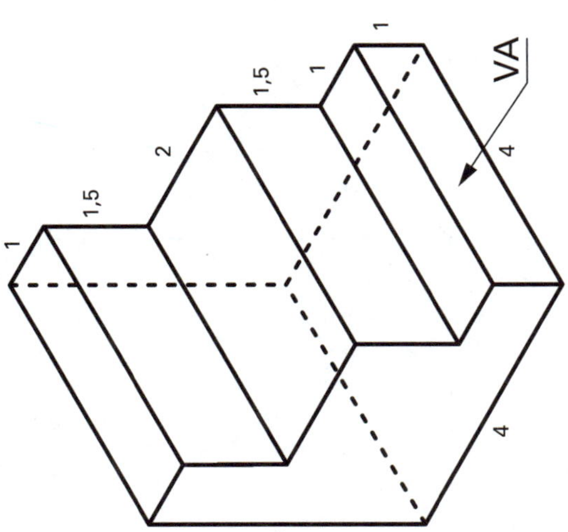

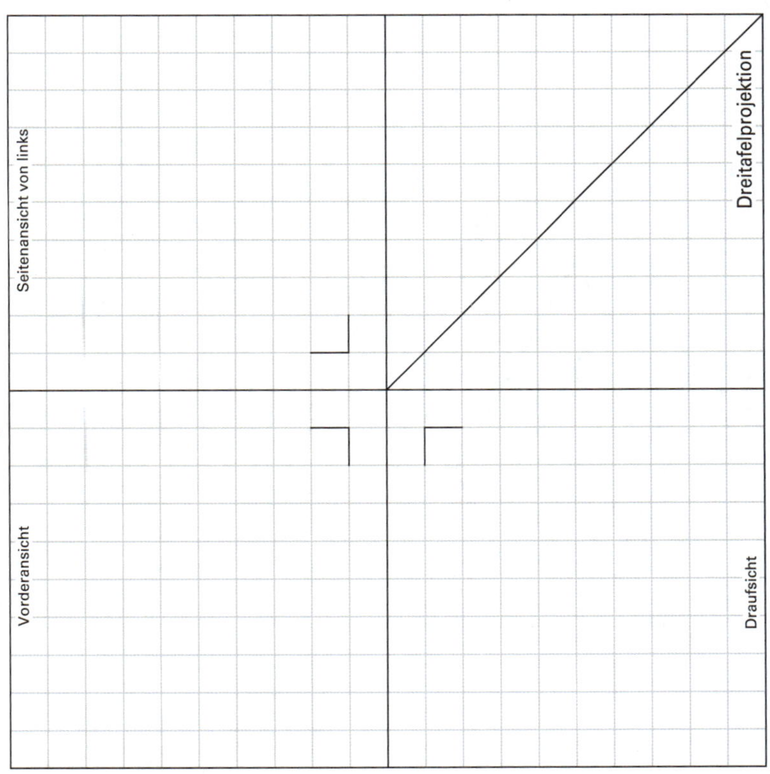

Name:

Klasse:

Zeichnen von Baukörpern 6

Datum:

Fach:

Zeichnen Sie den Baukörper in Dreitafelprojektion, Isometrie und Kavalierperspektive.

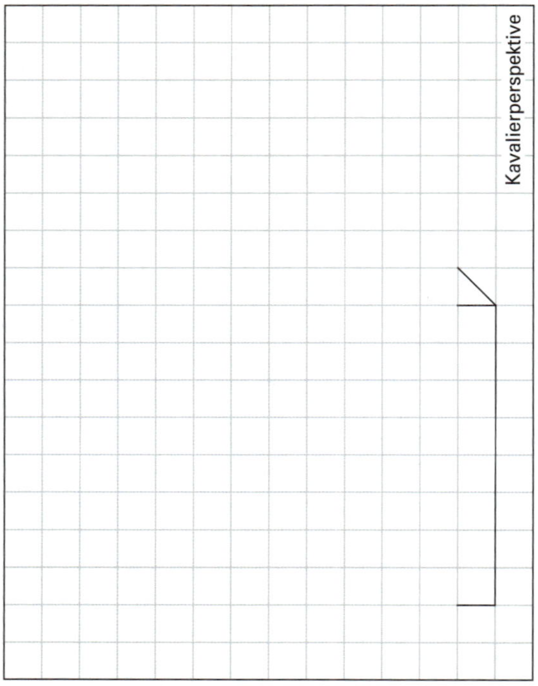

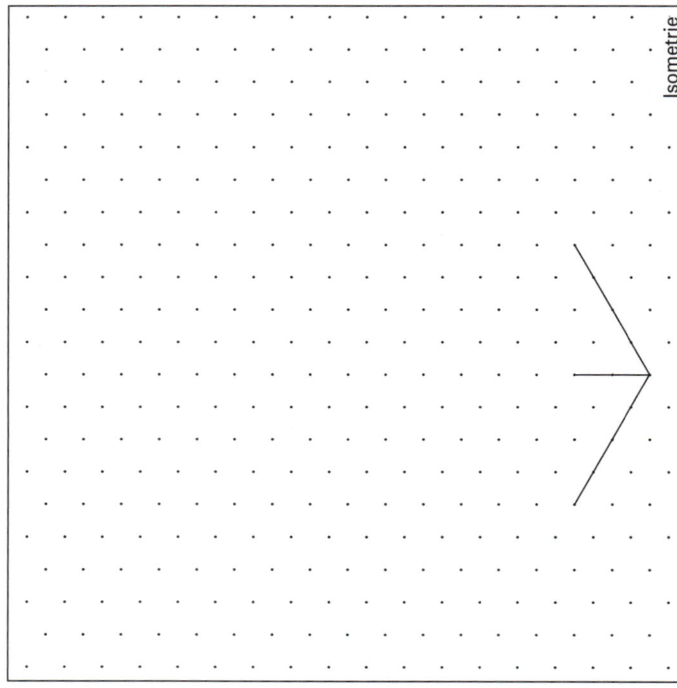

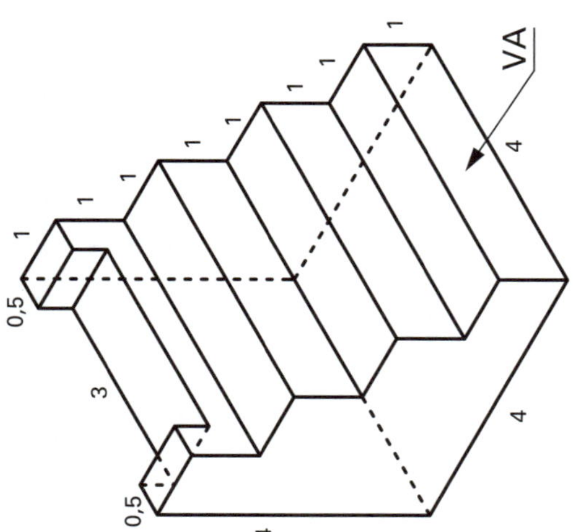

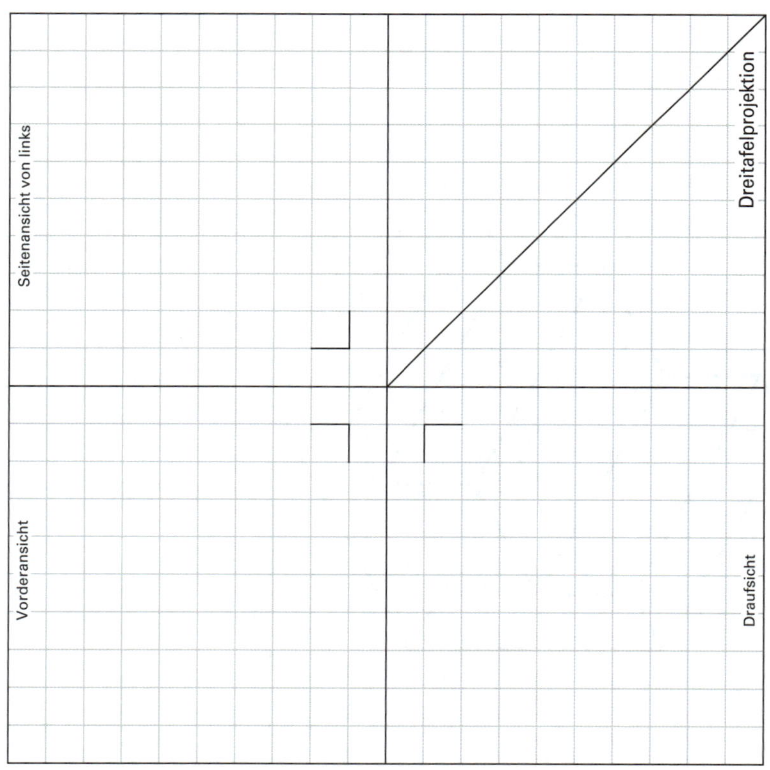

Name:

Klasse:

Zeichnen von Baukörpern 7

Datum:

Fach:

Zeichnen Sie den Baukörper in Dreitafelprojektion, Isometrie und Kavalierperspektive.

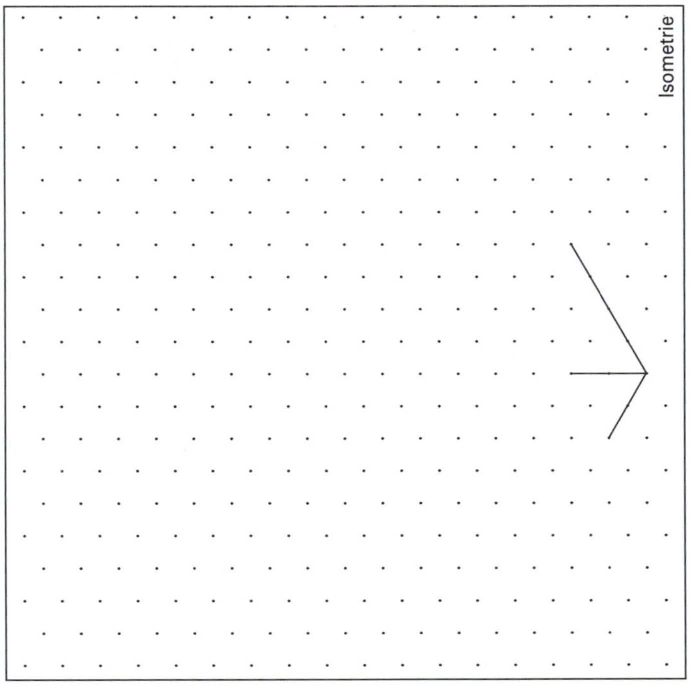

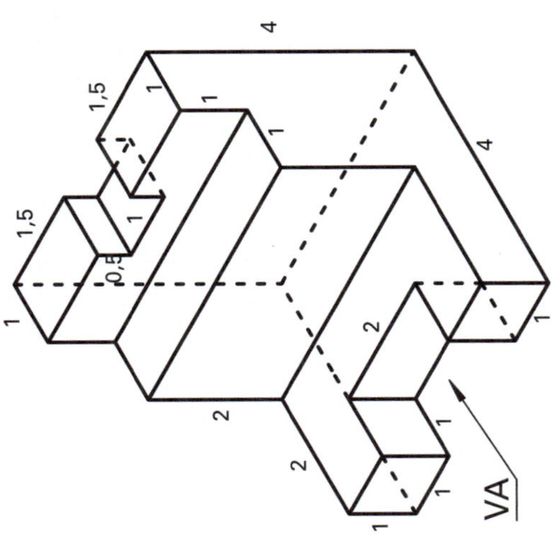

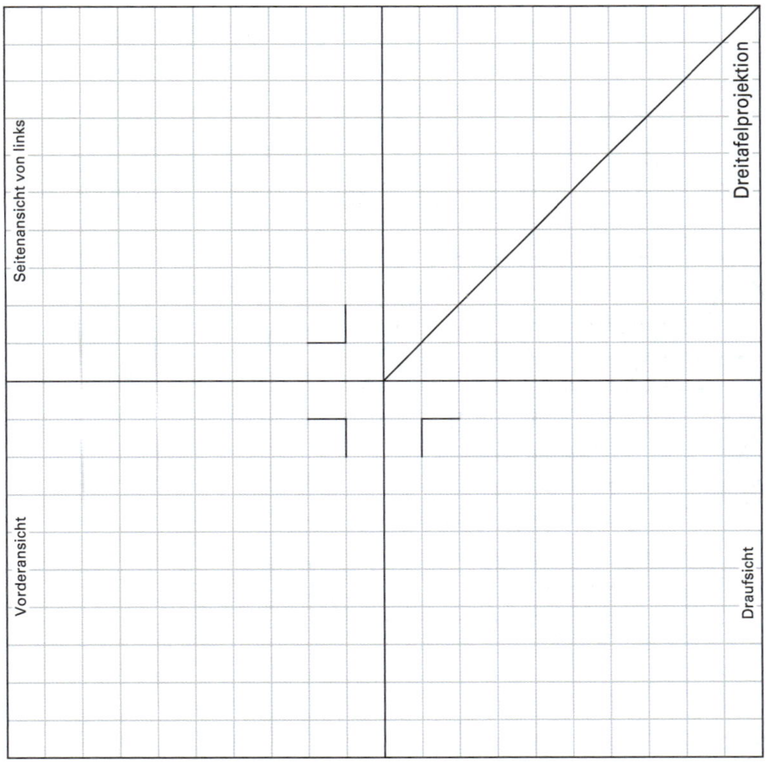

Name:

Klasse:

Zeichnen von Baukörpern 7

Datum:

Fach:

Zeichnen Sie den Baukörper in Dreitafelprojektion, Isometrie und Kavalierperspektive.

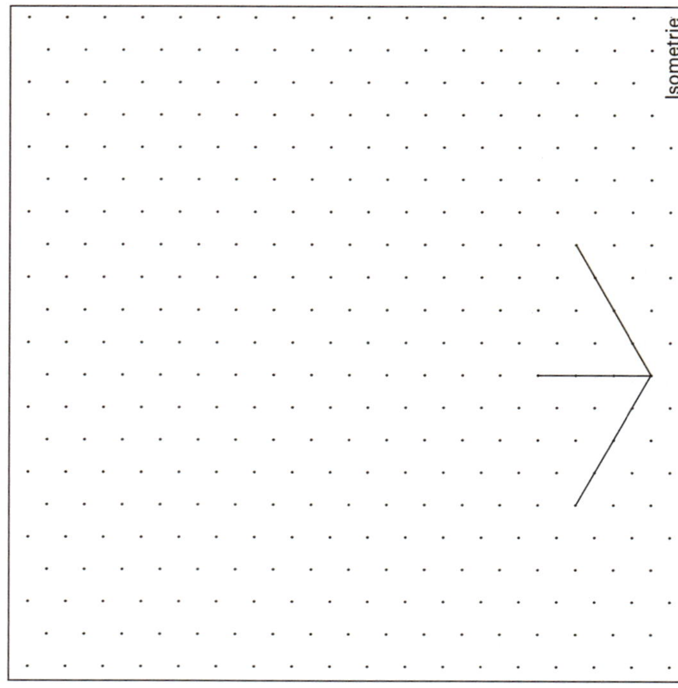

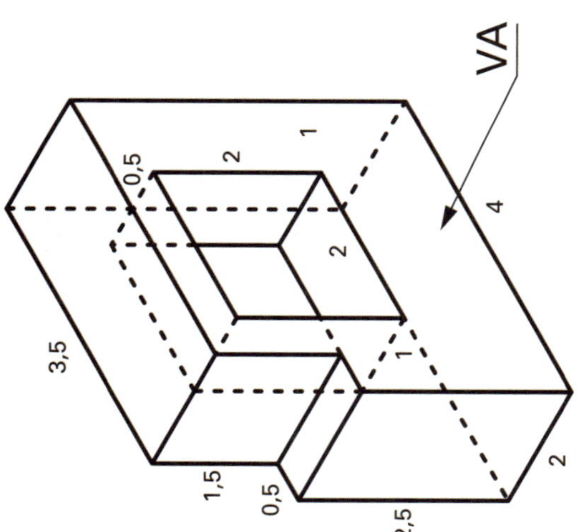

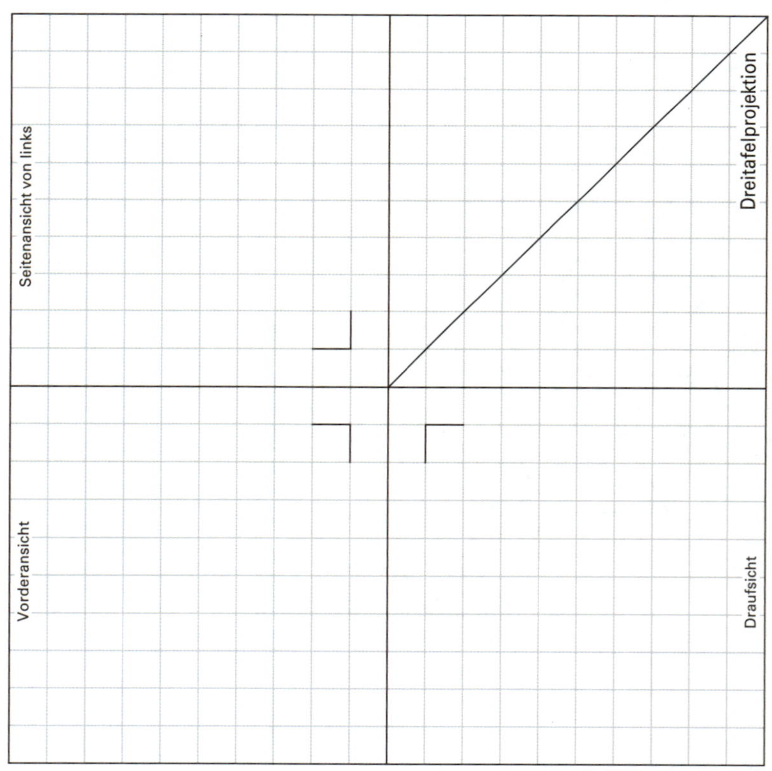

Zeichnen von Baukörpern 8

Zeichnen Sie den Baukörper in Dreitafelprojektion, Isometrie und Kavalierperspektive.

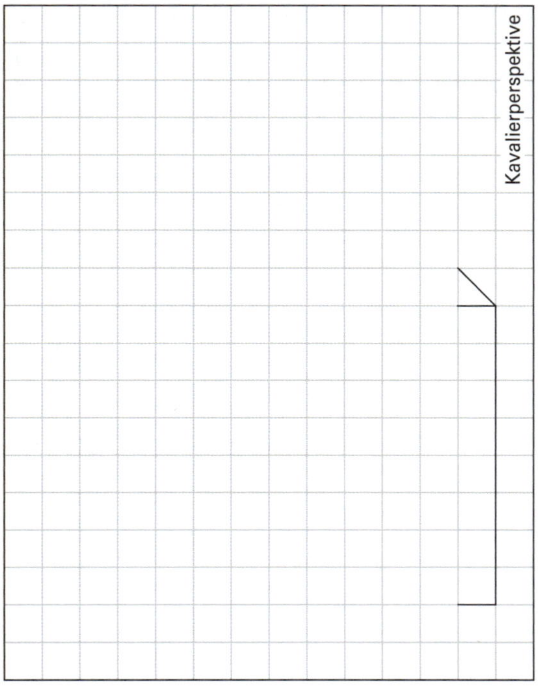

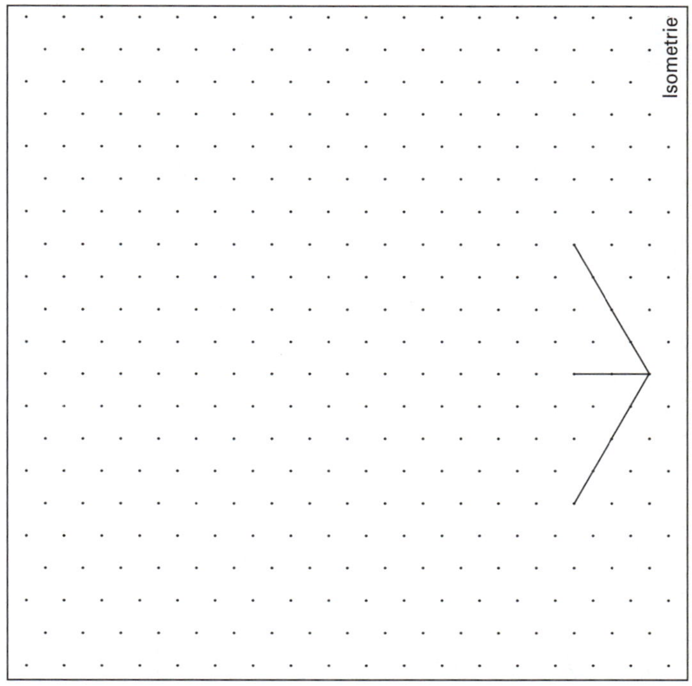

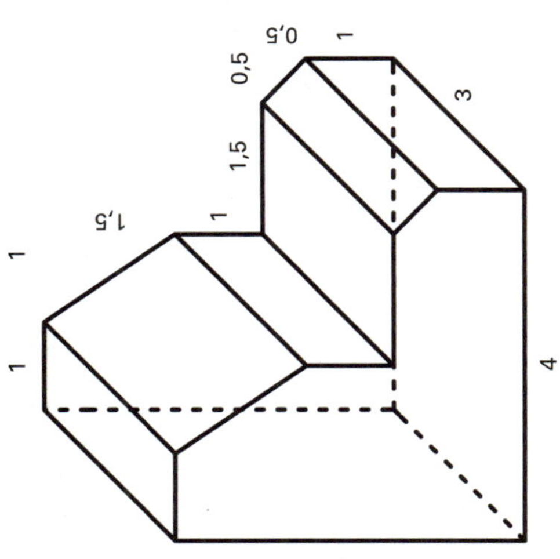

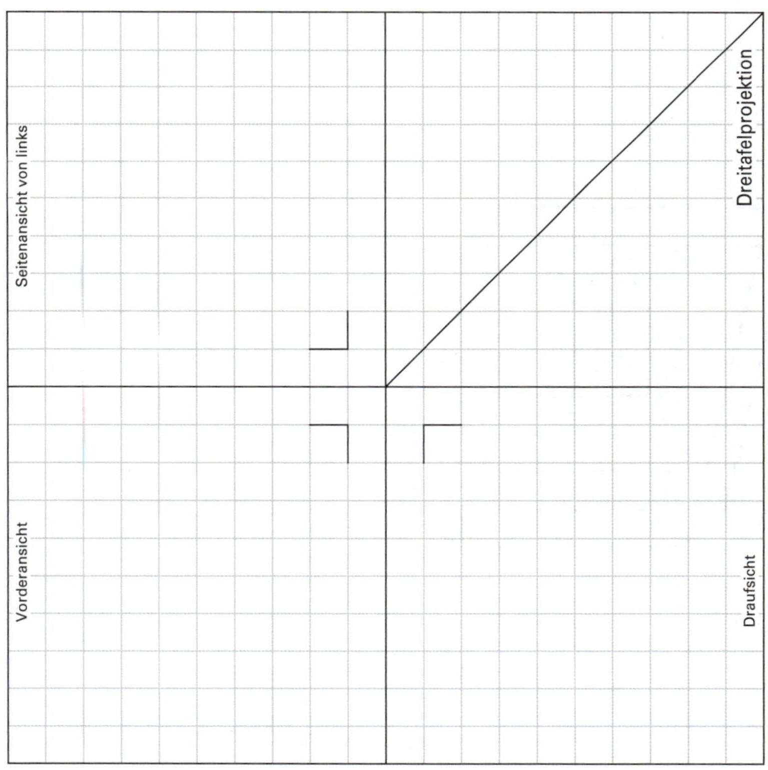

Name:

Klasse:

Zeichnen von Baukörpern 8

Datum:

Fach:

Zeichnen Sie den Baukörper in Dreitafelprojektion, Isometrie und Kavalierperspektive.

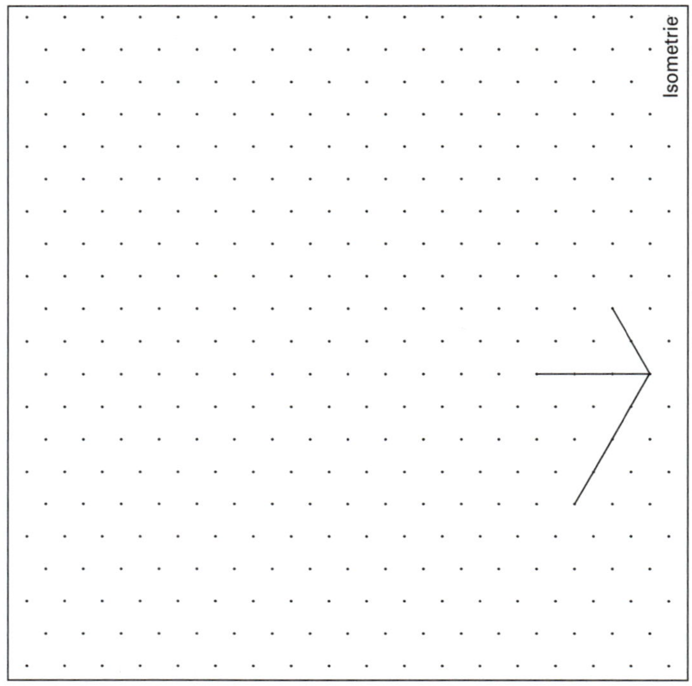

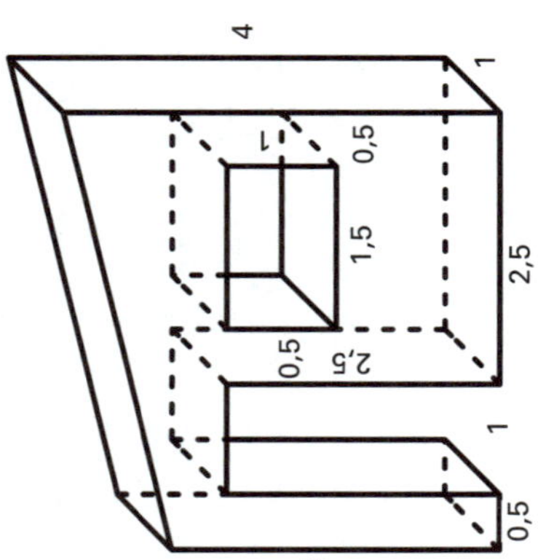

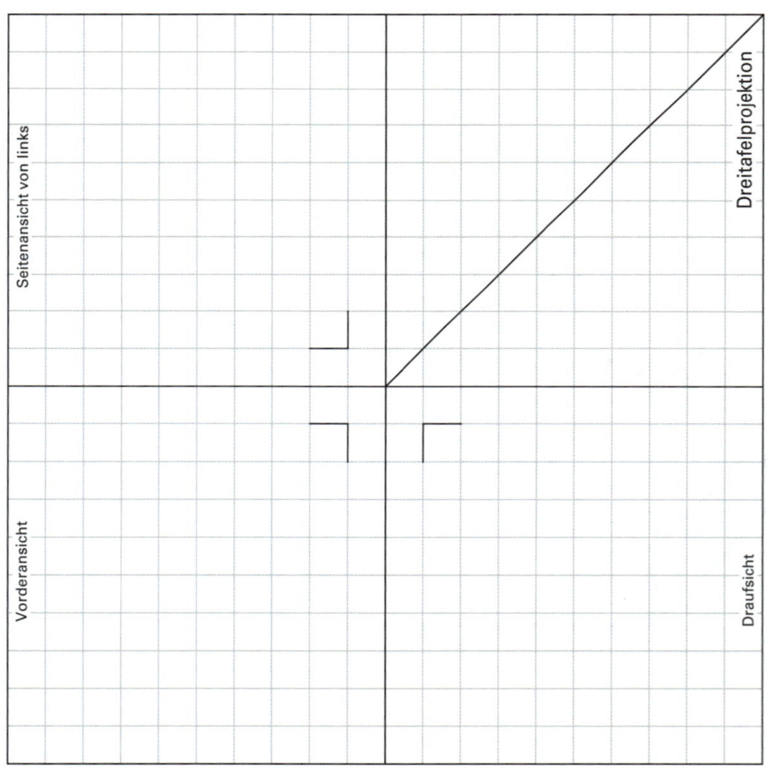

Name:

Klasse:

Zeichnen von Baukörpern 9

Datum:

Fach:

Zeichnen Sie den Baukörper in Dreitafelprojektion, Isometrie und Kavalierperspektive.

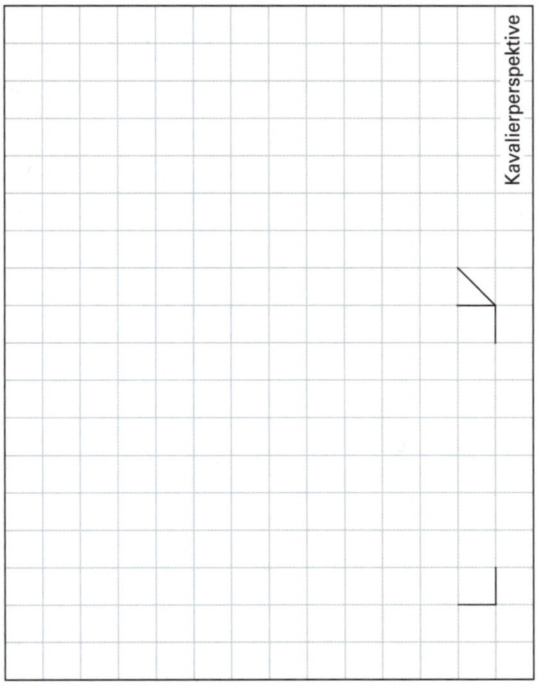

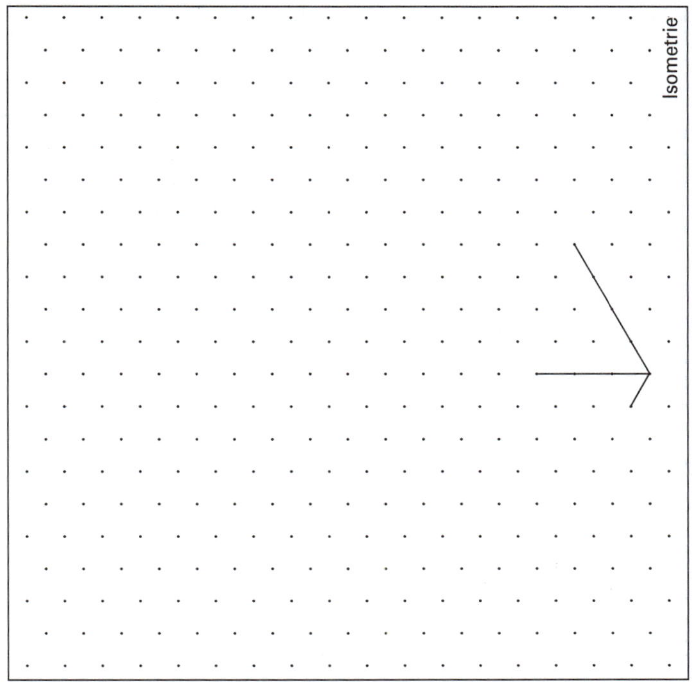

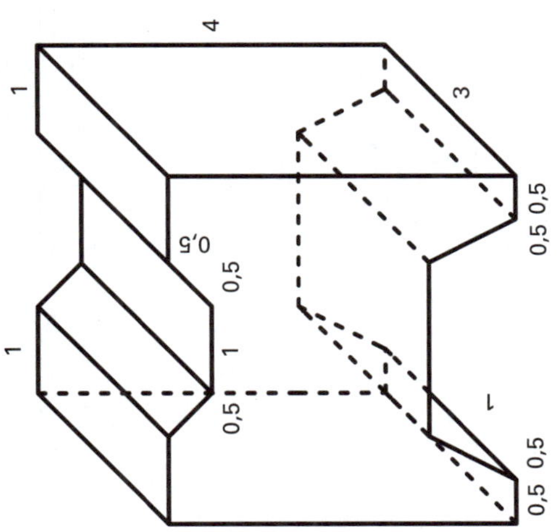

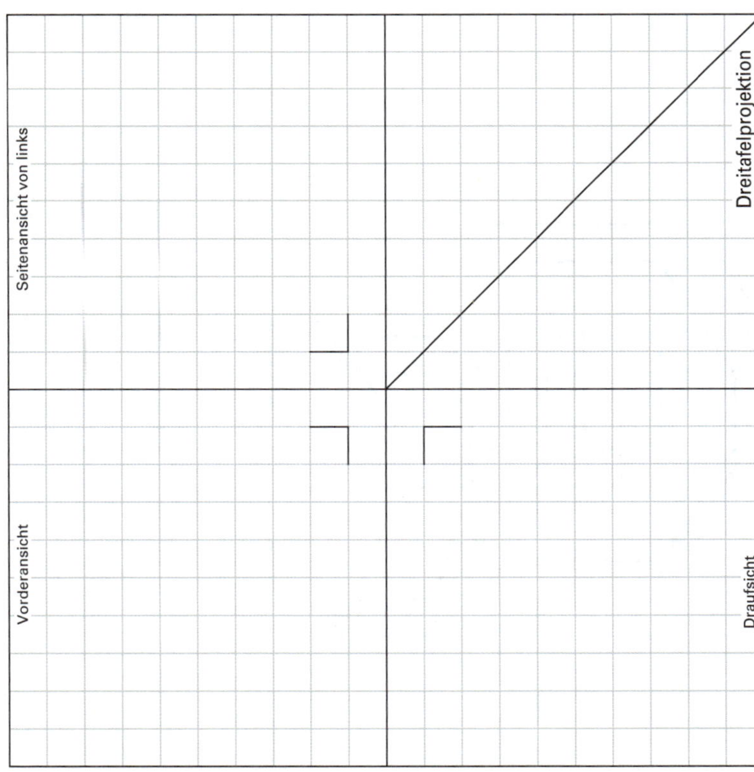

Name:

Klasse:

Zeichnen von Baukörpern 9

Datum:

Fach:

Zeichnen Sie den Baukörper in Dreitafelprojektion, Isometrie und Kavalierperspektive.

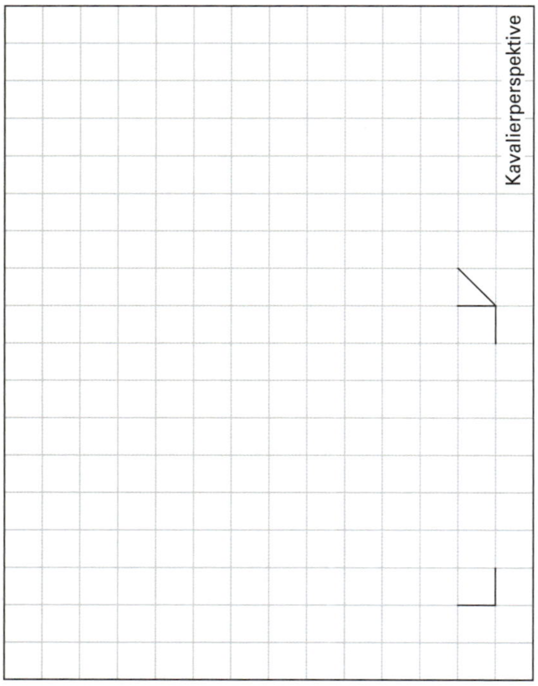

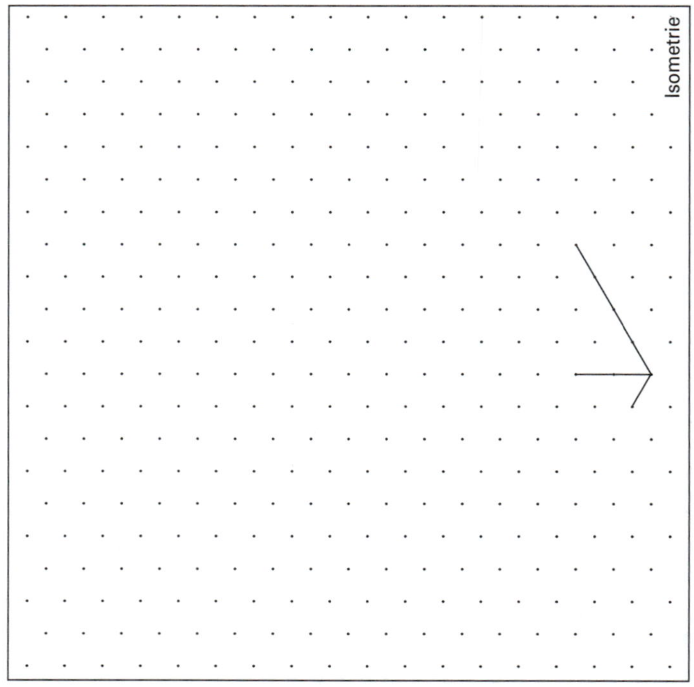

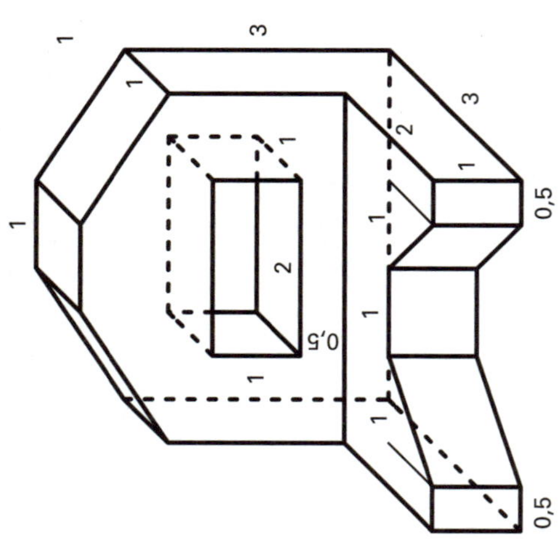

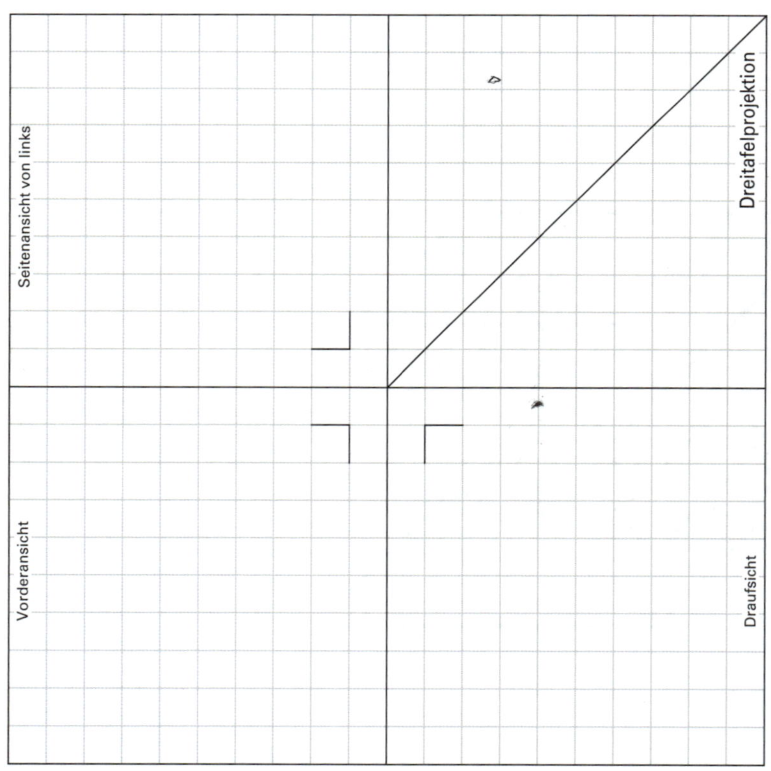

Name:

Klasse:

Zeichnen von Baukörpern 10

Datum:

Fach:

Zeichnen Sie den Baukörper in Dreitafelprojektion, Isometrie und Kavalierperspektive.

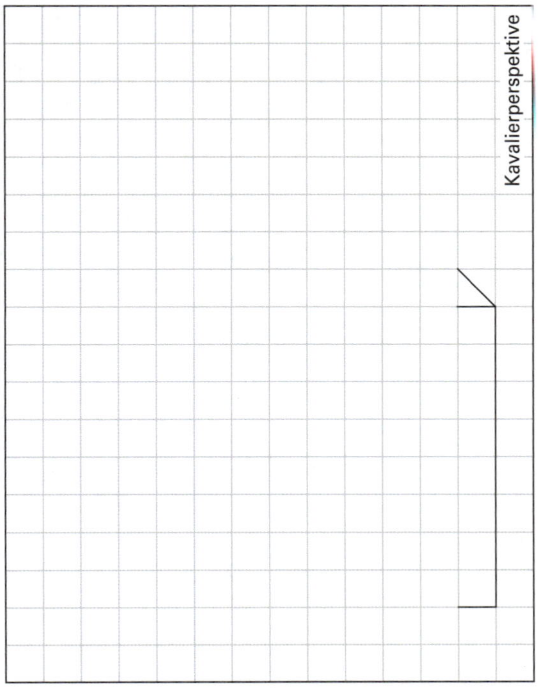

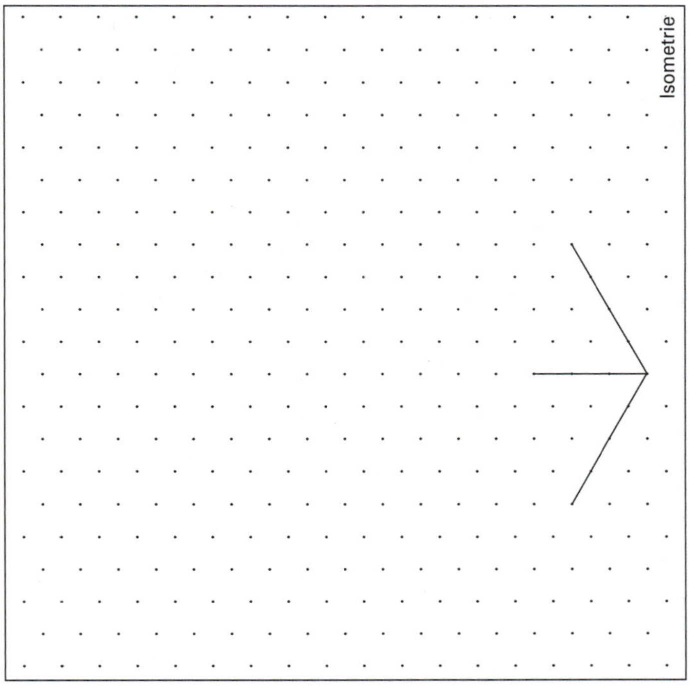

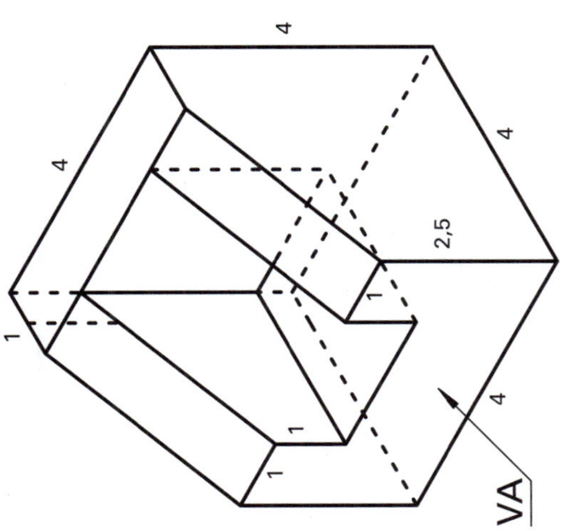

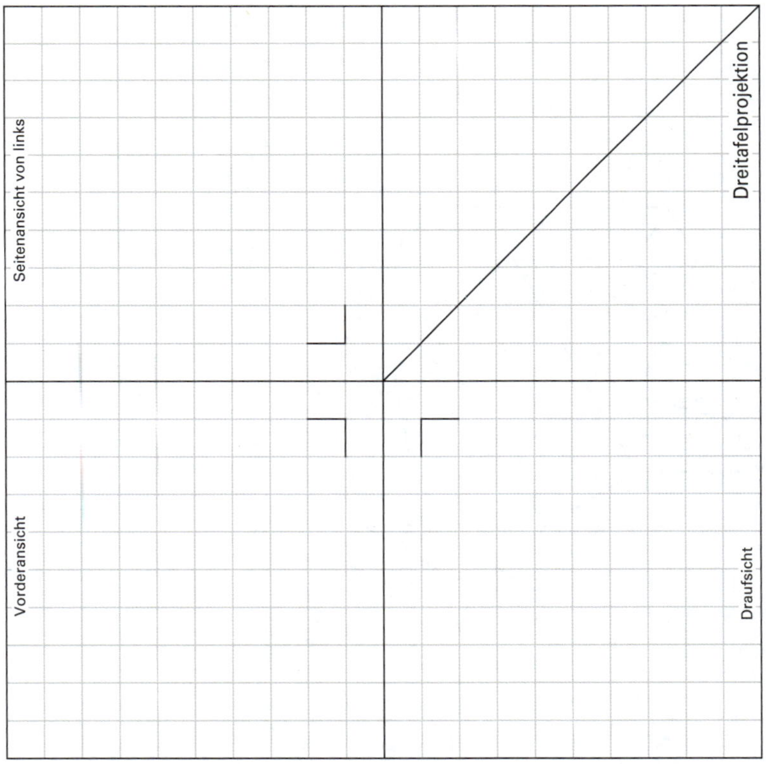

Zeichnen von Baukörpern 10

Zeichnen Sie den Baukörper in Dreitafelprojektion, Isometrie und Kavalierperspektive.

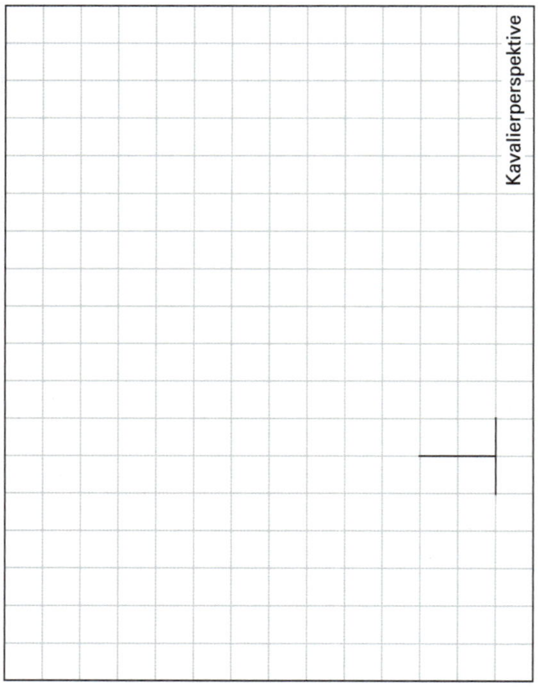

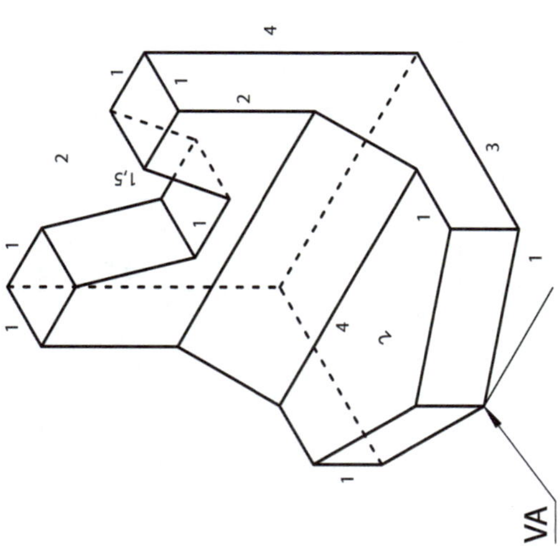

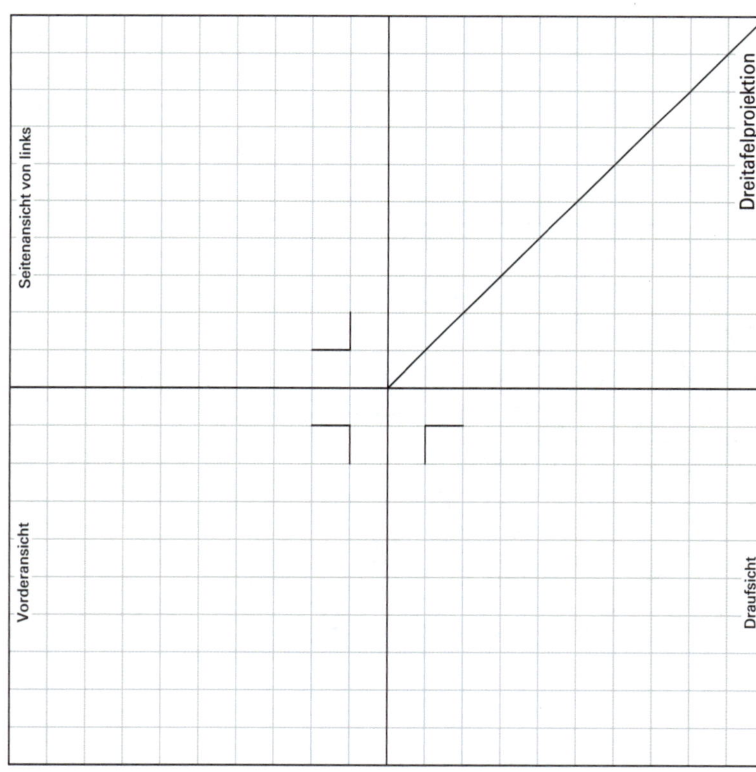

Name:

Klasse:

Projektaufgabe 3

Garage mit Werkstatt

Datum:

Fach:

Das im Grundriss (verkleinert) dargestellte Gebäude soll gebaut werden. Sie sollen dazu die Planung erstellen.

1) Zeichnen Sie den Grundriss und den Schnitt AB in einem geeigneten Maßstab je nach Papierformat. Legen Sie alle für den Schnitt wichtigen Maße (Wandhöhe, Bodenplatte, Decke, Fundamente usw.) selbst fest.

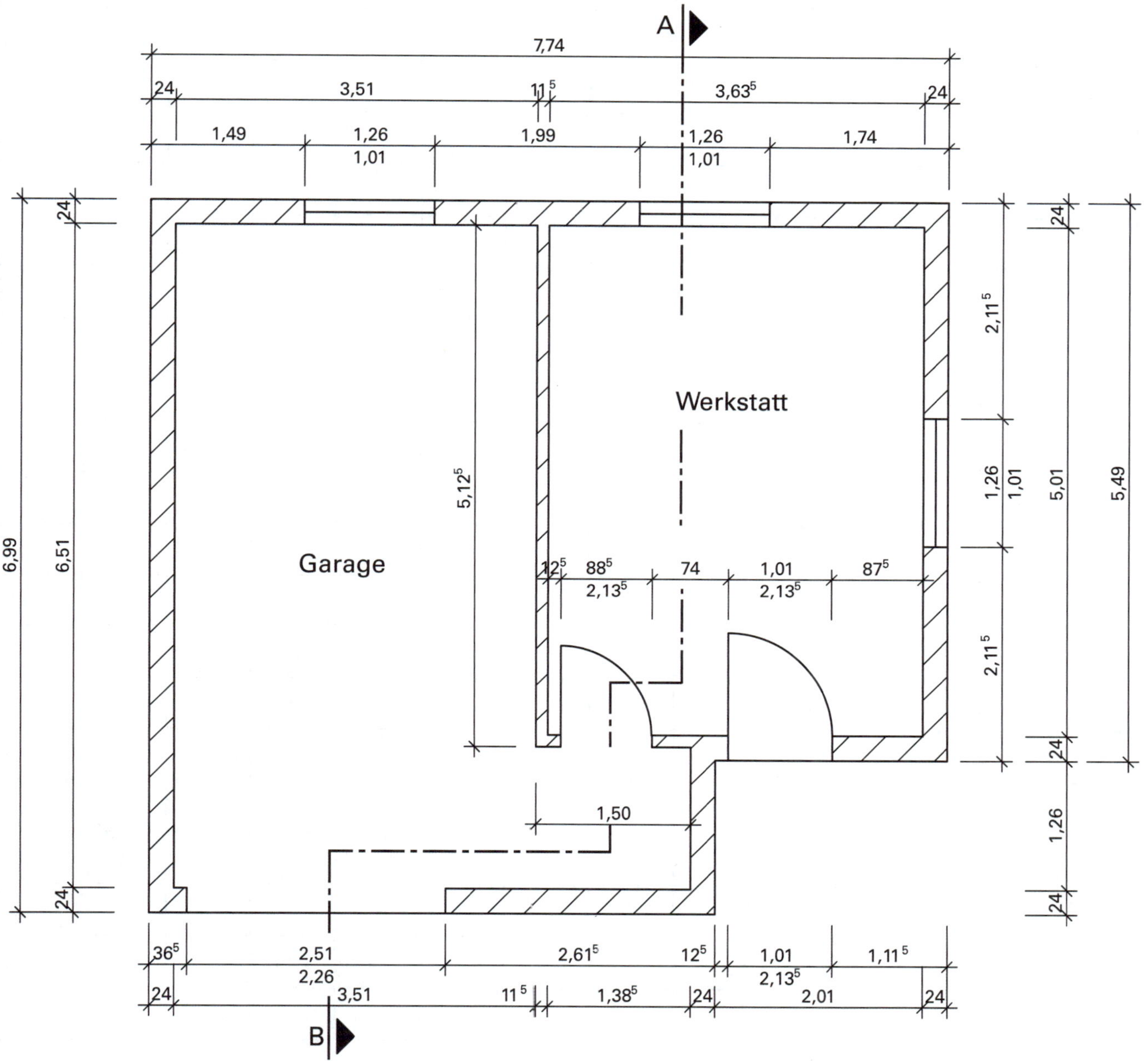

2) Wählen Sie geeignete Steine und Mörtel aus und berechnen Sie den Stein- und Mörtelbedarf (NM oder DBM).

3) Bereiten Sie eine Bestellung von Transportbeton mit allen erforderlichen Angaben vor und berechnen Sie die Betonmengen.

Mögliche Erweiterungen:

a) Fundamentplan
b) Berechnung des Aushubs und des Fundamentbetons
c) Ablaufplanung
d) Bewehrungsplan des Balkens über dem Garagentor

Name:

Klasse:

Stein- und Mörtelbedarf

Projekt 3 – Garage mit Werkstatt

Datum:

Fach:

Wand Pos.-Nr.	Wand-dicke cm	Steinart/Format	Abzüge Fenster, Türen, Stahlbetonteile	L	B	H	Menge m^2/m^3	Steine je m^2/m^3 Tabelle	Mörtel je m^2/m^3 Tabelle	Anzahl Steine	Menge Mörtel in Liter

Name:

Klasse:

Projektaufgabe 4

Verkaufskiosk

Datum:

Fach:

Der im Grundriss (verkleinert) dargestellte Verkaufskiosk soll gebaut werden. Sie sollen dazu die Planung erstellen.

1) Zeichnen Sie den Grundriss und den Schnitt AB in einem geeigneten Maßstab je nach Papierformat. Legen Sie alle für den Schnitt wichtigen Maße (Wandhöhe, Bodenplatte, Decke, Fundamente usw.) selbst fest. Der Kiosk erhält später eine Außendämmung.

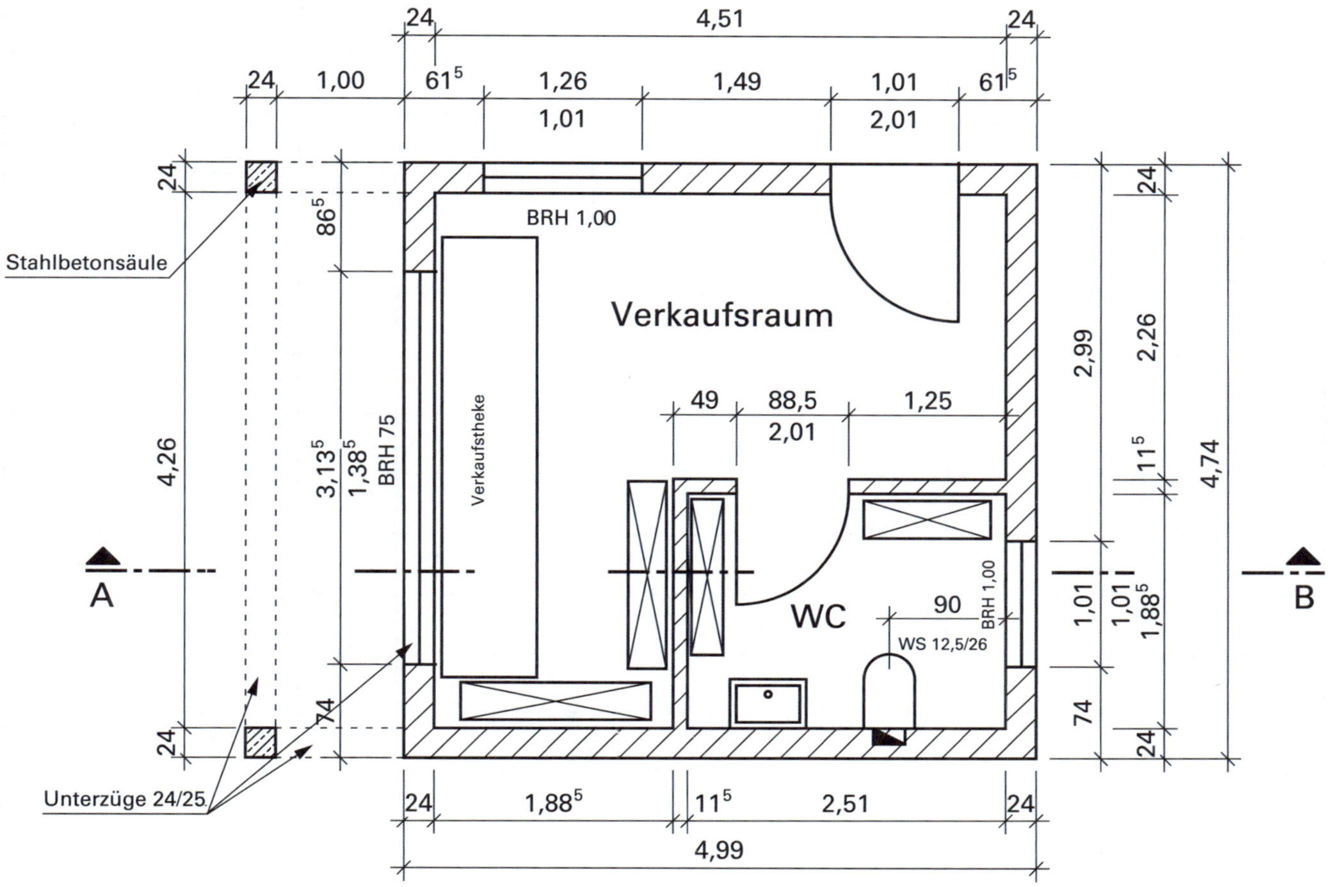

Schnitt durch Deckenplatte

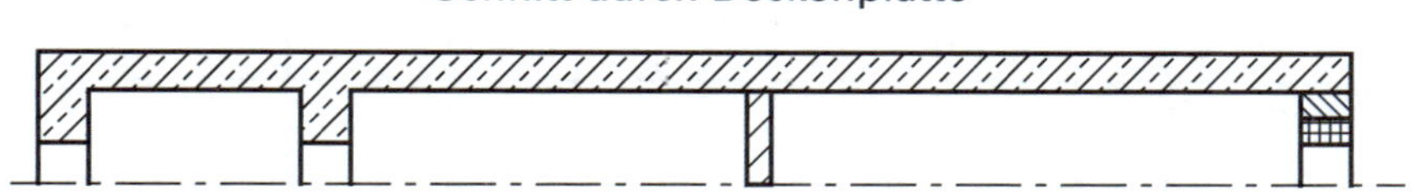

2) Wählen Sie geeignete Steine und Mörtel aus und berechnen Sie den Stein- und Mörtelbedarf (Plansteine mit DBM).

3) Berechnen Sie die Betonmenge für die Decke und die Unterzüge, die in einem Betoniervorgang hergestellt werden.

4) Bereiten Sie die Betonbestellung vor.

Mögliche Erweiterungen:

a) Fundamentplan
b) Fundamentbeton
c) Bewehrung der Unterzüge

Name:

Klasse:

Stein- und Mörtelbedarf

Projekt 4 – Verkaufskiosk

Datum:

Fach:

Wand Pos.-Nr.	Wand-dicke cm	Steinart/Format	Abzüge Fenster, Türen, Stahlbetonteile	L	B	H	Menge m^2/m^3	Steine je m^2/m^3 Tabelle	Mörtel je m^2/m^3 Tabelle	Anzahl Steine	Menge Mörtel in Liter

Name:

Klasse:

Projektaufgabe 5
Werkstattgebäude

Datum:

Fach:

Für das dargestellte Werkstattgebäude sollen die Pläne erstellt werden.
Gegeben sind die Außenmaße und die Wanddicken. Alle anderen Maße sollen Sie selbst festlegen.
Die gemauerte Wandhöhe ist 2,625 m.

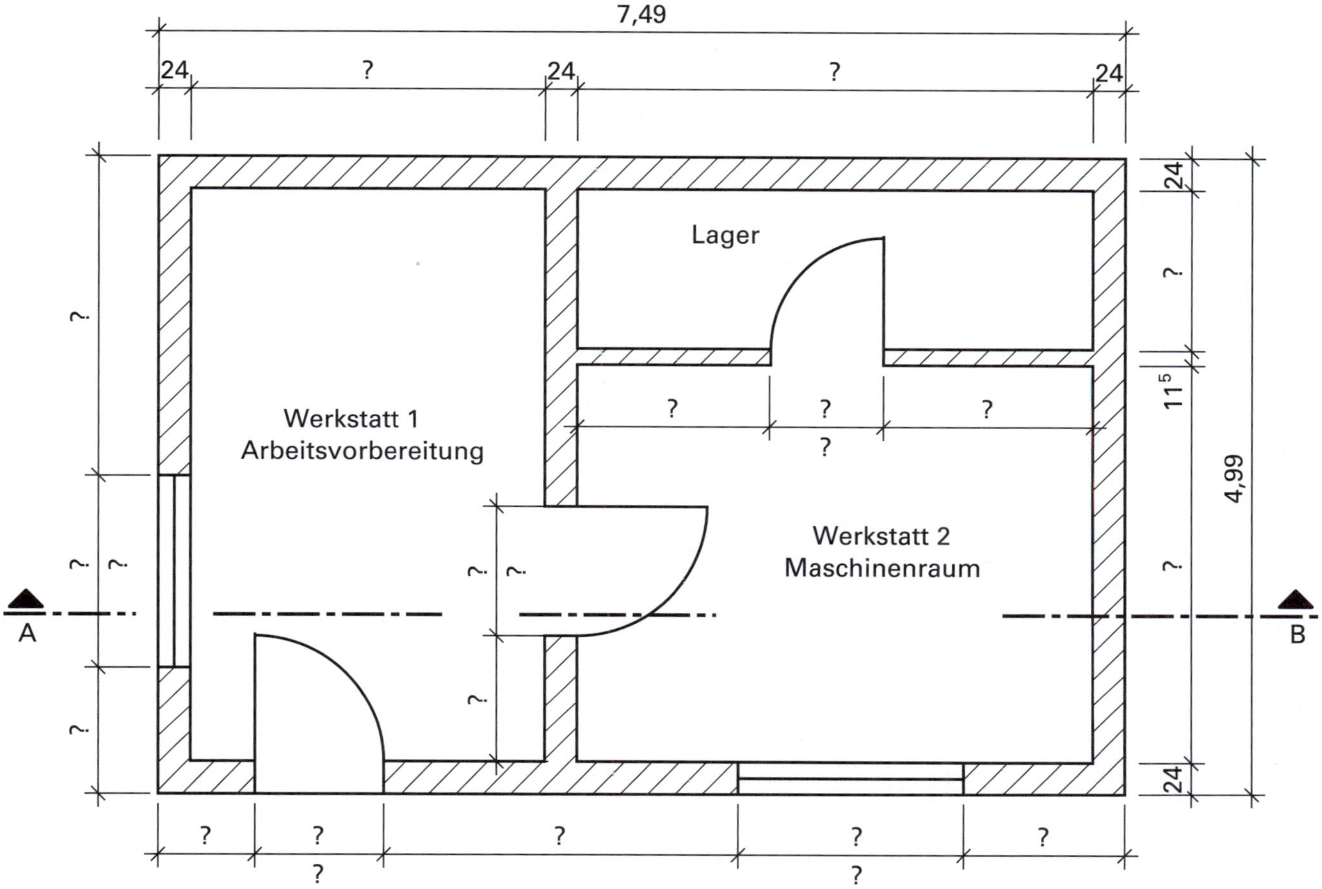

Aufgaben:

1) Legen Sie alle Maße fest und tragen Sie die Maße oben in die Zeichnung ein.
2) Zeichnen Sie den Grundriss (Maßstab nach vorhandener Blattgröße festlegen).
3) Zeichnen Sie den Schnitt A-B (Streifenfundamente unbewehrt 40/80 cm mittig, Bodenplatte Stahlbeton 20 cm, Deckenplatte Stahlbeton 18 cm, Stürze als Fertigstürze 11,5/11,5 cm.
4) Materialberechnung
   a) Betonauswahl treffen und Betonmengen für Bodenplatte und Decke berechnen
   b) 24er-Wände in m^2. Steine Hochlochziegel als Plansteine in DBM im Format 16 DF. Berechnen Sie die Anzahl der Steine und die Säcke DBM.
   c) 11,5er-Wand in m^2. Steine Bauplatte als Planstein 8 DF in DBM. Berechnen Sie die Anzahl der Steine und die Säcke DBM.
   d) Berechnen Sie den Innenputz und den Außenputz (h = Wandhöhe) in m^2 (alle Öffnungen abziehen).

Mögliche Erweiterungen:

a) Fundamentplan
b) Planen der Deckenschalung
c) Planen der Deckenbewehrung und Bewehrungsplan

Name:

Klasse:

Stein- und Mörtelbedarf

Projekt 5 Werkstattgebäude

Datum:

Fach:

Wand Pos.-Nr.	Wand-dicke cm	Steinart/Format	Abzüge Fenster, Türen, Stahlbetonteile	L	B	H	Menge m^2/m^3	Steine je m^2/m^3 Tabelle	Mörtel je m^2/m^3 Tabelle	Anzahl Steine	Menge Mörtel in Liter

Name:

Klasse:

Projektaufgabe 6

Pförtnerhaus

Datum:

Fach:

Die Firma Jumbo-Metall will am Eingang des Firmengeländes ein Pförtnerhaus bauen.
Dazu ist die Planung zu erstellen.

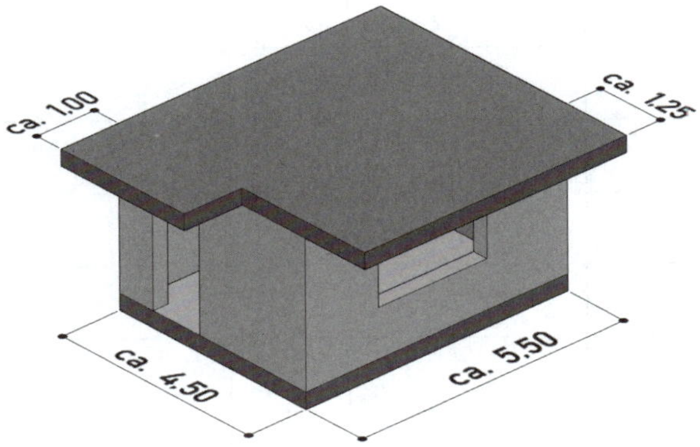

Mögliche Grundrisslösung

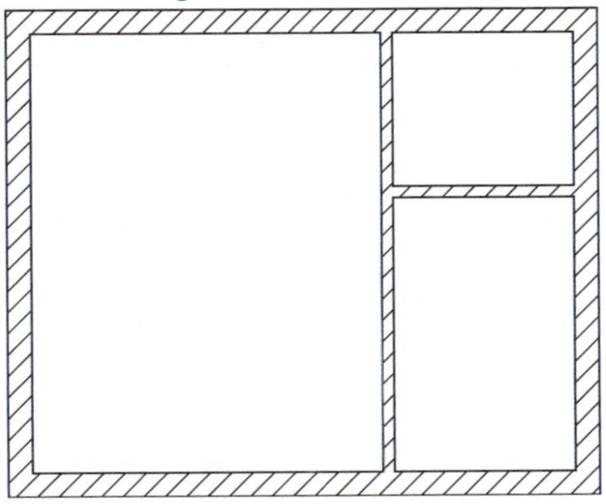

Vorgaben zum Gebäude:

1) Das Pförtnerhaus enthält drei Räume: 1 WC, 1 Küche, 1 Arbeitsraum.
2) Im Arbeitsraum ist zur Sicherstellung eines guten Blickfeldes ein großes Fenster einzuplanen. Die anderen Räume sind durch kleine Fenster zu belichten. Die Eingangstür ist im Arbeitsraum anzuordnen.
3) Das Flachdach ist über dem großen Fenster und dem Eingang vorzuziehen, damit man dort regengeschützt stehen kann.
4) Die Innenwände sind 11,5 cm, die Außenwände 24 cm dick.
5) Alle gewählten Maße müssen der Maßordnung entsprechen.

Vorgaben zu den Baustoffen:

1) Fundamente aus unbewehrtem Beton, b = 45 cm, frostfrei gegründet, mittig unter den Außenwänden
2) Bodenplatte Stahlbeton d = 15 cm
3) Decke Stahlbeton d = 18 cm
4) Außenwände d = 24 cm, 2 DF, Wandhöhe 2,50 m, außen Sichtmauerwerk mit Fugenglattstrich
5) Innenwände d = 11,5 cm, 8 DF Bauplatten NM
6) Mauermörtel NM MG II (M5), Sackware 40 kg
7) Sturz über großer Öffnung Stahlbeton, 25 cm Auflager, h = 25 cm
8) Fenster- und Türstürze als Fertigstürze h = 11,5 cm, d = 11,5 cm, 15 cm Auflager
9) Zur Gewährleistung der Wärmedämmung erhält die Außenwand später eine innenseitige Dämmung.

Aufgaben:

1) **Skizzen** – Grundriss, Schnitt, Fundamentplan – erstellen und alle fehlenden Maße festlegen.
2) Auswählen und Berechnen des Fundamentbetons
3) Beton für Bodenplatte auswählen und berechnen. Transportbeton bestellen
4) Beton für Deckenplatte und großen Sturz auswählen und berechnen. Transportbeton bestellen
5) Berechnen des Stein- und Mörtelbedarfs
6) Mauermörtel: Säcke Fertigmörtel berechnen
7) Bestellliste für Fertigstürze erstellen – Stückzahl, Längen
8) Innendämmung auf den Außenwänden, Gipsputz auf den Innenwänden: Berechnen der Fläche
9) **Zeichnungen** in geeignetem Maßstab je nach Papierformat erstellen:
Grundriss, Schnitt (durch großes Fenster führen), zwei Ansichten, Isometrie

Name:

Klasse:

Stein- und Mörtelbedarf

Projekt 6 – Pförtnerhaus

Datum:

Fach:

Wand Pos.-Nr.	Wand-dicke cm	Steinart/Format	Abzüge Fenster, Türen, Stahlbetonteile	L	B	H	Menge m^2/m^3	Steine je m^2/m^3 Tabelle	Mörtel je m^2/m^3 Tabelle	Anzahl Steine	Menge Mörtel in Liter

Name:

Klasse:

Projektaufgabe 7

Ferienhaus

Datum:

Fach:

Freie Aufgabenstellung

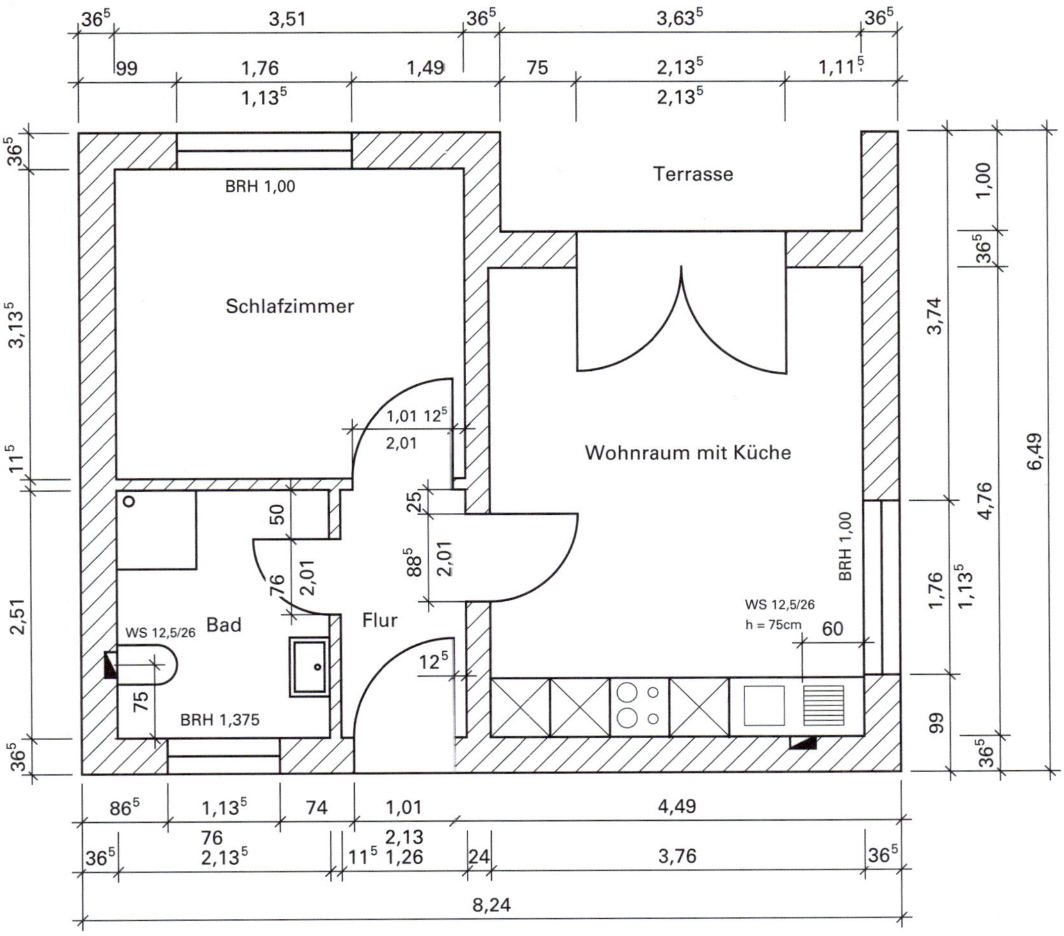

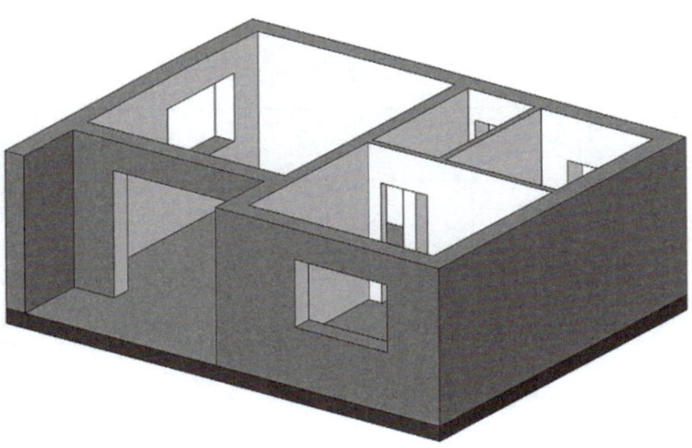

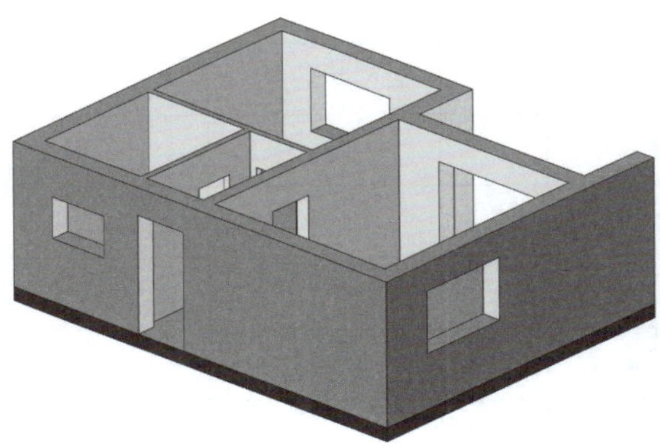

Gründung mit Fundamentplatte

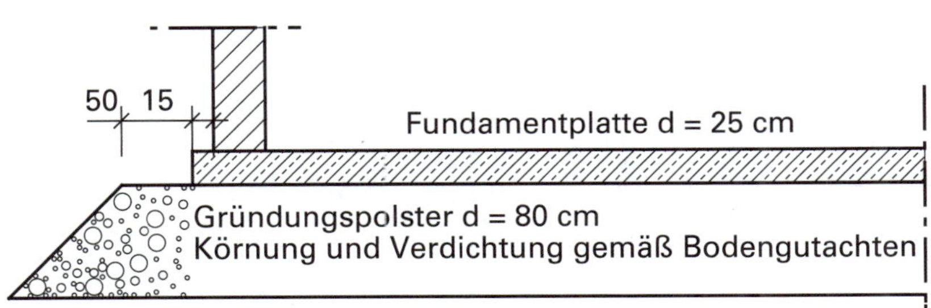

Name:

Klasse:

Stein- und Mörtelbedarf

Projekt 7 – Ferienhaus

Datum:

Fach:

Wand Pos.-Nr.	Wand-dicke cm	Steinart/Format	Abzüge Fenster, Türen, Stahlbetonteile	L	B	H	Menge m^2/m^3	Steine je m^2/m^3 Tabelle	Mörtel je m^2/m^3 Tabelle	Anzahl Steine	Menge Mörtel in Liter

Name:

Klasse:

Projektaufgabe 8

Kleines Wohnhaus

Datum:

Fach:

Freie Aufgabenstellung

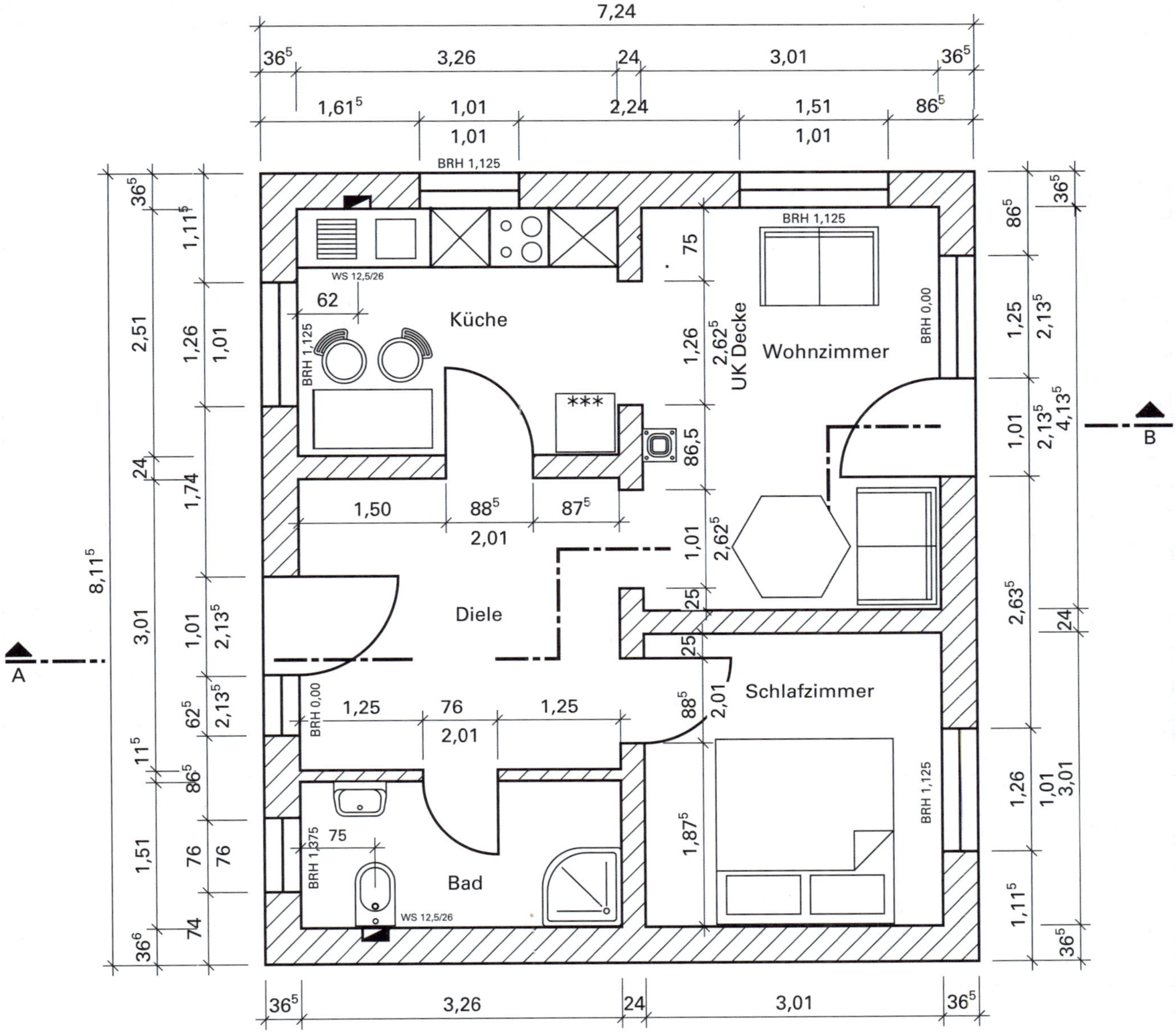

Gründung mit Fundamentplatte

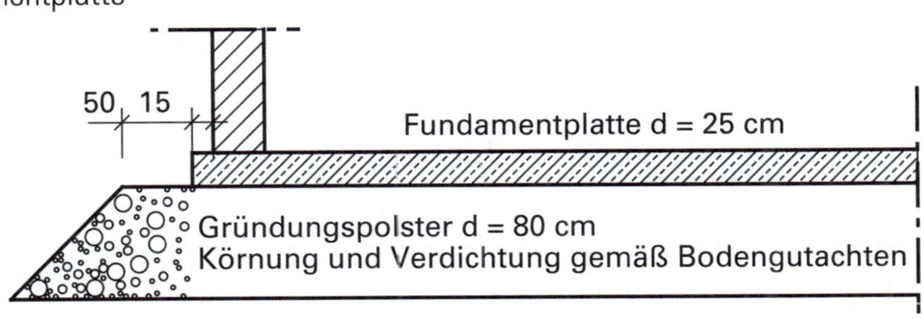

Name:

Klasse:

Stein- und Mörtelbedarf

Projekt 8 – Kleines Wohnhaus

Datum:

Fach:

Wand Pos.-Nr.	Wand-dicke cm	Steinart/Format	Abzüge Fenster, Türen, Stahlbetonteile	L	B	H	Menge m^2/m^3	Steine je m^2/m^3 Tabelle	Mörtel je m^2/m^3 Tabelle	Anzahl Steine	Menge Mörtel in Liter